VICTOR HUGO
ET LES MAGISTRATS

Droit privé et sciences criminelles

Collection dirigée par Yves Strickler

Créée fin 2011 par Yves Strickler et le Centre d'études et de recherches en droit privé (devenu le Centre d'études et de recherches en droit des procédures en 2013) de la Faculté de droit et science politique de Nice, la présente collection a pour vocation principale de publier des ouvrages en liaison avec le thème retenu pour dénomination de la collection. Cette dernière rassemble des recherches originales, tirées notamment de travaux de recherche, de manifestations scientifiques ainsi que d'ouvrages collectifs sur les interrogations actuelles que rencontre la science juridique, spécialement dans le domaine du droit privé et des sciences criminelles.

Dernières parutions

Variations juridiques et sociologiques. Regards experts sur de grandes mutations du Droit, dir. Marc Dalloz, 2016

De la mobilisation du fait à la réalisation du droit, dir. Maxime Lei et Loïc Yboud, 2016

Les aspects procéduraux du dessaisissement, Benjamin Ferrari, 2016

Le droit et les sentiments, dir. L. Bolleri-Schenique et D. Lanzara, 2015

Fonctionnaires et droit pénal, dir. M. Dalloz, 2015.

L'erreur judiciaire, dir. X. Pin, 2015.

L'expertise non judiciaire à l'aune des droits fondamentaux, Thibault Goujon-Bethan, 2014.

Un art, un droit, une question, dir. D. Boustani, D. Chabri, M. Combe, S. Farhi et M. C. Lasserre, 2014.

Le paiement, dir. M. Mignot et J. Lasserre Capdeville, 2014.

Le droit de l'exécution des peines : espoirs ou désillusions ?, dir. Fabienne Ghelfi, 2014.

Le vice de procédure. Réflexions désordonnées d'un artisan du droit sur l'article 2241, alinéa 2 du Code civil, Denys Mas, 2014.

Variations juridiques et politiques. Clés pour la compréhension du monde contemporain, dir. Yves Strickler, 2013

Marcel FOULON
Président de Chambre honoraire à la cour d'appel de Paris

VICTOR HUGO ET LES MAGISTRATS

L'Harmattan

Reproductions en couverture

Hubert Legagneur
Cour d'appel de Toulouse

André Dupin
Cour de cassation

Laurent Cunin
dit Cunin-Gridaine
Tribunal de commerce de Sedan

Claude Delangle
Cour de cassation

Adrien Devienne
Cour de cassation

Antoine, Jean, Matthieu Séguier
Cour d'appel de Paris

Charles Duval
Cour d'appel de Bordeaux

Raymond Troplong
Cour de cassation

Ambroise Aubé
Tribunal de commerce de Paris

5-7, rue de l'École-Polytechnique - 75005 Paris
www.harmattan.fr
diffusion.harmattan@wanadoo.fr
ISBN : 978-2-343-10413-3
EAN : 9782343104133

à Edith

Sommaire

Les chiffres renvoient au numéro des pages

Table des abréviations

GL XIX : Grand dictionnaire universel Larousse du XIXème siècle
PP Cass : premier président de la Cour de cassation
PP : premier président d'une cour d'appel
P. C : président de chambre à la cour
C : Conseiller à la cour
C Cass : conseiller à la Cour de cassation
P : président
P. com : président de tribunal de commerce
VP : vice-président
J : juge
J S : juge suppléant
Ji : juge d'instruction
PG : procureur général
PR : procureur
AG : avocat général
S G : substitut général
S. : Substitut du procureur

Remarque : pour les notes de bas de pages, les références, sont sauf indications contraires, celles de la collection Bouquins, Robert Laffont.

« Si M.Bonaparte a cru que c'était son décret qui me chassait, il s'est trompé ; ce qui m'a chassé c'est son infamie ; ce qui m'a banni, c'est ce spectacle de honte que je n'aurais pu supporter. Ce n'est pas M. Bonaparte qui m'a dit : Va-t-en ! c'est mon âme »

(*« Moi Prose », Océan. 269*)

« ... il a reçu des lettres dont l'adresse était ainsi libellée : Monsieur Victor Hugo-Océan. Oui, il a été montagne et océan, une sorte de phénomène de la nature. Un phénomène de la culture aussi. »

(*Victor Hugo*, Arnaud Laster, Belfond, 1984, p. 7)

« C'est le devoir. Il le faut. Je le fais. Mais je suis triste.
Rude et sévère besogne que le châtiment (...)
Croyez-vous qu'aujourd'hui (...)
Moi (...)
Qui rêvais, l'œil fixé sur mes petits enfants (...)
Je suis ivre et ravi de bonheur de broyer
Ce tas de gueux, Rouland, Zangiacomi, Royer,
Sapey, Suin, et de faire à Delangle une sauce
De Mongis infusé dans Partarieu-Lafosse ! »

(*Boite aux lettres*, Chantiers .67)

1

Les juges, peuplent l'univers de notre littérature. De Clément Marot à Victor Hugo[1], en passant par Montaigne, Pascal, La Bruyère, Racine et Molière. Quelle grande plume ne s'est-elle pas essuyée sur le dos de « *ces avalleurs de frimas qui font les procès devant eux pendants et infinis et immortels* »[2] ? La plupart du temps, la satire se porte sur des travers de juges inventés, de juges de romans, de comédie, qui représentent la magistrature dans son ensemble. La lenteur de la justice et la bêtise de ses serviteurs est stigmatisée à travers le juge Brid'oye[3], pour qui « *Le temps est père de vérité c'est pourquoi je sursoie, délaye, et diffère le jugement afin que le procès bien ventilé, grabelé* (*examiné*) *et débattu vieigne par succession de temps à sa maturité* » dit-il et qui « *donne sentence, duquel la chance livrée par le sort des dés.* »[4] Lenteur encore et complexité extrême de la justice dans La Bruyère qui affirme, que « *le devoir des juges est de rendre la justice ; leur métier de la différer. Quelques uns savent leur devoir, et font leur métier* »[5]. Bêtise de Perrin Dandin[6] qui dort à l'audience[7], juge vénal, insensible, méprisant la justice, mais que Racine ne ridiculise qu'en termes amusants et châtiés. Perrin toujours qui « *tire l'argent à lui et ne laisse aux plaideurs que le sac et les quilles.* »[8]

Les critiques sont en effet, le plus souvent, exposées avec tempérance. C'est bien évidemment le cas chez Montaigne : « *Les juges de notre temps trouvent à toute cause assez de biais pour les accommoder où bon leur semble* »[9]. Chez la Rochefoucauld[10] aussi : « *La justice dans les juges ... n'est que l'amour de leur élévation* », ou Pascal, « *Si les magistrats avaient la véritable justice si les médecins avaient le vrai art de guérir, ils n'auraient que faire des bonnets carrés*[11] ». Le ton est parfois moins policé. Le *Grippeminaud,* de Rabelais, est *l'archiduc des chats-fourrés, les mains... pleines de sang, les gryffes comme de harpye, le museau à bec de corbin, les*

---

[1] À partir du XXème siècle, la littérature française se désintéressera des magistrats. *La robe rouge* d'Eugène Brieux créée au théâtre Vaudeville en 1900 eut cependant un grand succès tout comme *La tête des autres* de Marcel Aymé créée au théâtre de l'Atelier le 15 février 1952.

[2] *Gargantua*, chap. XX.

[3] Qui devient *Brid'oison* dans Beaumarchais.

[4] *Gargantua,* Livre 2 chap. 10.

[5] « De quelques usages », n° 44, La pléiade, page 419.

[6] Perrin Dandin que l'on trouve déjà chez Rabelais, *Le tiers livre des faits et dicts héroïques du bon Pantagruel.*

[7] Racine, *Les plaideurs*, acte 1, scène 4.

[8] La Fontaine, « L'huitre et les plaideurs ».

[9] Montaigne, Les essais, Livre II, chap. XII ; *Les essais en français moderne,* par André Lanly Quarto Gallimard, page 711.

[10] *Maximes*, livre 2, chap. 12.

[11] Pascal, *Pensées*, article 8 n°s 8 et 9.

dents d'un sanglier quadrannier, les yeux flamboyans comme une gueule d'enfer, tout couvert de mortiers entrelacés de pillons... »[12]. Pour Flaubert, « *rien n'est plus immonde que les magistrats (leur obscénité génitale tient à l'habitude qu'ils ont de porter la robe)* »[13]. Dans le même esprit, les juges sont pour Voltaire, des « *cuistres fanatiques, misérables convulsionnaires, singes changés en tigres* ». Henri IV, le *bon roi Henri*, n'est pas en reste. En 1606, il répond de façon peu diplomatique aux *remontrances* que le conseiller Dubernet lui a portées au nom du parlement de Bordeaux : « *Vous avez bien dit Monsieur Dubernet, et en bon orateur ; aussi le papier souffre tout. Je vous répondrai en grand Roi*[14], *bon soldat et grand homme d'État. Vous dites que mon peuple est foulé ; eh !qui le foule que vous et votre compagnie, Oh la méchante compagnie ! Eh qui gagne son procès à Bordeaux que celui qui a la plus grosse bourse ! Tous mes parlements ne valent rien, mais vous êtes les pires de tous... Oh, la méchante compagnie* ! »[15].

Hugo utilisera également ce ton. Après une certaine onctuosité de pair de France[16] son écriture se durcit nettement dans les mois qui précèdent l'exil. D'un ton de critique, Hugo passe à la violence verbale, à l'invective, parfois à l'injure, et les mots employés n'ont rien à envier à ceux de certains de ses contemporains. Comment les propos de Rochefort[17] seraient-ils appréciés par les juges d'aujourd'hui, dans une société qui, après avoir subi dans la souffrance la censure du pouvoir, déguste avec délectation celle qu'elle s'impose, par la règle du *politiquement correct* ?

Mais comment s'explique cette violence ? Racine[18], Voltaire[19] ou Henri IV[20], se vengent d'un procès perdu. Ce n'est manifestement pas le cas

---

[12] Rabelais, *Pantagruel*, V. XI.

[13] Lettre du 3 août 1877 à Madame Roger des Genettes, dans « *Le censeur de Baudelaire* », La Table Ronde, 2011, Alexandre Najjar, page 292.

[14] Les Parlements expliquaient leur refus d'enregistrer les édits royaux par une protestation écrite portée au roi, dénommée « *remontrances* ». Il s'agissait d'un véritable droit de censure.

Louis XIV, n'écrivit jamais contre les magistrats. Mais en décembre 1668, il fit jouer *Les Plaideurs* à la cour et « *y fit de grands éclats de rire* ». Un tel comportement était un assentiment aux critiques de Racine, qui le comprit bien ainsi. Le soir même en effet, les comédiens se rendirent au domicile de Racine, à l'hôtel des Ursins, pour annoncer la bonne nouvelle…On était aux fenêtres car tous étaient persuadés « *qu'on venait enlever Racine pour avoir mal parlé des juges.* »

[15] *Histoire du parlement de Bordeaux* œuvre posthume de Boscheron des Portes. 1877, page 352 :
http ://gallica. bnf. fr/ark :/12148/bpt6k94480c/f370.item.zoom

[16] Pair de France depuis le 17 avril 1845 Gazette des tribunaux du 5 juillet.

[17] Voir § 81 à 85.

[18] « *La chicane est une langue qui m'est plus étrangère qu'à personne et je n'en ai employé que quelques mots barbares que je puis avoir appris dans le cour d'un*

de l'auteur du *Roi s'amuse*, débouté de son action judiciaire contre la comédie française. Victor Hugo est le seul qui ait autant parlé des magistrats, en privilégiant d'ailleurs, les membres du ministère public. Les études de droit à l'Université de Paris auquel Léopold, son père, l'avait inscrit pourraient expliquer son goût pour le droit[21], s'il avait suivi les cours, mais pas un tel intérêt pour les magistrats. Hugo parle des magistrats, en sa qualité d'historien, en sa qualité d'homme politique, mais aussi et peut-être surtout en sa qualité de poète. Son œuvre théâtrale, ses romans ne font apparaître que peu de magistrats. Contrairement à Rabelais ou Beaumarchais, que Hugo cite[22], à La Fontaine[23], à Racine[24], à Balzac[25], qui inventent des noms de juges, Hugo ne donne que rarement une identité aux magistrats de ses romans ou de ses pièces de théâtre, et l'on ignore, le nom du président des

---

procès que ni mes juges ni moi n'avons jamais bien entendu » (« *Au lecteur* » présentant *Les Plaideurs*). Racine fait allusion à son procès du Prieuré de l'Epinay, dont il revendiquait la propriété (Rousselet II. 393).

[19] Voltaire avait perdu un procès de voisinage contre le président à mortier de Brosses du parlement de Dijon qui possédait une terre près de Ferney. *Voltaire en son temps* René Pomeau Fayard 1985-1995. Tome II, pages 37 et s ; Rousselet. II. 263, 395.

[20] Henry IV l'avoue, quelques lignes plus loin : « *Quand j'étais simple roi de Navarre, je sais bien les arrêts qu'on rendait contre moi, je n'osais m'en approcher que déguisé* ».

[21] Procès contre la comédie française : § 76 et 77. - *études de droit* : *Victor Hugo*, A. Decaux, Librairie académique Perrin, 1984. 191. - « *Le droit et la loi* », Politique. 65 ; « *La chose jugée, c'est la loi ; la justice c'est le droit* », page 67. - « *Serviteurs de la loi et héros du droit chez Victor Hugo* » conférence prononcée en la Grand'Chambre de la Cour de cassation le 19 mai 2016 : https://www.courdecassation.fr/venements_23/colloques_formations_4/colloques_videos_6111/heros_droit_34426.html - « Victor Hugo ou le droit contre la Loi » Denis Salas *Histoire de la justice* 2015 n° 25, page 149.

[22] « *Beaumarchais prête-nous Bridoison* » (*Châtiments*, Poésie II. 72 « Splendeurs »), « *Avec Diafoirus Bridoison fraternise* » (« L'Âne », Poésie III. 1047). Dans *Le mariage de Figaro* le conseiller Bridoison, assisté de son greffier Double-main, ainsi nommé parce qu'il mange à « *deux râteliers* », rend la justice *dans le culte de la forme (Le mariage de Figaro*, Acte III, scène XII) et en bégayant car il est affligé de ce défaut, et l'audience tourne à la bouffonnerie. *Bridoison* est le descendant du juge *Brid'oye* de Rabelais, qui jouait les sentences aux dés « *je donne sentence, duquel la chance livrée par le sort des dés* » (*Gargantua*, Livre 2, chap. 10).

[23] Perrin Dandin dans « l'Huitre et les plaideurs », Livre neuvième fable 9 ; voir aussi le « *Dendin* » de Rabelais.

[24] Perrin Dandin *Les Plaideurs*.

[25] Les juges Popinot et Camusot dans *l'Interdiction*, M. de Grandville dans *César Birotteau*.

assises et de l'avocat général, dans *Claude Gueux* ou dans *Les Misérables*[26]. Tout juste prend-il plaisir dans *La masure Gorbeau*, à relater une histoire de changements de noms accordés par le roi Louis XV : « *il y avait à Paris, au siècle dernier, vers 1770, deux procureurs au Châtelet, appelés, l'un Corbeau, l'autre Renard. Deux noms prévus par La Fontaine. L'occasion était trop belle pour que la basoche n'en fît point gorge chaude. Tout de suite la parodie courut, en vers quelque peu boiteux, les galeries du Palais :*
Maître Corbeau, sur un dossier perché,
Tenait dans son bec une saisie exécutoire ;
Maître Renard, par l'odeur alléché,
Lui fit à peu près cette histoire :
Hé bonjour, etc. ». « *Il fut permis, de par le roi, à maître Corbeau d'ajouter une queue à son initiale et de se nommer Gorbeau ; maître Renard fut moins heureux, il ne put obtenir que de mettre un P devant son R et de s'appeler Prenard ; si bien que le deuxième nom n'était guère moins ressemblant que le premier.* »

Hugo utilise parfois un nom de juge ayant existé. Ainsi M. de Laffemas dans *Marion de Lorme*, ou Baillet dans *Notre Dame de Paris*[27]. En revanche, M. de Pontresme dans *Mille francs de récompense*, Cimourdain dans *Quatrevingt-treize*, Herr Groot dans *La grand-mère*[28], sont le fruit de sa seule imagination. À cette maigre récolte de magistrats dans l'œuvre théâtrale et romanesque, s'oppose une impressionnante liste dans l'œuvre poétique. Car le poète Hugo s'engage. Il prend parti. Il est tout l'opposé de ses admirateurs d'alors, d'un Théophile Gautier[29] qui revendique « *l'art pour l'art* », refusant tout engagement politique ou social, d'un Baudelaire, ou d'un Verlaine :

« *Le poète, l'amour du Beau, voilà sa foi,*
L'Azur son étendard, et l'idéal sa loi !
Ne lui demandez rien de plus »[30].

Si Hugo semble dans un premier temps, choisir *l'art pour l'art* : « *Tout relève de l'art ; tout à droit de cité en poésie* »[31] il leur répondra bien vite : « *Quelques purs amants de l'art, émus d'une préoccupation qui du reste a sa dignité et sa noblesse, écartent cette formule, l'art pour le*

---

[26] *Claude Gueux* édition d'Arnaud Laster Folio 2015. 64. Le président s'appelait *de Glos* - *Les Misérables* Roman II. 212 ; « Masure Gorbeau » Roman II. 341.

[27] Théâtre I. 727 et Roman I. 635.

[28] *Mille francs de récompense :* Théâtre II. 827 - *Quatrevingt- treize* : Roman III. 1054 - *La grand-mère* : Théâtre II. 398.

[29] Le groupe dit du Parnasse. Voir « *Lagarde et Michard* » - Le XIXème siècle, Bordas, 1956, p. 418.

[30] Verlaine « Poèmes Saturniens », prologue, Bouquins 2010. 11 et la réponse de Hugo : William Shakespeare Critique. 400.

[31] *Les Orientales* Préface Poésie I. 411.

progrès, le Beau Utile, craignant que l'utile ne déforme le beau. Ils tremblent de voir les bras de la muse se terminer en mains de servante. Selon eux, l'idéal peut gauchir dans trop de contact avec la réalité. Ils sont inquiets pour le sublime s'il descend jusqu'à l'humanité. Ah ! Ils se trompent. L'utile, loin de circonscrire le sublime, le grandit. »[32]
S'ils ne sont pas ses élèves, ces *amants de l'art* reconnaissent cependant la place du Maître et l'importance de celui-ci dans la défense des opprimés :
« *Cependant les poètes rêvent*
Et leurs chants ailés nous enlèvent...
Voici venir l'œuvre du Maître
Dont l'éclat tournant nous pénètre
D'un tremblement religieux.
Le poète prodigieux,
Cette fois encore relève
Ceux que tient opprimés le glaive... »[33].
Hugo va même plus loin ; il croit à la puissance politique de la poésie :
« *oh ! je maudis, dans leur cour, dans leur antre,*
Ces rois dont les chevaux ont du sang jusqu'au ventre !
Je sens que le poète est leur juge ! je sens
Que la muse indignée, avec ses poings puissants,
Peut, comme au pilori, les lier sur leur trône
Et leur faire un carcan de leur lâche couronne... »[34].
Hugo attaque le corps judiciaire et l'institution judiciaire, comme l'ont fait Montaigne, Pascal, La Bruyère, Racine et Molière. Il s'enflamme pour dénoncer des erreurs judiciaires[35], comme le fit Voltaire. Il lance de terribles attaques *ad hominem*, comme Marot le fit avec le juge Maillart, mais il le fait à grande échelle contre des hommes de l'ancien régime mais aussi et peut-être surtout contre ses contemporains, c'est-à-dire les magistrats du XIXème siècle, et la liste est longue : *Aulois, Baroche, Barthe, Bellart, Boucly, de Bröe, Brunet, Frank Carré, Cauchy, Cellerier, Chaix d'Est Ange, de Chantelauze, Cunin Gridaine, Delangle, Delesvaux, Delapalme, Devienne, Dombidau de Crouzeilles, Dupin, Freslon, Glandaz, Grandet, Grandperret, de Guernon-Ranville, Hardoin, Legagneur, Marchangy, Moreau, Merveilleux Duvignaux, Mongis, Nachet, Partarieu Lafosses, Pataille, de Peyronnet, Persil, Pinard, Quesnault, Renouard, Rouland, de Royer, Sapey, Séguier, Suin, Troplong, Zangiacomi...*
Ces noms se retrouvent principalement dans... *Les Châtiments*, « Nox II » [36] ; « À quatre prisonniers »[37] ; « Splendeurs »[38] ; « On loge à la

[32] « William Shakespeare », Critique. 400.
[33] « Au pas de charge » Paul Verlaine *Œuvres complètes*, Bouquins 2010. 624.
[34] *Les feuilles d'automne*, Poésie I. 674.
[35] Affaires *Rosalie Doise* et *Lesurques*, § 73 et 74.
[36] Poésie II. 8.

nuit »[39] ; « Les grands corps de l'État »[40] ; « L'Expiation »[41] ; « Eblouissements »[42] ; « Aux femmes »[43] ; « Au peuple »[44] ; « À Juvénal »[45] ; « Floréal »[46] ; « Applaudissements »[47] ; « La caravane »[48] ; « Force des choses »[49] ; dans la suite des *Châtiments*, « Croyez-vous qu'aujourd'hui »[50] ; « Ah çà !tu ne sais pas ce que c'est que les juges ? »[51] ; « Se faire empereur, chose simple »[52] ; « Conseils aux jeunes magistrats »[53] ; « O procureurs »[54] ; « Merveilleux-Duvigneaux »[55] ; dans *Les années funestes*, « Lesurques »[56] ; « Amnistie »[57] ; dans *La légende des siècles* nouvelle série « La colère du bronze »[58].

Tous ces hommes ont participé à la justice du XIXème siècle. Or le XIXème siècle est celui de l'Homme « *Océan* », « *l'Homme-Dieu* »[59]. L'ancien régime expire à l'aube du XIXème siècle, et la France va vivre d'extraordinaires bouleversements et une instabilité politique, comme jamais elle n'en avait connus.

---

[37] Poésie II. 102.
[38] Poésie II. 74.
[39] Poésie II. 103.
[40] Poésie II. 116-117.
[41] Poésie II. 134.
[42] Poésie II. 144, 147.
[43] Poésie II. 151.
[44] Poésie II. 155.
[45] Poésie II. 159, 161.
[46] Poésie II. 164.
[47] Poésie II. 167.
[48] Poésie II. 186.
[49] Poésie II. 192.
[50] Chantiers. 68.
[51] Chantiers. 218.
[52] Chantiers. 69.
[53] Chantiers. 216.
[54] Chantiers. 71.
[55] Chantiers. 250.
[56] Poésie IV. 766.
[57] Poésie IV. 748.
[58] Poésie III. 493.
[59] Expression de Marie d'Agoult dans une lettre à Liszt du 13 juin 1841 (*L'écho Hugo*, 2012, Arnaud Laster, p. 15 ; Choses vues novembre 1849, édition d'Hubert juin, Folio, 1972) ; elle avait fait la connaissance de Hugo le 8 mars 1841, au cours d'un dîner avec Lamartine, Balzac, Th. Gautier, Alphonse Karr, etc. C'est au cours de ce repas que Balzac a conté ce mot de Rossini. Au cours d'un repas la comtesse Somaïloff, « *brune à la peau tannée et fort décolletée* » s'extasiait sur « *la beauté et l'éclat "des épaules de Mme d'Agoult". "Vous avez raison* dit Rossini, *vous voyez la différence du satin de Paris au cuir de Russie"* »...

« *L'homme-siècle* »[60] s'en explique :

« *Les hommes d'aujourd'hui qui sont nés quand naissait*
Ce siècle, et quand son aile effrayante poussait...
Ces hommes ont sucé l'audace avec le lait.
La Révolution, leur tendant sa mamelle,
Leur fit boire une vie où la tombe se mêle...
Ils tiennent de l'austère et tragique nourrice
L'amour de la blessure et de la cicatrice... »[61]

Ce siècle cherche son présent et s'interroge sur son avenir. Quel régime politique ? La République, la royauté, l'empire ? Quelle place pour la justice ? Quelle place pour les juges ? Peuvent-ils, doivent-ils être indépendants ? Doivent-ils être inamovibles ? Qui doit les nommer ? Le Roi ? Le peuple ? L'exécutif ?

Les affaires, les magistrats visés ne concernent que le droit pénal ou la procédure pénale. Victor Hugo a nous le savons tous, attaché son nom à la lutte contre la peine de mort. Et cette lutte nécessitait et justifiait, un vocabulaire sévère. Ce vocabulaire devient agressif quand s'exprime la rancœur contre tous ceux qui ont trahi la constitution, qui se sont ralliés à Napoléon le petit... « *l'homme du serment* qui *dans le meurtre patauge...* »[62].

La lutte contre la peine de mort, la rancœur contre les violeurs de la constitution, les erreurs judiciaires, expliquent le choix des cibles de Hugo. Il n'en demeure pas moins qu'il est parfois difficile de savoir pourquoi son dévolu s'est porté sur tel magistrat plutôt que sur tel autre ?

Parfois, c'est le seul fruit d'une rencontre[63], en France ou à l'étranger ou la consonance d'un nom *bizarre*, un nom à calembour, calembours qu'Hugo affectionne tant ; Pensons à Veuillot :

« *O Veuillot, face immonde encor plus que sinistre !*
Laid à faire avorter une ogresse vraiment,
Lorsque de toi l'on parle et qu'on t'appelle cuistre
Istre est un ornement »

ou encore à Trochu :

« *Participe passé du verbe Tropchoir, homme*
De toutes les vertus sans nombre dont la somme
Est zéro, soldat brave, honnête, pieux, nul,
Bon canon, mais ayant un peu trop de recul »... [64]

---

[60] *Une histoire des haines d'écrivains* Anne Bocquel et Etienne Kern Flammarion 2009. 205. « *Voltaire a résumé dans son œuvre le XVIII*ème *siècle, je résumerai le XIXème* » *Dictionnaire Hugo*, Jean-Pierre Langellier, page 46.

[61] *La Légende des siècles* Poésie II. 800.

[62] « Juvénal ». Poésie II. 161.

[63] Le procureur général de Luxembourg Jurion, M. Elter, Faider, Augustin (Voyages. 1174, 1175), Baillehache, Tropamer voir § 75.

[64] Suite de *Châtiments*, Chantiers 176.

Mais pourquoi Baillet, Bazire, Boudet, Cazeaux, Coeuret, Fourchy, Mater, Nachet, Salmon, Sapey ?

Pour tenter de mieux comprendre le comportement de Hugo, il est nécessaire de rappeler les rapports entre politique et magistrature (**première partie**) tant jusqu'à la fin du XVIIIème siècle (**I**), que dans la période de l'après Révolution (**II**), avant de tenter d'expliquer l'origine de cette véritable charge contre les magistrats (**deuxième partie**) que ce soit contre le corps judiciaire dans son ensemble (**I et II**), qu'*ad hominem* (**III**) et ce à partir des affaires les plus célèbres liées aux noms de ces magistrats.

L'Année Terrible. Poésie III. 148 ; voir § 75.
Et dans Margot « *Elle trouvait l'eau trop fraîche, / Et préférait l'Ambigu, / Et s'écriait : Quand je pêche, / C'est avec l'accent aigu.* » (*Toute la lyre*, Poésie IV. 488).
N'y a-t-il pas un calembour dans le nom inventé de Jérimadeth ? (J'ai rime à dait) « *Tout reposait dans Ur et dans Jérimadeth* » *La Légende des siècles* Poésie II. 586.

Première partie

Liens entre politique et magistrature

I/ Jusqu'à la fin du XVIIIème siècle

2
« *Le pouvoir de Sa Majesté très fidèle notre seigneur le Roi vient de Dieu.* »[65]

A/ « La justice émane du roi »

C'est le grand principe qui domine toute l'organisation judiciaire de l'ancien régime, et les juges ne sont que les délégués du roi. Le roi peut à tout moment retenir cette justice et la rendre lui-même d'où l'expression de « *justice retenue* ». Cet exercice personnel de la Justice a depuis les temps les plus reculés constitué l'attribut essentiel de toute royauté, et les rois de France dans leur costume d'apparat se font peindre avec la main de justice, symbole de la Justice qu'ils rendent.

3
B/ L'office de judicature

« *La plus belle prérogative des rois de France est que lorsque le roi crée une charge, Dieu crée aussitôt un sot pour l'acheter.* » L'auteur de ces propos, Louis XIV, usa et abusa de cette prérogative qui alimenta avec régularité le trésor public.
« *L'office est une dignité ordinaire avec fonction publique, dignité s'entendant du signe distinctif de rang social, ordinaire signifiant permanence par opposition à extraordinaire qui qualifie la commission pour en marquer la révocabilité et la dépendance du commis vis-à-vis du commettant,* »[66] devenue objet de commerce et propriété privée, ce que l'on désigne par la vénalité des offices. Le roi vend ou fait don d'un office contre un *prêt d'argent à ne jamais rendre* : la vénalité publique. Le titulaire d'un office peut attribuer sa fonction à qui il veut, contre rétribution, la vendre par fraction, la louer par contrat de bail à durée déterminée ou bien encore la laisser dans l'actif successoral.

---

[65] *Inès de Castro*, Acte II, scène III. On ne comprend pas pourquoi cette œuvre ne figure pas dans l'édition Bouquins.
[66] *La société judiciaire depuis le XVIIIème siècle*, Jean-Pierre Royer, PUF 1979. 30.

La liquidation de ces offices[67] dura plusieurs années. 600 millions d'assignats furent versés aux intéressés à partir du 1er janvier 1791.
On comprend mieux l'indépendance de ceux qui avaient reçu ce pouvoir, du roi ; l'irrévocabilité des juges de l'ancien régime était confortée, de fait, par ce statut. On comprend mieux aussi pourquoi il y avait tant de juges. On comprend mieux enfin pourquoi les républicains au XIXème siècle, dont Hugo, s'opposeront au principe de l'irrévocabilité des juges du siège.

4
C/ La confusion des pouvoirs

Si la distinction entre juges du siège et parquet était parfaitement connue et respectée, la confusion des pouvoirs prévalait dans l'ancienne France et les Parlements qui participaient à la fonction législative, constituaient le seul contre-pouvoir à l'absolutisme royal. Ces attributions réglementaires furent d'ailleurs ressenties comme l'un des principaux abus qui avaient dénaturé le système judiciaire d'avant 1789. À ceux qui voulaient créer un nouveau système se posaient de très nombreuses questions :
- Faut-il un pouvoir judiciaire ? Hors du pouvoir exécutif ?
- Faut-il une justice indépendante ?
- Comment contenir dans de justes limites le pouvoir du judiciaire ? Limiter le nombre de juges, comme le préconisait notamment Nicolas Bergasse était nécessaire mais était-ce suffisant ? Fallait-il interdire aux juges toute participation à des fonctions politiques, législatives ou exécutives ?
- Qui devait nommer les juges ? Le roi ? Sur proposition du législatif ? Pour quelle durée ?

5
D/ L'imbroglio judiciaire[68]
Une multitude de juridictions s'empilent sans domaine de compétence strictement défini, notamment en matière pénale. L'exergue de l'a. 1er du titre 1er de l'ordonnance criminelle du 26 août 1670 intitulé *La compétence des juges*, indique avec clarté la volonté du Roi et des rédacteurs de l'ordonnance :« *M. Pussort a dit que, comme il n'y a point de plus grand défaut dans un juge que celui de la puissance, aussi était-il nécessaire, avant*

[67] Ce régime a survécu dans notre droit des notaires et des huissiers.
[68] L'expression est de Jean-Pierre Royer, *Histoire de la justice en France*, PUF, 1995. 20.
Imbroglio compliqué par le fait que les mêmes juridictions peuvent avoir des noms différents suivant la région ; ainsi les *prévôtés* sont *vicomtés* en Normandie, viguerie en Provence, *jugeries* en Languedoc, ou *châtellenies* ailleurs !

toutes choses, de bien établir sa compétence, où les longueurs qui précèdent les conflits de juridictions détruisent et affaiblissent les preuves, et donnent lieu à l'impunité des plus grands crimes. C'est par cette considération que Sa Majesté a estimé que, pour parvenir à une véritable réformation de la procédure et instruction criminelle, il fallait la commencer en établissant le pouvoir des juges ; sur un fondement si ferme et si solide, l'instruction peut être faite avec certitude et stabilité. » Cet objectif ne fut pas atteint. La Bruyère le constate quelques années après : « *Orante plaide depuis dix ans entiers en règlement de juges, elle saura peut-être dans cinq années quels seront ses juges et dans quel tribunal elle doit plaider le reste de sa vie* »[69]. La situation demeurera quasiment la même jusqu'à la Révolution.

6

E/ La sévérité de la justice pénale

Selon la définition qu'en donne le *dictionnaire* de Furetière « *La sévérité des lois et des peines est ce qui conserve les États en paix* ».

Dans les dispositions préliminaires de l'ordonnance criminelle enregistrée par le parlement de Paris le 26 août 1670, Louis XIV confirme que « *l'instruction criminelle (...) contient par la crainte des châtiments ceux qui ne sont pas retenus par la considération de leur devoir.* »

Cette *Grande Ordonnance* qui a tenté de fixer la compétence des juges (titre 1er) demeure sévère[70].

Son article 13 du titre XXV, énumère les peines : « *Après la peine de mort naturelle, la plus rigoureuse est celle de la question avec la réserve des preuves en leur entier, des galères perpétuelles, du bannissement perpétuel, de la question sans réserve des preuves, des galères à temps, du fouet, de l'amende honorable, et du bannissement à temps.* » Ne figure pas à cette liste l'emprisonnement[71] qui n'est pas une peine mais une mesure

---

[69] De quelques usages, n° 41 ; La pléiade, page 418 ; un règlement de juges est un contredit de compétence. Article 80 et s CPC.

[70] Voir § 32.

[71] « *La prison n'était pas une peine dans le droit laïc, mais une mesure préventive dans l'attente du procès. L'ordonnance criminelle de 1670 n'énumère que des peines corporelles et infamantes dont le principe essentiel est le caractère public et ostentatoire. C'est la différence avec le droit canonique qui s'interdisait de toucher au corps des condamnés mais pratiquait la détention (le Mur) pour inciter à la pénitence. L'idée d'instaurer un système carcéral a commencé à circuler à l'époque des Lumières avec notamment Beccaria et encore, il récusait la peine de mort mais proposait de la remplacer par l'esclavage perpétuel. C'est en réalité le bénédictin Mabillon (1724) qui a été le précurseur du droit pénitentiaire mais sans être entendu Il a fallu attendre le code pénal de 1791 et celui de 1810 pour que la prison devienne une véritable peine.* », Jacques Poumarède.

préventive, en attente d'un jugement ou d'un châtiment. Cette classification juridique permet de justifier les lettres de cachet !
La *question* est conservée. Les articles 1er et 3 du titre XIX le précisent : « *S'il y a preuve considérable contre l'accusé d'un crime qui mérite peine de mort, et qui soit constant, tous juges pourront ordonner qu'il sera appliqué à la question, au cas que la preuve ne suit pas suffisante.* » Sous le texte de chacun des articles figure éventuellement l'avis des rédacteurs de l'ordonnance. Sous celui-ci la mention de M. Pussort est un réel aveu de l'immoralité de la torture et de la difficulté à en justifier la légalité. « *M. Pussort a répondu qu'il serait difficile de rendre la question* (*torture*) *uniforme dans tous les Parlements : la description qu'il en faudrait faire serait indécente dans une ordonnance* »... « *Par le jugement de mort, il pourra être ordonné que le condamné sera préalablement appliqué à la question pour avoir révélation des complices.* »

> Hugo stigmatise ces chambres de torture :
> « *Les chambres de torture étaient d'âpres demeures ;*
> *On n'y passait jamais plus de quatre ou cinq heures,*
> *Et l'on entrait jeune homme et l'on sortait vieillard.*
> *Le juge pour le code et le bourreau pour l'art*
> *(...)*
> *Un homme devenait un clavier où Vouglans*
> *Jouait de l'agonie avec ses doigts sanglants.*
> *Ne croyez pas pourtant que lui, ni Farinace,*
> *Ou Levert, n'eussent rien au cœur que la menace...* »[72].

Dans le discours pour Voltaire du 30 mai 1878 Victor Hugo décrit les conditions barbares de la mise à mort du chevalier de la Barre : « *Le 5 juin 1766, on traîne La Barre dans, la grande place d'Abbeville ; là flambe un bûcher ardent ; on lit sa sentence à La Barre, puis on lui coupe le poing, puis on lui arrache la langue avec une tenaille de fer, puis, par grâce, on lui tranche la tête, et on le jette dans le bûcher. Ainsi mourut le chevalier de La Barre. Il avait dix-neuf ans.* »[73] René Pomeau précise que l'exécution eut lieu le 1er juillet 1766 et que le lieutenant criminel « *Duval* de Soircourt *fit appliquer la question ordinaire, c'est-à-dire qu'on enferma chaque jambe entre deux planches de chênes, bien serrées par des cordes. Le bourreau, à grands coups de maillet, enfonce l'un après l'autre des coins entre la chair et le bois...cela dure une heure. Sur le conseil du médecin présent, Duval*

---

[72] *La Légende des siècles* Poésie III. 563 ; voir *infra*, § 41
[73] *Actes et paroles* « Le centenaire de Voltaire » Politique. 986.

renonce à la question extraordinaire[74] *: il fallait que le supplicié demeurât capable de monter à l'échafaud.* »[75] Muyart de Vouglans défendra cette Grande Ordonnance[76], mais la plupart des esprits éclairés commençaient à s'élever contre ce système pénal inhumain ; parmi eux, Voltaire, mais aussi l'avocat général Joseph *Michel Antoine* Sevran[77].

7

« *Nous préférons souvent les raisons du sentiment aux raisons de la raison. D'ailleurs les deux séries se tiennent toujours, ne l'oublions pas. Le Traité des Délits est greffé sur l'Esprit des Lois. Montesquieu a engendré Beccaria* »[78], *mais* aussi dans « *les Génies appartenant au peuple* », « *Les lois sont féroces ; les mœurs sont bêtes. Qui fera à la loi une déclaration de guerre ? Un esprit. Qui se fera juge des juges, rectificateur des poids de justice, dénonciateur de la fausse balance publique, instructeur du procès des codes ? Un esprit. Cet esprit s'appellera Beccaria, s'appellera Montesquieu, s'appellera Voltaire* »[79]. Ainsi s'écrie Victor Hugo dans *Le dernier jour d'un condamné*. Il le redit dans une lettre du 4 mars 1865 : « *Une commission est nommée en Italie pour élever un monument à Beccaria. Victor Hugo est invité à faire partie de cette commission. Je serai fier de voir mon nom parmi les noms éminents des membres de la commission du monument à Beccaria. Le pays où se dressera un tel monument est heureux et béni, car, en présence de la statue de Beccaria, la peine de mort n'est plus possible. Je félicite l'Italie. Élever la statue de Beccaria, c'est abolir l'échafaud. ...* »[80].

L'interrogatoire sur la sellette, la question et le serment obligatoire des accusés seront supprimés par un décret du 8-9 octobre 1789. Le procès criminel devenait public. Mais les sanctions demeurent souvent cruelles, et la sévérité ambiante du XIXème siècle naissant, se mesure dans ce commentaire de la Gazette des tribunaux de 1832 :

« *Il y a parfois quelque chose de bizarre dans les décisions judiciaires. Le 12 février 1830, un vol de trois pains avait été commis chez le sieur Vigneau, boulanger à Châteaudun, à onze heures du soir ; on s'était introduit par une*

---

[74] Il existait deux catégories de questions : la question *préparatoire* infligée pendant l'instruction pour faire avouer un crime et la question *préalable* subie par un condamné à mort pour lui arracher des révélations sur ses complices, et deux sortes de questions : La question soit *ordinaire* soit *extraordinaire*, la seconde employant des procédés encore plus barbares que la première.

[75] *Voltaire et son temps* René Pomeau Fayard 1995. II. 246.

[76] Voir § 41.

[77] Voir § 43.

[78] Préface du *Dernier jour d'un condamné* Roman I. 414.

[79] *Proses philosophiques* de 1860-1865 Critique. 592.

[80] *Actes et paroles* II. Politique. 567.

fenêtre qu'on avait escaladée ; un témoin avait distingué de sa chambre, au clair de lune, la fille Rousseau et le jeune Baunier ; les pains avaient été trouvés, peu d'instants après, chez la femme Baunier. Une instruction se suivit contre ces trois individus ; deux seulement furent arrêtés, la fille Rousseau était en fuite. Traduite devant la Cour d'assises d'Eure-et-Loir, la femme Baunier fut condamnée à cinq ans de travaux forcés, comme coupable d'un vol commis la nuit, avec escalade et de complicité. Le jeune Baunier fut déclaré coupable, mais sans discernement ; la Cour ordonna qu'il serait détenu pendant quelques années dans une maison de correction. La fille Rousseau fut jugée par contumace. Arrêtée en janvier dernier, elle a comparu le 16 mars devant la Cour d'assises de Chartres ; le jury écartant les circonstances aggravantes ci-dessus, cette fille, défendue par Me Doublet, n'a été condamnée qu'à trois ans d'emprisonnement. Si elle avait été jugée en même temps que la femme Baunier, elle subissait cinq ans de travaux forcés et l'exposition. C'est jouer de bonheur ! »[81].

II/ Du XIXème siècle

8

Au XIXème siècle s'applique encore peu ou prou, la sentence médiévale « *novus rex nova lex* », « *Nouveau Roi, nouvelle loi* ». L'édition du 12 août 1830[82] de la Gazette des tribunaux relate un « *incident remarquable* »[83] au tribunal de Bayonne, qui en est un exemple topique.

À l'appel d'une cause, Maître Peyrocam, avocat, avait demandé au tribunal de bien vouloir préciser au nom de qui il rendait la justice. Saisi d'effroi par une telle question le président s'était tourné vers le substitut du procureur pour lui demander au nom de qui il prenait ses réquisitions. Une si délicate question imposait le renvoi de l'affaire !

À l'audience suivante, du 5 août 1830, le substitut Chegaray rappelait que « *les députés présens à Paris, avaient annoncé à la France que M. le duc d'Orléans avait reçu et accepté les fonctions de lieutenant-général du royaume et que cet acte solennel devait suffire dans les circonstances*

---

[81] *Gazette des tribunaux* du 22 mars 1832 : http://data.decalog.net/enap1/liens/Gazette/ENAP_GAZETTE_TRIBUNAUX_18320322.pdf

[82] Nouveau Roi, nouvelle loi : *Dictionnaire des sentences latines et grecques* Renzo Tosi éditions Jérôme Million 2010 n° 204 - *Gazette des tribunaux* du 12 août 1830 : http://data.decalog.net/enap1/liens/Gazette/ENAP_GAZETTE_TRIBUNAUX_18300812.pdf

[83] Le tribunal de Chaumont face à une telle question s'était également réfugié dans un même silence. *Le courrier des tribunaux* 14 août 1830 cité par Jean-Louis Debré dans *La justice au XIXème siècle - Les magistrats-*, librairie académique Perrin, 1981, page 209.

actuelles, pour déterminer le Tribunal à ne plus rendre la justice qu'au nom de M. le lieutenant général, Louis-Philippe. »

Un des juges, particulièrement prudent, Auguste Darmantier, demandait au substitut de signer ses *conclusions*, ce que fit ce dernier. Après un long délibéré, l'affaire était renvoyée à la chambre du conseil, puis à la suite du refus de l'avocat de plaider tant que la réponse ne serait pas donnée, l'audience était levée.

La cour d'appel de Paris avait quelques jours auparavant, rencontré les mêmes difficultés. Le 31 juillet 1830, à la reprise des audiences, la cour d'appel était vide. Peu de juges, pas d'avocats, pas d'avoués. Le premier président Séguier était contraint de prononcer « *la remise des causes à huitaine* », tout en précisant « *que la justice était indépendante de la politique* ». Le 2 août, lors d'une assemblée informelle, les avocats décidaient « *qu'aucun d'eux ne se présenterait aux audiences ...tant qu'ils ne sauraient point officiellement au nom de qui et en vertu de quel pouvoir la justice serait désormais administrée* ». Delangle alors avocat participait à cette assemblée[84].

Aucun avocat n'acceptant de plaider, le premier président Séguier était contraint d'ordonner un nouveau renvoi.

Ces décisions peuvent surprendre aujourd'hui.

Il convient en premier lieu de ne pas oublier que la justice était rendue au nom du roi.

Il convient en second lieu de se méfier d'analyser et encore plus de juger des faits qui se sont déroulés il y a plus de 180 ans, avec nos yeux d'aujourd'hui.

En une douzaine d'années, la France et les français subiront trois systèmes de justice. Celui de l'ancien régime avec les offices de judicature et la vénalité des charges, la justice de la Révolution, avec le *principe de l'élection directe des juges par le peuple*[85], avec un ministère public *partagé* entre un *accusateur public élu*, chargé de la poursuite des manquements à la loi qui est l'affaire de la nation, et un *commissaire nommé* puisque la prescription sanctionnatrice est le fait du pouvoir exécutif, et enfin la justice napoléonienne avec la constitution de l'an VIII qui prévoit la nomination des juges par le premier consul et l'inamovibilité de ceux-ci[86], et avec la reconstitution d'un ministère public unique[87] entièrement soumis à l'autorité du ministre de la Justice.

---

[84] *Courrier des tribunaux* du 3 août 1830 : http://gallica.bnf.fr/ark:/12148/bpt6k124218r

[85] Décrets des 5-7 mai 1790, loi des 16 et 24 août 1790 et Constitution du 3 septembre 1791. Voir *Histoire de la justice en France*, J.-P. Royer précité, page 303.

[86] Article 41 « *Le Premier consul ... nomme tous les juges criminels et civils autres que les juges de paix et les juges de cassation, sans pouvoir les révoquer.* »

La justice dans le siècle de Hugo, qui ne s'est pas libérée du carcan de l'exécutif (A), n'a pas encore assimilé la notion de séparation des pouvoirs (B) et demeure pénalement sévère (C).

A/ La totale emprise de l'exécutif sur le judiciaire[88]

Perrin de Sémainville, est nommé juge suppléant à Pont-Audemer le 18 mai 1845. Écœuré par la République, il démissionne le 7 mai 1848 :« mai*ntenant le juge n'est plus le prêtre respecté, inviolable comme la justice dont il est le ministre ; ce n'est qu'un simple fonctionnaire jeté à tous les caprices, à tous les despotismes du pouvoir ; ce n'est qu'un subordonné que tout chef d'une faction un moment triomphante pourra briser…* ».
L'inamovibilité des juges du siège (2°), qui a réussi à émerger est en effet un principe dévoyé, alors que la nomination des magistrats ne dépend que du pouvoir exécutif (1°), et que celui-ci tente même de détruire la vieille règle du parquet selon laquelle « *la plume est serve, mais la parole est libre* » (3°).

9
1°/ La nomination des magistrats, dépend du seul pouvoir exécutif

La nomination et l'avancement des magistrats, du siège comme du parquet dépend du seul garde des Sceaux. Un tel mode de désignation suscite de multiples interventions, de toutes natures, politiques, amicales, préfectorales, pour obtenir une nomination ou un avancement. Même les membres du parquet interviennent pour favoriser ou empêcher la nomination d'un juge du siège. Ainsi, le procureur général de Bastia, Cabet, dont nous reparlerons[89], se plaint au garde des Sceaux de la nomination à Ajaccio, du juge d'instruction Valentini, le 14 mai 1831, faite contrairement à son avis : « *Si les actes de ce genre étaient multipliés, vos procureurs généraux seraient bientôt sans considération, sans force et sans moyens d'être utiles.* [90] » Dans un article intitulé « *État de la magistrature moyen d'y remédier* » la *Gazette*

Article 68 « *Les juges, autres que les juges de paix, conservent leurs fonctions toute leur vie, à moins qu'ils ne soient condamnés pour forfaiture, ou qu'ils ne soient pas maintenus sur les listes d'éligibles* ».

[87] Article 63 « *La fonction d'accusateur public près un tribunal criminel, est remplie par le commissaire du gouvernement* », qui prendra le nom de procureur en 1810.

[88] Sur l'indépendance de la justice française aujourd'hui : voir « Indépendance du juge et gouvernement de la justice » par Loïc CADIET à la Conférence nationale des présidents de tribunaux de grande instance. Cour de cassation, 18 mars 2016.

[89] V. *infra,* § 53, 88.

[90] Rousselet II. 143.

des tribunaux[91] du 17 août 1830 osera, avec courage, affirmer « *qui ne sait que ... la Cour de cassation, réceptacle de tous les dévouements politiques* est composée d'hommes *dont la robe de magistrat était devenue la récompense des services rendus non à la science et au pays, mais à la camarilla et à la congrégation, que la servilité, appuyée d'un billet de confession, était le premier titre aux faveurs d'un pouvoir qui prétendait faire du juge une machine à condamnation, comme du soldat une machine à massacre.* » Cette façon de faire était acceptée et le sera encore longtemps. Georges Clémenceau dans le numéro du 27 octobre 1893 du journal *La Justice* s'écriera : « *Sous l'ancien régime, on achetait une charge de juge, aujourd'hui on la gagne. C'est moins différent qu'on ne croit. L'exécutif tient le juge, dispose de son avenir, de sa destinée. Que faire ? sinon se soumettre, si l'on n'est pas un héros ; s'empresser à l'obéissance, si l'on n'est qu'une âme faible ; courir au devant de la faveur, si l'on est un valet* »[92]. Quand on n'a pas de soutien, il faut se faire remarquer :

« *Un jeune magistrat, voyons, peut-il lâcher*
Une femme ...à peu près coupable, et qui, guillotinée,
Fera parler de lui chez le garde des Sceaux ! »[93].

Cette dépendance au pouvoir politique, conduit inexorablement à la servitude, que dénonce Hugo et aucune expression n'est trop forte ...
« *Les voila tous, Magnan, puis Delangle, Espinasse, Puis Troplong, ce qui rampe avec ce qui menace, Spectres hideux* »[94], « *des Baroches à quatre pattes* »[95], « *un laquais qui s'appelle Rouher, un valet qui s'appelle Troplong, un eunuque qui s'appelle Baroche* »[96].

« *Que Baroche et Rouher gardent sous les barreaux,*
Car ce tas de laquais est un tas de bourreaux »[97].

« *Et c'est ainsi qu'un tas d'hommes à jupe rouge,*
Plus vils dans leur sénat qu'un forçat dans son bouge,
Prêtres hideux du temple indigné de la loi,
Plats sous la république et rampants Sous le roi,
Culs-de-jatte du droit dont la griffe est impure,
Et dont la conscience incurable suppure »[98].

Certains tentent pourtant de freiner cette course aux nominations de complaisance, et de mettre fin aux magistrats quémandeurs. Parmi eux le

---

[91] http://data.decalog.net/enap1/liens/Gazette/ENAP_GAZETTE_TRIBUNAUX_18300816.pdf
[92] *Clémenceau l'irréductible républicain,* Sylvie Brodziak, Garnier 2011, page 100.
[93] *Les années funestes*, Poésie. IV. 753.
[94] *La légende des siècles*, nouvelle série. Poésie III. 493.
[95] *Napoléon le petit*, Histoire 107.
[96] *Napoléon le petit*, Histoire. 152
[97] *Les Châtiments*, « Force des choses », Poésie II. 191.
[98] *Les années funestes*, Poésie IV, page 766 (1869).

sévère procureur général Bellart, Procureur général près la cour de Paris, qui stigmatise les interventions pour la nomination ou l'avancement des magistrats. Il dénonce ce « *patronage* », « *sans digue* » et avoue même qu' « *un magistrat qui veut ou entrer ou avancer dans les tribunaux ne connaît plus d'autres moyens que d'ébranler la cour et la ville en sa faveur ... en se faisant recommander* » ajoutant que si cela continue « *le temps viendra où on demandera une magistrature le pistolet à la main* »[99]. Ministre de la Justice, Abbatucci, dans une circulaire du 8 mars 1852, précise qu'il « *refusera toute audience aux magistrats qui déserteraient leurs devoirs et leurs fonctions, dans le but unique d'accroître par leur présence et leur sollicitation les chances de succès pour leur ambition* ». Dans une circulaire du 1er août 1858[100], Delangle, aux mêmes fonctions, réitère cette élémentaire règle de déontologie. Rien n'y fait et le célèbre avocat Berryer, en 1868, à la tribune du Corps législatif, dénonce ces pratiques, en prenant l'exemple des magistrats de la 6ème chambre du tribunal de la Seine chargée des délits politiques.

10

2°/ *L'inamovibilité* ou *l'irrévocabilité* des magistrats du siège : une application dévoyée

À part quelques cas exceptionnels, la règle de l'inamovibilité des juges du siège domine la magistrature de l'ancien régime. Ce principe est maintenu par la constitution des 3 et 4 septembre 1791 qui décide que les juges se recruteront par l'élection, et seront inamovibles pendant la durée de leur judicature : « *La justice sera rendue gratuitement par des juges élus à temps par le peuple, et institués par des lettres-patentes du roi qui ne pourra les refuser. - Ils ne pourront être, ni destitués que pour forfaiture dûment jugée, ni suspendus que pour une accusation admise. - L'Accusateur public sera nommé par le Peuple.* »[101] Ce principe est maintenu dans quatre textes constitutionnels :

-La Charte octroyée par Louis XVIII le 4 juin 1814 :

« *Toute justice émane du roi. Elle s'administre en son nom par des juges qu'il nomme et qu'il institue.* »[102]

« *Les juges*[103] *nommés par le roi sont inamovibles* »[104].

---

[99] *La justice au XIXème siècle-Les magistrats-*, Jean-Louis Debré, librairie académique Perrin 1981, page 37. Bellart : voir § 45.

[100] *Ibid.*, page 39.

[101] Article 2, chapitre V du titre III.

[102] Article 57.

[103] Article 61 : « *Les juges de paix, quoique nommés par le roi, ne sont point inamovibles.* »

[104] Article 58.

- La Charte constitutionnelle du 14 août 1830 :
« *Toute justice émane du roi ; elle s'administre en son nom par des juges qu'il nomme et qu'il institue* »[105].
« *Les juges*[106] *nommés par le roi sont inamovibles* »[107].
- La Constitution du 4 novembre 1848 :
« *La justice est rendue gratuitement au nom du peuple français* »[108].
« *Les juges de première instance et d'appel, les membres de la Cour de cassation, et de la Cour des comptes, sont nommés à vie.* »[109]
La Constitution de 1852 ne dit rien sur l'organisation judiciaire.

Victor Hugo est, comme tous les républicains de l'époque opposé à « *la magistrature inamovible et nommée par le pouvoir exécutif, c'est-à-dire la justice sans racines dans le peuple* ». « *Il est aussi impossible d'admettre le juge inamovible que le législateur inamovible.* » « *Or il est de principe que toute justice émane du souverain. En monarchie, la justice émane du roi ; en république, la justice doit émaner du peuple. Par quel procédé ? Par le suffrage universel choisissant librement les magistrats parmi les licenciés en droit. J'ajoute qu'en république il est aussi impossible d'admettre le juge inamovible que le législateur inamovible.* »[110]
Dans sa note à son discours de février 1855, il s'exclame : « *Pour la France, ... plus de magistrature inamovible*[111] ». Il rappelle sa position dans *Napoléon le petit* : « *En attendant les simplifications merveilleuses, mais ultérieures, qu'amènera un jour l'union de l'Europe et la fédération démocratique du continent, quelle sera en France la forme de l'édifice social... à cette magnifique réalisation de l'idéal démocratique, quels étaient les obstacles ? Il y avait quatre obstacles matériels, les voici :*
L'armée permanente,
L'administration centralisée,
Le clergé fonctionnaire,
La magistrature inamovible. »[112]
Contrairement à la conviction qu'il proclame Hugo, [113] votera la loi du 9 août 1849, remettant en cause le décret du Gouvernement provisoire du

---

[105] Article 48.
[106] Article 52 : « *Les juges de paix, quoique nommés par le roi, ne sont point inamovibles* ».
[107] Article 49.
[108] Article 81.
[109] Article 87.
[110] *Actes et paroles*. I Politique. 272.
[111] « *Pour la France, plus de liste civile, plus de clergé payé, plus de magistrature inamovible, plus d'administration centralisée, plus d'armée permanente ; bénéfice net par an : 800 millions. 2 millions par jour.* », Politique. 484.
[112] *Napoléon le petit*, Histoire. 125.

17 avril 1848 déclarant « *le principe de l'inamovibilité incompatible avec le Gouvernement républicain* », *mais* conforme à la Constitution du 4 novembre 1848.
Si le principe de l'inamovibilité des juges du siège avait perduré depuis la Révolution, son application en avait été totalement dévoyée.

11

a/ L'irrévocabilité est limitée à la durée du règne de celui qui prétend l'appliquer

La nomination du juge dépend du roi ou de l'empereur. L'irrévocabilité du juge ne peut donc qu'être limitée à la durée du règne de celui qui est à l'origine de la nomination.
L'ordonnance du 15 février 1815 signée par Louis XVIII le mentionne expressément : « *La nomination des juges, nous est exclusivement réservée*[114]*, et l'irrévocabilité que notre institution leur imprime...* ». Une telle interprétation permettra l'exclusion des magistrats de l'empire. Le premier président de la Cour de cassation, Muraire, sera ainsi remplacé par de Sèze ; 294 magistrats de cours royales dont 14 premiers présidents, et 1400 juges furent exclus[115].
À la mort de son frère Louis XVIII le 16 septembre 1824, Charles X, adresse une lettre[116] aux « *Cours de justice* » les confirmant dans leurs pouvoirs : « *Nous vous exhortons et vous ordonnons qu'après avoir fait à Dieu les prières que vous devez lui adresser pour le salut de notre dit seigneur et frère vous ayez à continuer* (...) *à distribuer la justice* ».
Le 3 novembre 1849, au palais de justice de Paris, alors qu'est applicable la constitution du 4 novembre 1848, se déroule la « *cérémonie d'institution de la magistrature* »[117]. Le président de la République, derrière lequel se dissimule à grand-peine l'empereur, ose affirmer que « *le principe de l'inamovibilité est resté debout* (...) *ce n'est pas à un homme* poursuit-il *que vous jurez fidélité mais à la loi* ».

---

[113] V. *infra*, § 14.
[114] La formule des ordonnances de nomination précise « *Nous avons nommé et institué conseiller en notre Cour de cassation...*
[115] Rousselet. II. 167.
[116] Cette lettre est une copie conforme de celle que le chancelier Voysin, au nom du roi, âgé de cinq ans et demi, adressa aux parlements, le 1er septembre 1715, après la mort de Louis XIV.
[117] « *Œuvres de Napoléon III* » :
http://lettres.memoires.19e.free.fr/Louisnapoleonbonaparte/discours/1849/institution_magistrature.htm

12

b/ La prestation de serment

Il ne s'agit pas ici du serment de magistrat, que prêtaient et prêtent ceux-ci en début de carrière. En 1849[118] le serment de magistrat était le suivant : « *En présence de Dieu et devant les hommes, je jure et promets, en mon âme et conscience, de bien et fidèlement remplir mes fonctions ; d'appliquer les lois avec impartialité, indépendance et fermeté ; de garder religieusement le secret des délibérations, et de me conduire en tout comme un digne et loyal magistrat* ». Ce serment était proche du serment actuel prévu à l'article 6 de l'ordonnance de 1958 portant statut de la magistrature : « *Je jure de bien et fidèlement remplir mes fonctions, de garder religieusement le secret des délibérations et de me conduire en tout comme un digne et loyal magistrat.* »

Il s'agit, ici, d'un serment politique, un serment de fidélité à celui qui vous a nommé. La justice est rendue au nom de celui-ci, du roi, du prince président ou de l'empereur.

C'est le cas de la Charte octroyée par Louis XVIII le 4 juin 1814 et de la Charte constitutionnelle du 14 août 1830 : « *Toute justice émane du roi.* »[119]

Il faut attendre la constitution du 4 novembre 1848 pour que « *La justice soit rendue ... au nom du peuple français* »[120], mais l'article 14 de la Constitution du 14 janvier 1852 précise : « *Les ministres, ... les magistrats ... prêtent le serment ainsi conçu : Je jure obéissance à la Constitution et fidélité au président.* »

Le sénatus-consulte du 7 novembre 1852, portant modification de la constitution de 1852 prévoit en son article 1er que « *La dignité impériale est rétablie. Louis Napoléon Bonaparte est Empereur des Français, sous le nom de Napoléon III.* » Le décret impérial du 2 décembre 1852, promulgue et déclare loi de l'État ce sénatus-consulte du 7 novembre 1852, ratifié par le plébiscite des 21 et 22 novembre.

Le Sénatus-consulte du 25 décembre 1852[121], portant interprétation et modification de la Constitution du 14 janvier 1852, modifie le serment des magistrats. « *Le serment prescrit par l'article 14 de la Constitution est ainsi conçu : « Je jure obéissance à la Constitution et fidélité à l'empereur.* »

---

118 *Gazette des tribunaux* du 4 novembre 1849. *Les membres des Cours et Tribunaux prêteront individuellement le serment suivant (...) :* http://data.decalog.net/enap1/liens/Gazette/ENAP_GAZETTE_TRIBUNAUX_1849 1104.pdf

119 Article 57 et 48 de la Charte du 14 août 1830.

120 Article 81.

121 Article 16.

Le magistrat devait ainsi prêter serment de fidélité à un homme, le chef du pouvoir exécutif[122]. Cette obligation permettait de contourner le principe de l'inamovibilité des juges du siège, et d'exclure ainsi un grand nombre d'opposants, comme cela était le cas sous la royauté.
« *Qu'est-ce que c'est que Louis Bonaparte ? C'est le parjure vivant, c'est la restriction mentale incarnée, c'est la félonie en chair et en os, c'est le faux serment coiffé d'un chapeau de général et se faisant appeler monseigneur. Eh bien ! Qu'est-ce qu'il demande à la France, cet homme guet-apens ? Un serment... il veut un serment... Ainsi, ... juges, ... magistrats, ... troupeau, c'est dit, il le veut, cette idée lui a passé par la tête, il l'entend ainsi, c'est son plaisir ; venez, hâtez-vous, défilez, vous dans un greffe, vous dans un prétoire, ... vous, premiers présidents et procureurs généraux, dans son antichambre ; accourez en carrosse, à pied, à cheval, en robe, en écharpe, en costume, en uniforme, drapés, dorés, pailletés, brodés, emplumés, l'épée au côté, la toque au front, le rabat au cou, la ceinture au ventre ... regardez-le bien en face, recueillez-vous, fouillez dans votre conscience, dans votre loyauté, dans votre pudeur, dans votre religion ; ôtez votre gant, levez la main, et prêtez serment à son parjure, et jurez fidélité à sa trahison.* »[123]
« *Le 5 avril 1852, voici ce qu'on a vu aux Tuileries. Vers huit heures du soir l'antichambre s'est remplie d'hommes en robes rouges, graves, majestueux, parlant bas, tenant à la main des toques de velours noir à galons d'or, la plupart en cheveux blancs. C'étaient les présidents et conseillers de la cour de cassation, les premiers présidents des cours d'appel et les procureurs généraux ; toute la haute magistrature de France... Que venaient faire ces hommes en robes rouges chez cet homme en habit noir ? Ils venaient lui prêter serment. C'était M. Bonaparte. ... On a juré ici, là, partout ; ... M. Sibour, archevêque de Paris, a juré ; M. Franck-Carré, procureur général près la cour des pairs dans l'affaire de Boulogne, a juré ; M. Dupin président de l'Assemblée nationale le 2 décembre, a juré...* »[124]. Les membres de la Haute Cour de justice, Hardoin, Pataille, Moreau, Delapalme, Grandet, Quesnault et Cauchy, ceux qui étaient chargés de juger le crime de haute trahison de Bonaparte, ont juré[125]. Ils faisaient ce que Louis-Napoléon-Bonaparte, avait fait le 20 décembre 1848 : « *en présence de Dieu et devant*

---

[122] Acte constitutionnel n° 9 du 14 août 1941 : « *Nous, maréchal de France, chef de l'État français, Vu la loi constitutionnelle du 10 juillet 1940. Décrétons :*
Nul ne peut exercer les fonctions de magistrat s'il ne prête serment de fidélité au chef de l'État. La formule de la prestation de serment est la suivante : Je jure fidélité à la personne du chef de l'État. Je jure et promets de bien et honnêtement remplir mes fonctions, de garder religieusement le secret des délibérations et de me conduire en tout comme un digne et loyal magistrat. »
[123] *Napoléon le petit*, Histoire. 113.
[124] *Napoléon le petit*, Histoire. 119 à 121 ; voir § 58.
[125] V. *infra*, § 59.

le peuple français représenté par l'Assemblée nationale juré *de rester fidèle à la République démocratique une et indivisible et de remplir tous les devoirs* qu'*impose la constitution* ».
« *Quand l'homme du serment dans le meurtre patauge ! ...* »[126]

13
c/ La création d'une limite d'âge

En 1852 le prince-président n'ose pas de front remettre en cause l'inamovibilité des magistrats du siège, alors qu'il se méfie de tous ceux qui, en fonction depuis de longues années et ayant connu des régimes de liberté, risquent de ne pas s'accommoder du régime en train de naître. Le filtre de la prestation de serment obligatoire n'est pas suffisant. Le garde des Sceaux Abbatucci, lui suggère une habile solution. Le système de l'ancienne France, dans lequel il n'y avait pas de limite d'âge des magistrats, subsiste, et dans les cours et tribunaux les septuagénaires et octogénaires sont nombreux. Séguier avait près de 80 ans lorsqu'il meurt en fonction. Henrion de Pansey est nommé premier président de la Cour de cassation à l'âge de 86 ans. Pierre Joseph Boyer président de chambre à la Cour de cassation demande sa mise à la retraite en 1843 en précisant : « *Arrivé à la quatre vingt dixième année de mon âge j'ai cru voir dans ces circonstances un avertissement de la nature et n'ai pas voulu attendre ceux de l'opinion publique, pour résigner des fonctions dans lesquelles tous les efforts de mon zèle pourraient ne pas suffire à l'accomplissement de mes devoirs* »[127].
Un décret du 3 mars 1852 « *De la mise à la retraite des magistrats* » permet d'éliminer un grand nombre d'opposants supposés. L'article 1er précise en effet : « *Sont mis de plein droit à la retraite les membres de la Cour de cassation à l'âge de soixante-quinze ans accomplis ; les magistrats des Cours d'appel et des Tribunaux de première instance, à l'âge de soixante-dix ans accomplis* ».

---

[126] *Châtiments*, « A Juvénal » Poésie II. 161.
[127] Rousselet II. 209.

14
d/ Les épurations[128]

1- L'épuration de 1848

Le 12 mars 1848, Ledru Rollin[129], ministre de l'Intérieur, adresse aux commissaires du gouvernement (les préfets) une circulaire[130] fixant *notamment « la ligne de conduite à suivre vis-à-vis de la magistrature ». À la question du 1er § « Quels sont vos pouvoirs ?, la réponse était claire : « Ils sont illimités. »*

« Le § 3. Vos rapports avec la magistrature » précisait : « *Vous exigerez des parquets un concours dévoué ... Quant à la magistrature inamovible, vous la surveillerez, et, si quelqu'un de ses membres se montrait publiquement hostile, vous pourriez user du droit de suspension que vous confère votre autorité souveraine.* »

Un décret du Gouvernement provisoire du 17 avril 1848 confirme cette circulaire en déclarant : « *le principe de l'inamovibilité incompatible avec le Gouvernement républicain, et déléguant au ministre de la Justice et au ministre des Finances, chacun dans son département, le pouvoir de suspendre ou révoquer les magistrats jusqu'au jour où l'Assemblée nationale prononcera sur l'organisation judiciaire.* » Crémieux, garde des Sceaux, est même obligé de révoquer son ami de 30 ans, l'avocat général près la cour de Rouen, Chassan, à la demande du procureur général près cette juridiction, Sénard, qu'il avait lui-même placé dans cette ville.

L'article 87 de la constitution du 4 novembre 1848 prévoit que « *Les juges de première instance et d'appel, les membres de la Cour de cassation, et de la Cour des comptes, sont nommés à vie. - Ils ne peuvent être révoqués ou suspendus que par un jugement, ni mis à la retraite que pour les causes et dans les formes déterminées par les lois* » et il faut attendre la loi du 8 août 1849 pour que soient « mai*ntenus les Cours et Tribunaux actuellement existans, et les magistrats qui les composent* » et que « *Aucune réduction dans le personnel des Cours et Tribunaux ne pourra s'opérer que par vote d'extinction.* »[131]

---

[128] *La justice au XIXème siècle*, Jean-Louis Debré précité, pages 47 et s.
« L'épuration de la magistrature de la Révolution à la Libération », Association pour l'histoire de la justice, édition Loysel, 1993.

[129] « *Ledru-Rollin meuglant, joufflu, ventru, superbe / Eloquent comme un bœuf et beau comme un boucher* », Chantiers. 110.

[130] *Le Moniteur*, 12 mars 1848 :
http ://gallica. bnf. fr/ark :/12148/bpt6k5539691q/texteBrut

[131] Articles 1 et 2.

Cette loi est adoptée par 419 voix[132], incluant celles des républicains, et parmi ceux-ci, Victor Hugo[133].

15

2- L'épuration de 1852 : les commissions mixtes[134]

Paris, le 3 février 1852 : nouvelle circulaire[135] du garde des Sceaux Abbatucci :

Monsieur le procureur-général,
Animé du désir de mettre un terme aux difficultés qu'ont fait naître les nombreuses arrestations opérées à la suite des derniers troubles, et de voir la société délivrée des pernicieux éléments qui menaçaient de la dissoudre, le Gouvernement veut qu'il soit statué dans le plus bref délai possible sur le sort de tous les individus compromis dans les mouvements insurrectionnels ou les tentatives de désordre qui ont eu lieu depuis le 2 décembre…
« Le gouvernement a pensé que, pour concilier à la fois les intérêts de la justice, de la sûreté générale et de l'humanité, il ne pouvait mieux faire que de confier dans chaque département le jugement de ces inculpés à une sorte de Tribunal mixte composé de fonctionnaires de divers ordres... assez haut placés dans la hiérarchie, pour comprendre l'importance d'une semblable mission... ».

Les juridictions judiciaires étaient dessaisies de toutes les procédures en cours et les dossiers devaient être transmis aux préfets pour être soumis aux commissions mixtes composées du commandant de division militaire, du préfet, du procureur général. « *Trois individus quelconques, trois fonctionnaires destituables, un préfet, un soldat, un procureur, ayant pour conscience le coup de sonnette de Louis Bonaparte, s'asseyaient à une table, et jugeaient. Qui ? Vous, moi, nous, tout le monde. Pour quels crimes ? Ils inventaient les crimes. Au nom de quelles lois ? Ils inventaient les lois. Quelles peines appliquaient-ils ? Ils inventaient les peines.* »[136]
Ces commissions avaient les plus larges pouvoirs dont :
« Le renvoi devant les Conseils de guerre ; La transportation à Cayenne ; La transportation en Algérie ; L'expulsion de France ; L'éloignement momentané du territoire ; L'internement ; Le renvoi en police

[132] Contre 136.
[133] Selon Marcel Rousselet. II. 166.
[134] *Histoire de la justice en France*, J.-P. Royer, page 508.
[135] *Gazette des tribunaux* du 5 février 1852 :
http://data.decalog.net/enap1/liens/Gazette/ENAP_GAZETTE_TRIBUNAUX_1852 0205.pdf
[136] *Histoire d'un crime*, Histoire. 424.

correctionnelle ; La mise sous la surveillance du ministère de la police générale » et même, selon le Grand dictionnaire universel Larousse du XIXème siècle, « *quelque fois la mise en liberté…* ».

Devienne, jouera un grand rôle, tant dans la création de ces commissions que dans leur application pratique, comme ce sera le cas, dans l'affaire Cellerier[137]. « *C'est M. Devienne qui a fait partie des commissions mixtes, envoyant en exil 40. 000 citoyens dont 8. 000 sont morts* »[138].
« *Cette justice là sort de ces juges là, / Comme des tombeaux la vipère* »[139].

16
3- L'épuration de 1871

Après l'effondrement de l'empire, Crémieux, redevenu garde des Sceaux oppose « *la dictature violatrice* », celle de Louis Bonaparte ayant créé les commissions mixtes, à la « *dictature vengeresse de la morale publique* », la sienne, qui s'exprime par les *décrets flétrisseurs* de janvier et février 1871 :
« *Considérant qu'en 1852, après l'attentat du 2 décembre, quand un pouvoir usurpateur, violant toutes les lois, brisait l'Assemblée des représentants du peuple, anéantissait la Constitution républicaine, il s'est trouvé dans l'ordre judiciaire, c'est-à-dire dans les rangs des gardiens des lois, des hommes qui ont associé leurs noms aux odieuses persécutions du tyran et l'ont aidé à proscrire les ennemis de son usurpation, les amis de la République… Décrète :* « *Sont déchus de leurs sièges et exclus de la magistrature MM. Devienne, premier président de la Cour de cassation, Raoul Duval, premier président de la Cour d'appel de Bordeaux* … (et 14 autres magistrats du siège dont les premiers présidents des cours d'appel de Colmar, *François Bigorie de Lachamps*, Rouen, *Joseph François Massot* et les présidents des tribunaux de Brest, La Rochelle[140], et Toulouse[141] (*Georges Degrand*) …

---

[137] Voir § 60.
[138] *Choses vues* II, Hubert juin. 738.
[139] « Les commissions mixtes », Poésie II. 91.
[140] À l'audience du 30 janvier le procureur invitait le président à démissionner. *Le président Chaudreau refusait d'être démis ; les menaces proférées à l'audience du procureur qui s'est retiré avec tout le ministère public n'ont eu d'effet qu'à l'encontre des avocats et avoués, et l'audience s'est tenue normalement* (*Gazette des tribunaux* du 16 février 1871).
[141] « *Toulouse, le 6 février 1871 / Monsieur le garde des Sceaux (...) J'ai reçu communication d'un décret qui me frappe de déchéance et me déclare exclu de la magistrature (...) 3 jours avant (...) par vos ordres, j'avais été mis en demeure d'opter entre ma démission et ma déchéance (...) La démission ouvrait mes droits à la retraite, la déchéance m'en privait (...) sans hésitation j'ai repoussé ce*

Fait à Bordeaux, le 20 janvier 1871... Le garde des Sceaux, ministre de la Justice, Ad. CRÉMIEUX, Léon GAMBETTA ... »

Le 9 février 1871 la *Gazette des tribunaux* annonce : « *Voici ce que nous lisons aujourd'hui dans le* Journal officiel *: Quelques journaux annoncent qu'un décret émané de la délégation de Bordeaux a prononcé la révocation de plusieurs magistrats inamovibles. Le gouvernement n'a aucune connaissance officielle de ce décret ... Nous n'avons pas besoin de caractériser ce décret qui ne peut manquer d'être frappé de nullité par le gouvernement central.* »

Le 13 janvier, le garde des Sceaux écrit au premier président de Bordeaux où se trouve le gouvernement : « *Bordeaux, 13 janvier 1871...*

« *Je vois figurer votre nom parmi ceux des magistrats qui ont fait partie des commissions mixtes. Je vous prie de me faire parvenir, dans la huitaine, les renseignements que vous croirez de nature à expliquer l'acception de cette fonction...* ».

Le même jour, le premier président Raoul Duval rejette une telle exigence et écrit au procureur général de sa cour, Cellerier nommé le 10 septembre 1870[142] : « *Bordeaux, le 29 janvier 1871.* « *Monsieur le procureur général, (...) On m'apporte le Moniteur et, sans avis préalable de la mesure prise contre moi, j'y lis un décret qui me déclare, avec plusieurs magistrats, déchu de mes fonctions. C'est là une violation flagrante de nos lois fondamentales et du grand principe de l'inamovibilité de la magistrature (...) J'ai l'honneur (...) de vous informer que j'entends continuer l'exercice de la magistrature tant que je n'en serai pas empêché par un obstacle matériel.* » *Le 30 janvier Duval s'adresse à Crémieux : Bordeaux, 30 janvier 1871 / Monsieur le ministre (...), Aujourd'hui, suivant l'avis que j'en avais ainsi donné à l'autorité spécialement chargée de faire exécuter les lois, je suis allé au palais, j'y ai revêtu ma robe de premier président et je me suis rendu dans la salle du conseil, où m'attendaient les membres de la première chambre (...) là ils m'ont appris (...) que M. le procureur général (...) s'était transporté chez M. le greffier en chef et lui avait fait savoir que si le premier président déchu se présentait pour tenir l'audience, le ministère public avait ordre de se retirer : que tout magistrat qui le remplacerait, que tout greffier qui assisteraient à l'audience seraient destitués ce soir (...) que les conseillers qui siégeraient à mes côtés seraient immédiatement ou déchus ou suspendus (...) j'ai fait tout ce qui m'était possible pour accomplir mon*

---

compromis. Mes droits à la retraite m'appartiennent et je puis les hasarder. L'honneur du siège inamovible que j'occupe ne m'appartient pas ; je n'en suis le dépositaire qu'à la charge d'en être le gardien. Ma démission aurait donc engagé ma responsabilité ; ma déchéance n'engage que la vôtre... », *G. Degrand (Gazette des tribunaux* 15 février 1871).

[142] V. *infra,* § 55.

devoir et pour maintenir le grand principe dont le hasard des circonstances m'a fait le représentant et le défenseur. Si j'allais plus loin, si j'entraînais mes collègues à ma suite, j'exposerais d'autres que moi. Je me suis arrêté à cette limite. »
Duval cède à la force.
Devienne préfère se réfugier à l'étranger[143].

Plus de 500 magistrats et de très nombreux juges de paix, non protégés par l'inamovibilité, sont remplacés. Le grand dictionnaire universel Larousse du XIXème siècle très laudateur de Crémieux, présente ainsi les faits : « *Cet acte de vigueur fut approuvé par la partie éclairée de la population et quand plus tard M. Dufaure sous prétexte que l'inamovibilité de la magistrature est une garantie contre l'invasion de la politique dans la justice fit abroger ce décret, il déclara lui-même que les magistrats qui s'étaient faits les complices du coup d'État méritaient la réprobation universelle.* » En réalité, Crémieux est sévèrement critiqué par ses contemporains, par la presse judiciaire[144] et même par ses amis. Georges Sand consigne dans son *journal d'un voyageur pendant la guerre*, à la date du 3 février : « *l'atteinte portée ces jours-ci à l'inamovibilité de la magistrature a été pour nous qui aimons et respectons Crémieux une douloureuse stupéfaction...détruire un principe pour punir quelque coupables...c'est inexplicable de la part d'un homme dont l'intelligence et la droiture n'ont jamais été mis en doute. Cette verte vieillesse s'est-elle affaissée d'un coup sous la pression des exaltés ?* ». Aux élections du 8 février, Crémieux n'est pas réélu, et Dufaure, nouveau garde des Sceaux peut commencer la « *contre épuration* ».
Le 23 mars 1871 le député Montavon dépose un projet de loi ainsi rédigé : « *Considérant qu'il y a lieu d'annuler les décrets des 28 janvier et 3 février comme contraires à la règle de la séparation des pouvoirs et au principe de l'inamovibilité de la magistrature, en réservant le droit souverain de l'Assemblée sur l'organisation judiciaire... Décrète : ... Article unique. Les décrets des 28 janvier et 3 février 1871, qui ont prononcé la déchéance de quinze magistrats, sont déclarés nuls et non avenus.* »
La loi est votée le lendemain.

---

143 V. *infra*, § 55.
144 Voir notamment la *Gazette des tribunaux* du 9 février 1871 susvisée.

17
e / La compétence des magistrats

Presque tous les hauts magistrats du siège sont d'anciens parquetiers. Par ce passage préalable le pouvoir politique de nomination peut ainsi tester la fidélité et l'obéissance de l'intéressé ; il ne peut par la même occasion se voir reprocher de porter atteinte à l'indépendance du siège.
Une exception notable, à ce passage obligé, Teste, bâtonnier en 1837, est nommé directement président d'une chambre civile à la Cour de cassation en 1843[145].
La plupart de tous les magistrats sont d'anciens avocats. Aux plus hautes fonctions du parquet sont souvent directement nommés, d'anciens bâtonniers du barreau de Paris. Ainsi :
Bellart avocat réputé est nommé directement Procureur général près la cour de Paris le 14 avril 1815.
Dupin bâtonnier en 1829 est nommé directement Procureur général près la Cour de cassation le 17 août 1830. Persil, avocat après un an de droit, est nommé directement Procureur général près la cour de Paris le 29 septembre 1830. Baroche, bâtonnier en 1846 est nommé directement Procureur général près la cour de Paris le 20 décembre 1848. Delangle, bâtonnier en 1846 est nommé directement avocat général près la Cour de cassation en 1840, puis Procureur général près la cour de Paris en 1847 avant de l'être près la Cour de cassation en 1852. Chaix d'Est d'Ange bâtonnier en 1842 est nommé directement Procureur général près la cour de Paris en 1857.
Ces avocats, ardents défenseurs des libertés et des libéraux deviennent subitement, une fois nommés magistrats, d'aussi ardents agresseurs de ces mêmes libertés et de ces mêmes libéraux.
L'exemple de Jean Charles Persil est caractéristique. Avocat, Persil se fait avantageusement reconnaître comme un grand défenseur des idées libérales. En 1819 il est, avec Dupin l'avocat du professeur de droit et juge, Nicolas Bavoux dont les cours de droit criminel ont créé de graves incidents entre les étudiants libéraux et les étudiants royalistes. Bavoux est suspendu de cours par le doyen de la faculté et poursuivi criminellement pour les tournures données à ses leçons. Devant la cour d'assises de la Seine Persil fait acquitter Bavoux le 31 juillet 1819. Nommé procureur général près la cour royale de Paris le 29 septembre 1830 Persil changera aussitôt…

---

145 V. *infra*, § 86.

Comment expliquer de tels changements ?

L'évolution de la pensée chez tout homme est normale. Hugo a lui aussi changé[146]. « *Dans la première partie de sa vie, il était à droite, royaliste ... et, apparemment catholique ... Dans la seconde partie à partir de 1851, il passa à gauche déiste ... anticlérical, ... démocrate, vaguement socialiste ...* »[147]. Philippe Malaurie tempère ensuite ses propos. Hugo était « *une puissance errante, une recherche de la plénitude, un voyant, célébrant les cultes de l'amour, de la justice, de la liberté*[148] *et de la fraternité au dessus des lois humaines* ». Le professeur Malaurie aurait pu ajouter d'une part que Hugo n'a jamais renié ces « *cultes* », ses convictions les plus profondes, qu'il a toujours été fidèle au peuple, et préciser d'autre part qu'il a revendiqué ce changement et l'a même justifié : « *Mauvais éloge d'un homme que de dire : son opinion politique n'a pas varié depuis quarante ans. C'est dire que pour lui il n'y a eu ni expérience de chaque jour, ni réflexion, ni repli de la pensée sur les faits. C'est louer une eau d'être stagnante, un arbre d'être mort ; c'est préférer l'huître à l'aigle.* »[149]

Le *Grand dictionnaire universel Larousse du XIX*^ème^ *siècle* donne une explication, à ces « *conversions* » à propos de celle de Persil : « *chaud partisan de la dynastie nouvelle, et devenu procureur général près la cour royale de Paris*, Persil *oublie complètement qu'il avait jusqu'alors défendu les idées libérales et par un revirement si fréquent chez les hommes politiques au but de leurs désirs, on le vit furieux de modération pour toutes les mesures rétrogrades selon l'expression de La Fayette.* »

Depuis le décret impérial du 14 décembre 1810, il faut être, en principe, licencié en droit pour devenir avocat. La compétence des magistrats est donc en général celle des avocats. « *Les licenciés en droit qui voudront être reçus avocats se présenteront à notre procureur général au parquet* » (art. 13). L'ordonnance du 20 novembre 1822 précise[150] que « *Les licenciés en droit sont reçus avocats par nos cours royales. Ils prêtent serment en ces termes*

---

146 « *J'ai changé. Comme vous. Mais d'une autre manière* », Verlaine, « *A Victor Hugo* » En lui envoyant sagesse Choix de poésies Charpentier 1923, page 295 ; Bouquins 2010. 236.

147 *Anthologie de la pensée juridique*, Philippe Malaurie, Cujas 1996. 173.

148 « Sur la liberté de la presse et contre l'arrestation des écrivains » Assemblée constituante 1848. Politique. 174 ; « Pour la liberté de la presse » 11 octobre 1848, Politique. 182 ; « La liberté de la presse » Politique. 254 ; « La liberté de l'enseignement » Politique. 217 ; « La liberté du théâtre » Politique. 357.

149 « Victor Hugo et le peuple », André Cabanis, *Mélanges en hommage à André Cabanis*, Presse de l'université de Toulouse 1 Capitole, 2015. 153 ;
- *Littérature et philosophie mêlées*, Critique. 127.

150 Articles 38 et 30.

« *Je jure d'être fidèle au Roi et obéir à la Chartre constitutionnelle, de ne rien dire ou publier, comme défenseur ou conseil, de contraire aux lois, aux règlemens, aux bonnes mœurs, à la sûreté de l'État et à la paix publique, et de ne jamais m'écarter du respect dû aux tribunaux et aux autorités publiques* », et exige un stage de 3 mois. En principe licencié en droit, mais Persil sera avocat après un an de droit ! Depuis le XVIIème siècle on dit que les licences s'obtiennent, facilement à Orléans, moyennant finances. Dans une comédie publiée en 1670, « *Elomire hypocondre ou les médecins vengés* », Le Boulanger de Chalussay, fait avouer à Elomire (Molière) :
« *En quarante, ou quelque peu devant,*
Je sortis du collège et en sortis savant,
Puis venu d'Orléans où je pris mes licences
Je me fis avocat au retour des vacances », et Angélique (Madeleine Béjart) remet les choses au point :
« *En quarante ans, ou fort peu de temps auparavant,*
Il sortit du collège, âne comme devant ;
Mais son père ayant su que, moyennant finance,
Dans Orléans un âne obtenait sa licence,
Il y mena le sien, c'est-à-dire ce fieux
Que vous voyez ici, ce rogue audacieux.
Il l'endoctora donc, moyennant sa pécune,
Et croyant qu'au barreau ce fils ferait fortune,
Il le fit avocat, ainsi qu'il vous a dit,
Et le para d'habits qu'il fit faire à crédit »[151].

Pour devenir magistrat il n'y a pas de formation exigée, hormis celle des avocats. « *Il n'y a aucun métier qui n'ait son apprentissage ... il y a l'école de la guerre ; où est l'école du magistrat ?* » s'interrogeait déjà La Bruyère[152]. Baroche, alors procureur général à Paris, s'oppose en 1849 à Rouher qui propose le recrutement des magistrats par concours[153]. Le garde des Sceaux, autorité de nomination, est « *peu regardant sur le chapitre des connaissances juridiques*, alors que *l'absence de limite d'âge supérieure ne garantit pas toujours l'intégrité des facultés physiques* ». En 1815 Bellart indique au garde des Sceaux qu'à la cour de Paris « *on y trouve certainement plusieurs magistrats fort distingués par leur jugement, leur science et leur connaissance...Il faudrait que ce fût le plus grand nombre, or...c'est le petit* ». « *De tous cotés on répète que les tribunaux sont composés de juges*

---

[151] Le Boulanger de Chalussay, détracteur de Molière. *Molière,* Roger Duchêne, Fayard, 1998. 11.
[152] La Bruyère, *Œuvres complètes,* « De quelques usages », n° 48, La pléiade, page 420.
[153] Rousselet I, page 249. Le *Centre national d'études judiciaires* future *Ecole nationale de la magistrature* ne sera créé qu'en 1958.

insignifiants, et qu'on ne trouve pas facilement même des hommes médiocres[154] *pour remplir les vacances à mesure qu'il en arrive* »[155].
L'on trouve malgré, de telles affirmations, de brillants juristes, des érudits, des hommes cultivés, de Belleyme, de Bastard, Dupin, élu à l'Académie française le 22 juin 1832, Hélie, Marchangy, Mongis, Monmergué, Renouard, Séguier, Troplong, etc.
Parfois, Hugo le reconnaît :
« *Quoi, tant d'hommes savants, quoi, Treilhard, Portalis,*
Quoi, Tronchet qui plaida devant les fleurs de lys,
Séguier, Berlier, auront dépensé des semaines
À souder la loi gothe avec les lois romaines... »[156].

Parfois il le nie :
« *L'empereur brille d'ombre et de soleil tigré.*
Pas un talent ne l'aide ; et c'est là le miracle »[157].

18

Hugo rejoint à plusieurs reprises la traditionnelle critique des médecins et des juges, dont le verbiage abscons et leur accoutrement leur servent de compétence[158].
Il le fait chanter par *Le Gracieux*[159] :
« *Des magistrats, sur des nuques*
Ce sont d'énormes perruques.
De toute cette toison,
On voit sortir à foison
Gênes, gibet, roue, amende.
Au moindre signe évident
D'une perruque plus grande
Qu'on nomme le président.
L'avocat, c'est un déluge
De mots tombant sur le juge.
C'est un mélange matois
De latin et de patois »

---

[154] *Histoire de la justice en France*, précité, page 431.
[155] *La justice au XIXème siècle - Les magistrats*, Jean-Louis Debré, librairie académique Perrin, 1981, page 184.
[156] « Rosalie Doise ». Poésie IV. 753.
[157] *Les Années Funestes,* Poésie IV. 737.
[158] « *Si je monte au Palais, je n'y trouve qu'orgueil... Que vice déguisé, qu'une cirimonie... Qu'un bruit de tambourins, qu'une étrange armonie... Et de rouges habits un superbe appareil* », du Bellay, « *l'Olive* », LXXX.
[159] *Marion de Lorme,* Théâtre I. 752.

Il le dit dans « Tout est bien. Honte et gloire… »[160] :
C'est une des beautés de César que d'avoir
Seul de la profondeur dans ses sanglants caprices,
Et que d'être un mandrin servi par des jocrisses.
Rouher, en lui venant baiser le tibia,
L'inonde de pathos et Suin de charabia ;
Grandperret, Chaix d'Estange (lire d'Est Ange) *assassinent la langue,*
Dépassant s'il se peut dans le genre harangue
Même l'ancien jargon niais des vieilles cours ;
Leur bouche vile abonde en stupides discours ... »

ou encore dans « Ah çà ! tu ne sais pas ce que c'est que les juges? »[161].

« *Leur prose est rouge ; on voit passer dans leurs harangues*
Des mots avec lesquels on arrache des langues.
Leur patois est un monstre, et dans leur charabia
La tête de mort danse avec le tibia »

La langue du monde judiciaire est pour lui « *cette langue de province qui a longtemps constitué l'éloquence du barreau et dont usaient jadis tous les avocats, aussi bien à Paris qu'à Romorantin ou à Montbrison, et qui aujourd'hui, étant devenue classique, n'est plus guère parlée que par les orateurs officiels du parquet* »[162].

19

3°/ Un barreau muselé

Le barreau supprimé par la Révolution réapparaît par le décret impérial du 14 décembre 1810 précisant :

- en son article 32 que « *Dans les sièges où le nombre des avocats n'excédera pas celui de vingt, les fonctions du conseil de discipline seront remplies par le tribunal* » ;
- que c'est le procureur général qui désigne d'une part les membres du conseil de discipline sur une liste établie par l'ordre des avocats (art. 19) et d'autre part le bâtonnier (art. 21) ;
- que chaque avocat doit prêter le serment suivant : « *Je jure obéissance aux constitutions de l'empire, et fidélité à l'empereur...* » (art. 14).

Une lente évolution commence dès 1822.

L'ordonnance du 20 novembre 1822 prévoit en effet :

- le maintien des dispositions de l'article 32 : dans les barreaux dans lesquels le nombre des avocats n'excède pas celui de vingt (art. 10), et le bâtonnier

---

160 *Les Années Funestes,* Poésie IV. 737.

161 Suite de *Châtiments,* Chantiers. 218 (1854).

162 *Les Misérables*, Roman II. 212.

est élu par le tribunal parmi les avocats compris dans les deux premiers tiers du tableau (art. 11) ;
- que le conseil de discipline est composé des anciens bâtonniers et des plus anciens avocats inscrits ; il nomme le bâtonnier (art. 8) ;
- que les conseils de discipline sont chargés de maintenir les sentiments de fidélités à la monarchie et aux institutions constitutionnelles (art. 14) ;
- que chaque avocat doit prêter le serment suivant : « *Je jure d'être fidèle au Roi et obéir à la Chartre constitutionnelle, de ne rien dire ou publier, comme défenseur ou conseil, de contraire aux lois, aux règlemens, aux bonnes mœurs...* » ;
- que « *toute attaque qu'un avocat se permettrait de diriger, dans ses plaidoiries ou dans ses écrits, contre la religion, les principes de la monarchie, la Charte, les lois du royaume ou les autorités établies, sera réprimée immédiatement, sur les conclusions du ministère public, par le tribunal saisi de l'affaire* » (art. 43).

« *À compter de la publication* des ordonnances du 27 août et 10 septembre 1830 *les conseils de discipline seront élus directement par l'assemblée de l'ordre composée de tous les avocats inscrits au tableau.* »

Le décret des 22 et 27 mars 1852 précise enfin que « *Le bâtonnier de l'ordre ... ne pourra être choisi que parmi les membres du conseil.* »
Curieusement les décrets du 22 mars et du 5 avril 1852 n'astreignent pas les avocats au serment politique. Ils demeurent en conséquence sous l'empire de la législation qui ne les soumet qu'au serment professionnel.

20
4°/ Les Cours d'assises

En 1790 et 1791 la création du jury en matière criminelle exprime la volonté souveraine de la nation. « *Pas de peuple libre sans jury criminel* ». La composition et les règles de fonctionnement de cette cour seront modifiées à plusieurs reprises, pendant la période qui nous intéresse.

Les pouvoirs respectifs de la cour stricto sensu (les juges professionnels) et du jury resteront les mêmes pendant tout le XIXème siècle. Ce sont ceux qu'avait suggéré Montesquieu : « *les jurés décident si l'accusé est coupable ou non du fait qui a été porté devant eux ; et s'il est déclaré coupable, le juge prononce la peine que la loi inflige pour ce fait : et pour cela il ne lui faut que des yeux*[163]... *On sait le résultat d'une règle aussi rigide :les jurés en arriveront à affirmer contre toute vraisemblance, l'innocence du prévenu*

---

[163] *L'esprit des lois*, Livre 6 chapitre 3 ; ce principe sera aussi repris par Servan.

pour lui épargner une peine trop lourde compte tenu des circonstances dans lesquelles est intervenu le forfait »[164]. Ce système ne cessera que le 1er janvier 1942[165].

Tous les pouvoirs politiques du XIXème siècle, jusqu'à la chute du second empire, s'emploient à contrôler les juridictions d'assises, pour être assurés d'obtenir des condamnations dans les affaires de délits politiques et de presse et d'une façon générale de mettre fin au laxisme des jurés. Ce contrôle s'effectue par le mode de désignation des jurés, par l'abaissement de la majorité des voix pour obtenir une condamnation, et par la modification de la compétence *rationae materiae* de la juridiction chargée de juger ces infractions.

Sous le premier empire c'est le préfet qui, chaque trimestre, désigne 60 jurés, sur lesquels le président des assises en choisit 36 ; les 12 de chaque affaire sont tirés au sort. Les jurés prennent leur décision à la majorité de 7 sur 12 et il est interdit de les avertir des conséquences pénales d'un verdict de culpabilité. Les cinq magistrats décident seuls de la peine.

En 1830 la majorité pour la condamnation est fixée aux 2/3 et les magistrats professionnels ne sont plus que trois.

En 1835 la majorité pour la condamnation devient la majorité simple.

De 1848 à 1851, les jurés qui doivent avoir 30 ans sont choisis par des commissions de maires présidée par le juge de paix et triés par une commission d'arrondissement groupant les juges de paix sous la présidence du sous-préfet. Maires, juge de paix, sous-préfet sont tous nommés par le pouvoir exécutif ! Les femmes sont toujours exclues et les jurés non indemnisés. Le président des assises est désigné pour chaque session par le garde des Sceaux.

Les conservateurs veillent à ce que les délits de presse soient confiés aux juridictions correctionnelles, alors que les libéraux tiennent à ce qu'ils le soient aux cours d'assises.

Une plaidoirie lors d'un procès devant la cour d'assises de la Haute Garonne le 7 juillet 1835 démontre à quel point le peuple est attaché au principe de compétence de la cour d'assises en matière de *délits politiques et de presse*.

Le 7 juillet 1835, le journal toulousain « La Patrie, *comparait devant la Cour d'assises de la Haute-Garonne, pour un article inséré dans le numéro du 12 avril et intitulé : Fatalité du procès d'avril. La Cour est présidée par M. le conseiller Darnaud. La prévention est soutenue par M. le procureur-général Romiguières, et combattue par Me Gasc.*

M. Frédéric Thomas, gérant de la Patrie, *a prononcé un plaidoyer en vers, dont nous citerons le passage suivant :*

---

164 « Le juge selon Montesquieu », in *Mélanges Cabanis*, Presse de l'université Toulouse Capitole, 2015. 456.

165 Loi du 25 novembre 1941.

Voici les faits, Messieurs, dont je me fais garant :
Un journal du terroir dont je suis le gérant,
Journal hebdomadaire, ayant nom : La Patrie,
Au sujet du procès que jugeait la pairie,
Signalait un écueil, un imminent péril ;
L'article avait au front : fatalité d'avril,
Il dit que le pouvoir par des textes iniques
A soustrait au jury les délits politiques ;
Que ce même pouvoir suit un sentier fatal,
Que la peine toujours arrive après le mal.
Il se plaint que l'on ait en face de la France,
Aux prévenus d'avril extorqué la défense.
Puis, il ajoute encor : si jamais tôt ou tard,
Au crin de Damoclès échappait le poignard,
Ne cherchez pas bien loin ni longtemps l'homicide,
Le pouvoir seul aura commis un suicide.
Tel est en résumé l'article en question,
Dont six journaux ont fait la double édition ;
Mais comme il est appert que la même balance
Pour les mêmes délits a divers poids en France,
Au banc des accusés nous nous trouvons assis,
Quand les autres journaux arrivent insaisis.
Serait-ce par hasard que dans notre Toulouse
La gent du Roi voulût se donner pour jalouse
Des affaires du maître, et dans son fol accès
De l'essence d'un mot extraire des procès ?
Mais non, je ne crains rien, tout ici me rassure ;
La victoire est à nous ! J'en accepte l'augure.
Et j'en prends à témoin cet illustre orateur,
Que j'aime voir assis au siège accusateur.
Lui qui dans d'autres temps, dans cette même enceinte,
Mit sa couronne au front de la liberté sainte ;
Lui qui prêta l'appui de son verbe immortel,
À l'homme-national, au transfuge Garrel ;
Ce héros de nos jours que tout homme vénère,
L'a décoré du nom de sauveur et de père.
Quoi ! Celui qui ravit cette tête au bourreau,
Celui qui protégea Garrel, notre drapeau,
Oserait-il, Messieurs, bifurquant sa parole,
Changer eu ce moment et d'habit et de rôle ?...
Non, l'homme est toujours là, qu'importe son mandat ;
Peut-on sauver le chef et poursuivre un soldat ?
Non, et vous tous, Messieurs, qui me prêtez l'oreille,

Vous tous, riches d'une âme à la mienne pareille,
Non, vous ne voudrez pas à méjuger admis,
Au grave balancier que dirige Thémis,
Comme dit Béranger, Peser une marotte.
Et moi, chétif, -crédule au chantre patriote,
J'implore, ainsi que lui, des juges indulgents.
Gaiment je me confie au Dieu de bonnes gens ! »

Le jour même, le jury rend un verdict d'acquittement[166].

Au XIXème siècle la connaissance du contentieux de la presse, sera tantôt attribuée aux cours d'assises tantôt aux tribunaux correctionnels :
« *- 1819 : la loi du 26 mai confie aux Cours d'assises l'ensemble des délits de presse, à l'exception des diffamations ou injures verbales.*
- 1822 ! Le duc de Berry vient d'être assassiné. Les ultras reprennent le pouvoir. La loi du 25 mars 1822 retire la connaissance des délits de presse aux Cours d'assises et la donne aux tribunaux correctionnels.
- 1830 ! La Restauration s'effondre, la liberté renaît. L'article 69 de la Charte des 14-24 août 1830 restitue au jury les délits de presse.
- 1851 ! La République de 1848 disparaît et le prince Napoléon instaure son pouvoir personnel. Le décret des 31 décembre 1851- 3 janvier 1852 défère à nouveau les délits de presse aux tribunaux correctionnels.
- 1870 ! Un désastre sans précédent emporte le Second Empire. Par décret du 27 octobre 1870, le gouvernement provisoire de la République rétablit, en matière de presse, la juridiction des Cours d'assises. »[167]

21

5°/ La toute-puissance des procureurs et le principe « *la plume est serve, mais la parole est libre* »

Au XIXème siècle naissant et après les tâtonnements de la Révolution, on s'est beaucoup éloigné du parquet de l'ancien régime décrit par Montesquieu[168] : « *Nous avons aujourd'hui une loi admirable : c'est celle qui veut que le prince, établi pour faire exécuter les lois, prépose un officier dans chaque tribunal pour poursuivre en son nom tous les crimes ; de sorte que la fonction des délateurs est inconnue parmi nous* ».
Hugo regrette à plusieurs reprises, l'importance prise par le parquet.

---

[166] *Gazette des tribunaux* des 13 et 14 juillet 1835 :
http ://data.decalog.net/enap1/liens/Gazette/ENAP_GAZETTE_TRIBUNAUX_183 50713.pdf
[167] « La répression des délits de presse » Maurice Patin *Revue de science criminelle et de droit comparé* 1954 n° 3, page 454.
[168] *L'Esprit des lois,* livre VI chapitre VIII, Montesquieu (1748).

Dans *Littérature et philosophie mêlées*, il estime que le pouvoir en 1830 est aux mains des procureurs. « *Le pouvoir occulte qui a poussé Charles X à sa ruine, le mauvais génie de la restauration, ce gouvernement qui traitait la France en accusée, en criminelle, et lui faisait sans relâche son procès, avait fini, tant il y a une raison intérieure dans les choses, par ne plus pouvoir avoir pour ministres que des procureurs généraux. Et en effet, quels étaient les trois hommes assis près de M. de Polignac comme ses agents les plus immédiats ? M. de Peyronnet, procureur général ; M. de Chantelauze, procureur général ; M. de Guernon-Ranville, procureur général. Qu'est-ce que M. Mangin, qui eût probablement figuré à côté d'eux, si la révolution de juillet avait pu se saisir de lui ? Un procureur général. Plus de ministre de l'Intérieur, plus de ministre de l'instruction publique, plus de préfet de police ; des procureurs généraux partout. La France n'était plus ni administrée, ni gouvernée au conseil du roi, mais accusée, mais jugée, mais condamnée* »[169].

Dans *Les Misérables* il soutient que Louis Philippe « *s'opiniâtrait contre son garde des Sceaux ; il disputait pied à pied le terrain de la guillotine aux procureurs généraux, ces bavards de la loi, comme il les appelait.* »

Le parquet, la « *magistrature de boue* » selon l'expression de Verlaine[170] est de plus en plus devenu le serviteur servile du pouvoir politique. Il surveille et contrôle tout y compris parfois, les juges du siège[171]. Le vieux principe selon lequel « *la plume est serve mais la parole est libre* » devient, en conséquence, très théorique. Ce ministère public que louait Montesquieu s'était lentement créé au cours des siècles de l'ancien régime, avec le principe qui lui est attaché, « *la plume est serve, mais la parole est libre* ». Et le 18 juin 1684, le chancelier Letellier en confirmait l'existence dans une lettre au procureur général près le Parlement de Bordeaux :« *vous ne devez pas insister pour que vos advocats généraux se concertent avec vous, pour les conclusions d'audience ; car il arrive que les advocats généraux après avoir eu une affaire, sont obligés de changer de sentiment selon la playdoirie des advocats ou les déclarations des parties, sy bien qu'il faut laisser aux advocats généraux la liberté entière de conclure, comme ils entendent dans les affaires d'audience* »[172]. Ce principe, comme son énoncé l'explique, permet à un membre du ministère public de soutenir à l'audience ce qui constitue son avis, éventuellement contraire aux réquisitions écrites

---

[169] Hugo : *Littérature et philosophie mêlées*. Critique. 130 ;
- *Les Misérables,* Roman II. 661.

[170] Verlaine *Œuvres complètes*. Bouquins 2010. 548.

[171] Voir *supra,* § 14. « Siège et parquet en France au XIXème siècle », *Mélanges en hommage à André Cabanis,* Presse de l'université Toulouse Capitole 2015. 461 ; « Les nouvelles relations entre parquet et chancellerie », *Cahiers de la justice* ENM-Dalloz éditions, 2016, n° 1.

[172] Rousselet. I. 72, 95.

ayant saisi la juridiction. Il fut, après la Révolution, confirmé par les articles 48 et 49 du décret du 6 juillet 1810. Ce pouvoir de juge fut appliqué et défendu avec vigueur par nombre de membres du parquet.
Au garde des Sceaux, Peyronnet qui lui demandait d'être prévenu avant l'engagement de certaines poursuites, Bellart avait répondu par la négative : « *Le ministère public doit agir spontanément sans qu'il soit besoin de recevoir l'autorisation de personne* ».
Le procureur impérial près le tribunal de Toulouse, Antoine, Joseph, Maurice Séguier eut en 1868, un comportement plus digne que celui de son grand-père Antoine, Jean, Mathieu[173]. Le 24 décembre 1868, il avait requis, dans un dossier lié à l'affaire Baudin[174], une simple peine d'amende contrairement aux ordres reçus par circulaires du garde des Sceaux Baroche[175], appliquant le vieil adage « *la plume est serve, mais la parole est libre* ». Le Garde des Sceaux lui en fit le reproche. Le 30 décembre 1868, Séguier donnait sa démission : « *Parler à l'audience sous la surveillance d'une police occulte, donner des conclusions imposées d'avance par le Garde des Sceaux, sont deux choses que je ne puis accepter...* ».
Mais d'autres parquetiers oublièrent leurs devoirs. À la même époque, le procureur général près la cour impériale de Paris, Grandperret, dixit « *Grandperrette* »[176] prépara pour le Garde des Sceaux Baroche, une note sur les droits et devoirs des magistrats du parquet, et indiquait que si le parquetier pouvait à l'audience conclure comme il le voulait, cette liberté était nécessairement moins grande dans les procès de presse[177].

22
B/ Une séparation des pouvoirs encore floue

Certains magistrats n'hésitent pas à afficher leurs opinions politiques.

- La commission consultative[178] : après le coup d'État, du 2 décembre 1851, « *Le Président de la République,*
Voulant, jusqu'à la réorganisation du Corps législatif et du Conseil d'État, s'entourer d'hommes qui jouissent à juste titre de l'estime et de la confiance du pays, a formé une commission consultative composée de… » 170 noms y figurent notamment : *Abbatucci, Barbaroux, Bonjean, de Crouseilhes, Delangle, Mesnard, Portalis, de Royer, Sapey, de Ségur d'Aguesseau,*

---

173 V. *infra,* § 54.
174 V. *infra,* § 93.
175 V. *infra,* § 89.
176 Poésie IV. 750.
177 Rousselet II. 98.
178 *Histoire d'un crime*, Histoire. 392.

Troplong. Victor Hugo figurera bien sûr sur une autre liste, celle des proscrits[179].

- Les magistrats-députés : nombre de magistrats, les « *magistrats-députés* »[180], cumulent leurs fonctions avec celle de députés, de sénateur, ce qui, à l'époque ne choque personne.
Ainsi, Devienne cumule de 1844 à 1846 les fonctions de député du Rhône et de procureur général près la cour de Lyon. Dupin cumule les fonctions de président de l'assemblée et de procureur général près la Cour de cassation. Abbatucci est, sous la restauration, élu député et qui plus est, député de l'opposition ce qui est exceptionnel, comme c'est le cas du juge Sornin. En 1867, un juge au tribunal de Vienne, Maurice Sornin, *a le front de se faire élire* conseiller municipal sur une liste d'opposition. Le procureur général Devienne note : « *il a été assez oublieux de sa dignité pour s'associer aux listes de l'opposition* »[181].
Louis-Marie de Belleyme procureur du roi près le tribunal de la Seine depuis 1826 fait encore mieux en exerçant en même temps les fonctions de préfet de police du 17 janvier 1828 au 13 août 1829. Le 13 août 1829, il est élu député de la Dordogne et le même jour nommé président du tribunal de la Seine. Le Baron Joseph Zangiacomi, sera à la fois conseiller d'État et conseiller à la Cour de cassation.
La fonction la plus enviée demeure celle de sénateur, qui n'est pas conditionnée par une élection toujours soumise à un léger aléa. Les sénateurs de la constitution de 1852 sont, en dehors des membres de droit (cardinaux, maréchaux, amiraux, membres de la famille impériale) nommés par le chef de l'État et bénéficient d'une dotation annuelle de 30. 000 francs.

- Les libertés : le 8 décembre 1860, Jean-Gilbert-Victor-Fialin, duc de Persigny ministre secrétaire d'État au département de l'intérieur, signe une circulaire dans laquelle, après avoir comparé la liberté de la presse en Angleterre et en France, il déclare tolérer toutes discussions, à l'exception de celles qui touchent au principe du gouvernement. Le 26 septembre 1861 il adresse une circulaire « *très-confidentielle et pour le préfet seul : Par une circulaire du 6 juin 1859, mon prédécesseur [...]vous a prescrit les mesures à prendre dans le cas où un évènement grave et imprévu amènerait la transmission du pouvoir au prince impérial, sous le nom de Napoléon IV (...) Vous établirez une liste de tous les hommes dangereux (...) vous formulerez personnellement et vous signerez des mandats d'arrêt pour chacun des hommes annotés sur votre liste…* ».

---

179 Celle du 9 janvier 1852. Histoire. 398.
180 *Juges et notables au XIXème siècle*, précité, page 270.
181 *Juges et notables au XIXème siècle*, précité, page 301.

23

C/ Un droit pénal sévère

La sévérité du droit pénal n'est pas une spécificité française. Ainsi la *Gazette des tribunaux* du 20 décembre 1825 annonce : « *Le journal le* Times *contient dans son dernier numéro l'article suivant, que nous croyons devoir traduire en entier sans aucune réflexion : Plusieurs personnes regrettent que les juges éclairés qui ont présidé les dernières sessions à Old-Bayley, aient fait revivre l'ancienne coutume d'infliger la peine du fouet pour certains délits. Un châtiment de ce genre leur paraît plus propre à endurcir et dégrader les criminels, qu'à les corriger ou à en effrayer d'autres par un salutaire exemple. Pendant le cours de la dernière session, une vingtaine d'hommes ou d'enfants ont été ainsi fustigés ; jamais on n'en avait vu un pareil nombre. C'était une chose véritablement choquante, que de voir une multitude de femmes grossir la foule rassemblée dans la Cour de Old Bayley, pour assister à ce dégoûtant et sanglant spectacle* ».

1°/La peine de mort[182]

En 1810 le *Code des délits et des peines* (code pénal), *code de fer* selon Robert Badinter, établit une liste de 36 crimes punissables de la peine de mort, dits « *crimes capitaux* », les assassinats, les parricides, les infanticides, les empoisonnements, les cas où la victime n'est pas décédée, les vols et incendies avec la typologie de circonstances aggravantes, les tentatives de tous ces crimes.
La peine de mort n'est plus assortie de tortures, cependant les peines précédemment citées peuvent être accompagnées de châtiments : le marquage au fer chauffé indiquant la nature de la peine ou du crime, l'exposition publique durant une ou plusieurs heures sur un pilori ou un échafaud avec l'explication des motifs de la condamnation.

De 1823, à sa mort, Hugo luttera de toutes ses forces contre la peine de mort[183], ce « *meurtre judiciaire* »[184] et d'une façon plus générale contre la sévérité des peines : « *nous ne voulons pas seulement l'abolition de la peine de mort, nous voulons un remaniement complet de la pénalité sous toutes ses formes* »[185]. Et *Le dernier jour d'un condamné* aura une extraordinaire influence. Des avocats tentèrent même de lire à l'audience des passages de cette œuvre pour convaincre les jurys d'assises : « *La Cour de cassation*

---

[182] Ne sera abolie en France que le 18 septembre 1981 ; en matière politique, elle le sera le 27 février 1848. Voir § 68.
[183] *Écrits de Victor Hugo sur la peine de mort*, Actes Sud. 1979.
[184] *Han d'Islande*, Roman. I. 252.
[185] Préface du *Dernier jour d'un condamné*, Roman I. 414.

(chambre criminelle), présidée par M. le comte de Bastard, après avoir entendu Me Lanvin, a rejeté le pourvoi de François Meillat et de Jean Tournier condamnés l'un à mort et l'autre aux travaux forcés à perpétuité, par arrêt de la Cour d'assises de la Haute-Vienne, du 8 juin 1835, pour crime d'assassinat sur la personne d'un sieur Bellet. L'un des moyens de cassation invoqués par les demandeurs était tiré de ce que le président des assises s'était opposé à la lecture que le défenseur avait voulu faire au jury d'un passage de l'ouvrage de M. Victor Hugo, intitulé : Dernier jour d'un Condamné. »[186]

La loi est trop sévère, et le magistrat du parquet se veut encore plus sévère, car « *Faire guillotiner une femme est utile* » pour l'avancement :

« *Tel est le rêve par tous les débutants.*
Ainsi songeait le frais Delangle à son printemps ;
Ainsi songeait Troplong alors qu'il était rose ;
Ainsi tout substitut songe en peignant sa prose,
Laubardemont en herbe et Laffemas en fleur ;
Ayant derrière lui la mort ; sombre souffleur »[187].

24

2°/ La sévérité des peines

La sévérité est maintenue pour l'exécution des peines et notamment dans celle de parricide.

Sous l'ancien régime c'est la jurisprudence qui règle la peine de parricide : « … *Le fils qui tue ou qui empoisonne son père ou sa mère est ordinairement condamné à faire amende honorable, à avoir le poing coupé, et à être rompu vif et jeté au feu ; si c'est une femme ou une fille, on la pend et on la brûle* » et Muyart de Vouglans *l'explique :* « *Quant à nos usages particuliers sur la punition de parricide, nous remarquons d'abord que nous n'avons aucune loi où il soit fait mention expresse de ce crime ; en sorte que nous n'avons d'autres règles sur cette manière que celles établies par la jurisprudence des arrêts* ».

Le Code pénal de 1791 ne fait que reproduire cette pratique, mais l'amputation du poing est abandonnée. Suivant le Code pénal du 12 février 1810 « *la peine de mort ne sera que la simple privation de la vie ; une seule exception est introduite : elle atteint le parricide, qui aura le poing coupé après avoir été conduit au supplice la face couverte d'une voile noir* » (art. 13) et l'article 23 prévoit que le condamné « *sera exposé sur l'échafaud pendant qu'un huissier fera au peuple lecture de l'arrêt de condamnation ; il aura ensuite le poing droit coupé, et sera immédiatement exécuté à mort* ».

---

[186] *Gazette des tribunaux* du 10 juillet 1835.

[187] *Les années funestes*, « Rosalie Doise », III. Poésie IV. 750.

Son article 86 prévoit que l'attentat contre le chef de l'état est assimilable au parricide.
La mutilation est supprimée par la loi du 21 avril 1832, mais la *mise en scène* de l'exécution est maintenue[188].
Outre la peine de mort, le Code pénal de 1810 prévoit d'autres types de peine : les travaux forcés à perpétuité, les travaux forcés à temps limité de 5 à 20 ans, la déportation pour raisons politiques, la réclusion dans une prison.
La loi organise la cour d'assises, pour obtenir de plus fortes condamnations (choix minutieux des jurés, adoption d'une majorité simple). Sous le second empire on encourage les parquets à correctionnaliser les affaires. On redonne aux tribunaux correctionnels la compétence en matière de presse lorsque les cours d'assises deviennent trop laxistes. Les peines prononcées par les différentes juridictions qui seront citées démontrent cette sévérité. « *Que parle-t-on d'améliorer le coupable ? rêve dangereux autant qu'irréalisable* » affirme le procureur général de Peyramont.

25
3°/ L'adultère

La sévérité du droit romain envers les femmes adultères persistera longtemps sous l'ancien régime, et Furetière mentionne les peines encourues par celles-ci. « *Authentiquer une femme, c'est la déclarer convaincuë d'adultère, la condamner (...) à perdre sa dote et ses conventions matrimoniales et à être rasée et mise dans un couvent pour y demeurer 2 ans, pendant lesquels il est permis à son mari de la reprendre, à faute de quoi elle doit y demeurer et renfermée à perpétuité.* » Furetière ajoute malicieusement « *Les sots*[189] *sont de la grande confrairie* » ! Authentiquer conserve encore le même sens dans le dictionnaire de l'Académie française de l'an VII : « *c'est déclarer la femme atteinte et convaincue d'adultère* ». Dans les fabliaux du XIIème et XIIIème siècle on trouve des plaisanteries sur le nom d'Arnolphe, le patron

---

188 Voir Gilles Trimaille, « La sanction des parricides du droit romain au code pénal napoléonien » : https ://droitcultures. revues.org/2981
- *Les lois criminelles de France*, Paris, 1780, in fol, XLII, 884 p., Livre III,
- *Eh bien, je vous le demande, l'homme qui tue la liberté, l'homme qui égorge un peuple, n'est-il pas un parricide ?* Le 27 octobre 1855 *Actes et paroles* II. Politique. 503.
189 Authentique : loi romaine. « *Je sais le Code entier avec les Authentiques* » Corneille, *Le Menteur*, Acte I, scène VI.
- « *Sot : cocu, cornard, mary d'une femme dissoluë ou infidelle* ». *Dictionnaire de Richelet* (1691), celui que Hugo prétend avoir *égorgé* (Poésie. II. 266) donnait déjà ce sens : « *sot signifie aussi quelquefois une espèce de cocu* ».

des maris trompés. On disait même proverbialement d'un mari dont la femme avait un galant, qu'il devait une chandelle à Saint Arnolphe[190].
Égalitaire dans son principe, le *Code des délits et des peines* (code pénal) s'avère encore particulièrement rigoureux pour les femmes, et notamment celles qui mariées ont « *commis le pêché de la chair et violé la foy qu'ils se sont promis dans le sacrement du mariage en s'abandonnant à quelque autre* ». Le délit d'adultère est pour elles toujours réprimé, les maris ne pouvant être condamnés qu'en cas d'entretien de la concubine au domicile conjugal[191].
Celui, dont *de Decker* prétend qu'il aima plus de femmes qu'il n'écrivit de livres, ce « *mignon de couchettes* », comme on disait à l'époque de Furetière, aurait pu, sur le fondement de l'article 338 du code des délits et des peines être poursuivi comme complice d'adultère, s'il n'avait été pair de France.
En effet, dans l'un des premiers jours de juillet 1845, (le 5 au matin, répète la tradition, le 3 au soir, corrigent certains érudits) dans un immeuble du Passage Saint Roch à Paris, tout près du domicile de la famille Biard, un huissier frappe à la porte d'une chambre meublée. Accompagné d'un commissaire de police et de Monsieur François Biard, l'huissier dresse un constat d'adultère à l'encontre de Madame Léonie Biard, et constate que Monsieur Victor Hugo, pair de France prétend ne relever que de la Haute assemblée[192]. Léonie aurait été emprisonnée à Saint Lazare et y serait restée jusqu'à la séparation de corps et de biens prononcée le 14-08-1845 à la demande de son mari, qui obtiendra par le même jugement la garde de ses enfants.L'intervention du roi, sauve le Vicomte Hugo. Après avoir été reçu par Louis Philippe, Monsieur Biard retire sa plainte à l'encontre du séducteur qui reste en liberté.

---

190 « *La Souche plus qu'Arnolphe à mes oreilles plait* », Molière, *L'Ecole des femmes*, Acte I, scène I.

191 Le mari, volage à l'extérieur pouvait, être condamné comme complice, et l'homme non marié qui détournait une épouse de son devoir, pouvait être condamné au titre de la complicité...
- art. 337 du *Code des délits et des peines* : « *La femme convaincue d'adultère subira la peine de l'emprisonnement pendant trois mois au moins et deux ans au plus...* » ; art. 338 : « *Le complice de la femme adultère sera puni de l'emprisonnement pendant le même espace de temps, et, en outre, d'une amende de cent francs à deux mille francs...* » ; art. 339 : « *Le mari qui aura entretenu une concubine dans la maison conjugale, et qui aura été convaincu sur la plainte de la femme, sera puni d'une amende de cent francs à deux mille francs.* » La loi n° 75-617 du 11 juillet 1975 supprimera l'infraction d'adultère.

192 *Hugo, Victor pour ces dames,* Michel de Decker, éditions Belfond, 2002, page 160. Cet auteur indique que le constat s'est effectué « *à l'aube* »

Victor Hugo fait allusion à cet épisode en 1868 dans une note[193] et tente un piètre plaidoyer pro domo : « *Il m'est arrivé une fois d'être protégé contre une loi absurde par un privilège non moins absurde. À ceux qui me reprochent cela, je réponds que je n'avais fait ni cette loi ni ce privilège. L'une m'attaquait, l'autre me défendait. Moi j'étais simplement dans le droit naturel, qui est supérieur au droit social, et c'est la liberté du cœur humain.* » Ce plaidoyer s'exprime dans plusieurs fragments d'époques différentes.

« *Vous aimez un homme autre que votre mari ? Eh bien, allez à lui Celui que vous, n'aimez pas, vous êtes sa prostituée ; celui que vous aimez, vous êtes sa femme. Dans l'union des sexes le cœur est la loi. Aimez et pensez librement. Le reste regarde Dieu.* » (1864).

« *Quand les lois sont contre le droit, il n'y a qu'une héroïque façon de protester contre elle : les violer.*

Telles sont les lois qui font de l'enfant la propriété du père, de la femme la propriété du mari et de Dieu la propriété du prêtre.

Ce qu'on appelle l'adultère comme ce qu'on appelle hérésie est de droit naturel. » (Fin de l'exil).

« *Dans notre société telle qu'elle est faite, avec cette vente qu'on appelle la dot et ce tyran qu'on appelle l'époux l'adultère n'est autre chose qu'une protestation de la première et de la plus sainte des libertés, la liberté d'aimer, contre l'esclavage de la femme et le despotisme du mariage.*

Protestation anarchique mais légitime ; violente, irrégulière, mais profonde et inextinguible comme la nature même.

L'adultère : révolte et loi » (1850).

« *Vous me rappelez ce fait. Pourquoi un ? Ce n'est pas une fois, c'est vingt fois que j'ai commis le prétendu délit, et vieux et solitaire, je n'ai qu'un regret, c'est de ne plus le commettre. Maintenant, ô honnêtes hypocrites qui m'entourez, j'attends la première pierre.*

Je l'ai dit ailleurs, et je le répète la liberté d'aimer est aussi sacrée que la liberté de penser. Ceci est au dessus des conventions sociales. Le droit prime la loi » (1860-1862)[194].

Hugo avait déjà montré que, comme l'écrit Philippe Malaurie, « *l'amour est libre et n'a que faire du droit, des lois et des juges* »[195] :

« *Est-on maître d'aimer ? pourquoi deux êtres s'aiment,*
Demande à l'eau qui court, demande à l'air qui fuit, /
Est-ce que je sais, moi ? c'était au temps des roses ;

---

[193] Océan. 286.

[194] 1864 : Océan. 123.
- fin de l'exil : Océan. 123.
- 1850 : Océan. 119.
- 1860-1862 : Océan. 277.

[195] *Anthologie de la pensée juridique*, Philippe Malaurie, Cujas, 1996. 175.

Les arbres se disaient tout bas de douces choses ;
Les ruisseaux l'ont voulu, les fleurs l'ont comploté.
J'aime ! — O Bodin, Vouglans, Delancre ! prévôté,
Bailliage, châtelet, grand'chambre, saint-office,
Demandez le secret de ce doux maléfice /
« Faites, Cujas au poing, un bon procès en forme
Aux sources dont le cœur écoute les sanglots,
Au soupir éternel des forêts et des flots.
Dressez procès-verbal contre les pâquerettes
Qui laissent les bourdons froisser leurs collerettes ; /
Quoi ! nous sommes encore au temps où la Tournelle,
Déclarant la magie impie et criminelle,
Lui dressait un bûcher par arrêt de la cour,
Et le dernier sorcier qu'on brûle, c'est l'Amour ! »[196]

---

[196] *Les Contemplations*, Poésie II. 344 ; daté de juillet 1843 dans le recueil mais du 5 mars 1855 sur le manuscrit).

Deuxième partie

La charge contre les magistrats

Le pourfendeur de la peine de mort et d'une façon générale de tout le droit pénal, celui qui ne connaît chez les magistrats que les pénalistes, critique le corps dans son ensemble, mais aussi nommément.

26
I/ Charge contre le corps judiciaire

Le vocabulaire employé relève de l'invective voire de l'injure... *les juges sont des ânes, de sombres imbéciles,* ils sont *vils, hideux, pourris...* dans « Lesurques »

« Et c'est ainsi qu'un tas d'hommes à jupe rouge,
Plus vils dans leur sénat qu'un forçat dans son bouge,
Prêtres hideux du temple indigné de la loi,
Plats sous la république et rampants Sous le roi,
Culs-de-jatte du droit dont la griffe est impure,
Et dont la conscience incurable suppure »

dans « Lesurques » *encore...*
« Vous imaginez-vous, ô sombres imbéciles,
Qu'après l'arrêt bavé par vos bouches fossiles... »[197].

dans « Rosalie Doise »[198] ...
Car la justice est bête, et par le bout du nez
On conduit où l'on veut Thémis, la vieille aveugle. »

La magistrature quant à elle est aux ordres ...
dans Boîte aux lettres :
« Nue et prostituée au crime, son amant,
Et tendant de son lit la monnaie,
La justice aujourd'hui vendue à qui la paie,
Cette Eve qui jadis eut pour Adam Séguier,
Rit, et n'a même plus sa feuille de figuier. »[199]

---

[197] *Les années funestes*, Poésie IV, page 766. *Les années funestes*, Poésie IV, page 774 (1869).
[198] *Les années funestes*, Poésie IV, page 751.
[199] *Boite aux lettres*, Chantiers. 71.

dans « l'Orgie des meurtres [200] » : ...
« *La magistrature âpre et sombre est un mouton*
Sur roulette, et le code est une bergerie »
dans « Nox »[201].
« *Magistrats...*
Prosternez-vous devant l'assassin tout-puissant, Et léchez-lui les pieds pour effacer le sang ! »

dans « A quatre prisonniers »[202]
« *Juges vils, groupe abject et stupide...* »

dans « Ah çà ! tu ne sais pas ce que c'est que les juges ? »
« *Oui, le bonnet carré ronge, dévore, gruge ;*
Oui, tous ces rémouleurs de phrase couperets
Sont abjects, j'en conviens ; ils sont hideux ; après ?
« *Sais-tu pas que tout juge est à vendre ou vendu* » ...

... dans « Se faire empereur chose simple » ...
« *Des juges pourris sur qui planent les mouches* »

... dans « Conseils aux jeunes magistrats » ...
« *La Justice, une vieille à peau de parchemin.*
Qui tient une balance à faux poids dans sa main.
... Dans la magistrature.
Tout en étant un âne, on peut être un renard. »
... dans « O procureurs »[203]...

« *...O procureurs, assesseurs, présidents.*
Assassins par-dessous et par-dessus pédants
...
Ah ! juges ! que l'horreur croule et vous engloutisse !
Vers du tombeau des lois, plus hideux que des loups !
Crachat sur les tyrans ! vomissement sur vous! »
...dans *Les Jumeaux*[204]

---

[200] *Toute la lyre*, Poésie IV, page 524.
[201] *Châtiments*, « Nox » *II*, Poésie II, page 9 (1852).
[202] *Châtiments*, Poésie II. 102 (1851).
[203] Suite des *Châtiments*, Chantiers.
« Ah çà ! tu ne sais pas ce que c'est que les juges ! », 218 (1854).
« Se faire empereur chose simple », 69 (1860).
« Conseils aux jeunes magistrats », 216 (1869).
« O procureurs », 71 (1860).
[204] Théâtre II, page 645.

« *Les juges effrayants, pourvoyeurs de tombeaux,*
Et les arrêts de mort qu'on vient lire aux flambeaux… »
… dans « Confrontations »[205]…
« *Mon nom était justice, Et quel est ton bourreau ? Le juge* »,
…dans « Au Peuple »[206]…
« *Le juge marchant en simarre vend la loi* »,
… dans « Joyeuse vie »[207]…
« *juges complices…* »
… dans *Mille francs de récompense*[208]
« *Il faut être absolument en démence, quand on peut jouir de la vie, pour se mettre à juger les hommes ! écouter bavarder monsieur Bellart quand on pourrait prendre la taille d'une jolie fille, est-ce assez insensé ! mais où donc est la raison humaine ? Ils s'entortillent dans beaucoup de calicot rouge, et les voilà tout fiers. Ils appellent cela la pourpre judiciaire. Je suis indigné. Au lieu de rire, de boire, de chanter, d'être amoureux comme les oiseaux ! on est monsieur le conseiller, monsieur le procureur ! Vanités puériles ! Mon oncle a cette manie là. Juger, jugeoter, jugeailler ! Ah ! je hais les toques, et les toqués !* »

Ces juges *vils* et *pourris*, qui ne savent pas apprécier les joies de la vie, sont bien sûr *effrayants*, mais au surplus « *hideux* ». Cette constatation d'évidence accentue le contraste entre la beauté du poète et la laideur du juge, qui n'est pas que morale. Souvenons-nous de la remarque de Baudelaire, qui n'est pas encore le « *poète maudit et marginal* » tel que certains le présentent aujourd'hui, mais un « *dandy-bohème* », photogénique comme le montrent les photographies de Nadar et Carjat et comme l'estime Antoine Compagnon. Le 13 août 1857, Baudelaire, qui se rend à une audience de la sixième chambre du tribunal correctionnel de la Seine pour connaître les hommes qui vont le juger quelques jours plus tard s'exclame : « *j'ai vu mes juges jeudi dernier. Je ne dirai pas qu'ils ne sont pas beaux ; ils sont abominablement laids ; et leur âme doit ressembler à leur visage* [209] ». Hugo n'est-il pas encore plus séduisant que Baudelaire ? Les photographies confirment l'appréciation de Théophile Gautier : « *Ce qui frappait d'abord dans Victor Hugo, c'était son front vraiment monumental qui couronnait comme un fronton de marbre blanc son visage d'une*

---

[205] *Châtiments*, Poésie II. 39.
[206] Poésie II. 45.
[207] Poésie II. 77.
[208] Monsieur de Pontresme : *Mille francs de récompense* Théâtre II. 753.
[209] *Une histoire des haines d'écrivains*, *op. cit.*, pp. 285 et 256.
- Voir les photographies de Nadar et Carjat et l'avis d'Antoine Compagnon, dans *Un été avec Baudelaire*, p. 140.
- *Le Censeur de Baudelaire,* Alexandre Najjar, La Table Ronde, 2011, page 90.

placidité sérieuse ...il était d'une beauté et d'une ampleur surhumaine...une face...illuminée de deux yeux fauves pareil à des prunelles d'aigle et une bouche...d'un dessin ferme et volontaire qui en s'entrouvrant pour sourire, découvrait des dents d'une blancheur étincelante. »[210] Et comme chacun sait : « *Beaucoup de front dans un visage, c'est comme beaucoup de ciel dans un horizon.* »[211]
Hugo ne décrit pas les juges ... il dessine la laideur du « *juge tortionnaire* », du « *juge extrêmement capable* » et de tel « *autre juge* » parfois « *très malin* »[212].

27
II/ Charge *ad hominem* contre les juges de l'ancien régime

« *Oui, l'horrible Thémis dentue et vorace de Farinace et de Vouglans, de Delancre et d'Isaac Loisel, de d'Oppède et de Machault, dépérit. Elle maigrit. Elle se meurt.* »[213] « *Les noirs Laubardemont, les Maillards, les Vouglans* »[214]

« *J'ignore dans quel monde Victor Hugo a mangé préalablement le dictionnaire de la langue qu'il était appelé à parler* »[215] s'interrogeait Baudelaire. La même interrogation perdure et Alain Rey dans son *Dictionnaire amoureux des dictionnaires* a inscrit une entrée « Hugo ». « *Non, il n'a pas rédigé de dictionnaire. Et je ne sais même pas s'il s'en servait. Apparemment, il n'en avait pas besoin, en ayant dévoré la matière.* »[216] Quoiqu'il en soit Hugo a su retrouver des noms de magistrats de l'ancien régime pour beaucoup oubliés... *d'Aguesseau, Chapuys, Bodin, Delancre* (*de Lancre*), *Farinace* (*Farinaci*), *Jeffreys*, Jouvenel *des Ursins, Lamoignon, Laubardemont, Machault, Maillard, d'Oppède* (*Maynier d'Oppède*), *Servan, Thorette, Vouglans, ...*
Parmi tous ces noms, certains paraissent moins importants que d'autres. C'est le cas de *Élie de Thorette*, premier président du parlement de Paris, sous le règne de Charles VII, dont je n'ai pu découvrir pourquoi il « *se croyait un juge* »[217], de *Jean Maynier* baron *d'Oppède* (1495-1558), premier

---

[210] *Histoire du romantisme,* Théophile Gautier, page 12, Charpentier et Cie, 1874 : http://gallica.bnf.fr/ark:/12148/bpt6k206100b/f22.item.r=placidité.zoom
[211] *Les Misérables,* Roman II. 515.
[212] Dessins de juges qui se trouvent à Hauteville House : http://parismuseescollections.paris.fr
[213] *Le dernier jour d'un condamné,* préface, Roman I. 415.
[214] « Dieu », Poésie IV. 679.
[215] *Œuvres complètes,* Bouquins 1980, page 510.
[216] Plon, 2011.
[217] Voir *infra,* § 30.

président du Parlement d'Aix, qui dirigea l'expédition de 1545 au cours de laquelle furent massacrés près de 3000 Vaudois du Lubéron, de *Farinace* ou *Prospero Farinacci* (1554-1618), avocat et juge italien, contemporain de *Bodin*, de *de Lancre*, de *Laffemas* et de *Laubardemont.*
Parmi les autres, apparaissent des noms trompeurs, *Chapuys, d'Aguesseau* (A), des noms qui surprennent, Jouvenel *des Ursins, Lamoignon, Machault* (B), des noms à la réputation douteuse, *Maillard, Delancre, Laffemas, Laubardemont, Vouglans, Jeffreys* (C) *mais aussi,* notable exception : *Joseph Servan* (D).

A/ Les noms trompeurs, qui peuvent prêter à confusion

28
1°/ Chapuys le capitoul

Dans « *On loge à la nuit* »[218], le doute s'installe.
« *Aventurier conduit par le louche destin,*
Pour y passer la nuit, jusqu'à demain matin,
Entre à l'auberge Louvre avec ta rosse Empire...
Et, – derrière la table où sont assis Fortoul,
Persil, Piétri, Carlier, Chapuys le capitoul »

Hugo mêle le nom de quatre de ses contemporains, à celui d'un capitoul.
Quatre contemporains :
Fortoul, il s'agit semble-t-il de Hippolyte Fortoul, l'homme de lettres qui se rallia à Napoléon III et devint ministre, et non pas le magistrat Jean Baptiste Fortuné Fortoul.
Pierre Charles Joseph Carlier, Chef de la police pendant les révolutions de 1830 et 1848, et qui a préparé le coup d'État du 2 décembre 1851.
Jean-Charles Persil (1785-1870), avocat, nommé directement procureur général près la cour royale de Paris le 29 septembre 1830, avant de devenir garde des Sceaux le 5 avril 1834.
Pierre Marie Piétri (1809-1864) préfet de la Haute Garonne en novembre 1851 tout dévoué à l'empereur, puis préfet de police de Paris en 1852, puis sénateur.
Quel rapport avec un capitoul, magistrat toulousain de l'ancien régime, qui était élu pour un an ?
Au surplus trois capitouls, correspondent à ce nom :
Pierre Jean de Chapuis, ou Chapuys ou Chappuis, *Advocat en la Cour, sieur du Bousquet* a siégé parmi les 8 capitouls de l'année 1651[219]

---

[218] *Châtiments*, Poésie II. 103.

François Chapuys, lui aussi *avocat en parlement*, capitoul en 1621
Bernard de Chappuys, écuyer, capitoul en 1698.
Comment comprendre un tel mélange ?
La réponse est donnée par un vers de « Splendeurs »[220] : « *La platitude a nom Montlaville-Chapuis* ».
Ce Chapuys est en réalité le baron Benoist Marie Louis Alceste de Chapuys-Montlaville (1800-1868) député de 1833 à 1848, préfet de la Haute-Garonne en 1852, puis sénateur en 1853 qui s'est illustré en proposant l'établissement d'un impôt spécial sur le roman-feuilleton, en réclamant l'interdiction de la vente des *journaux de romans*, mais aussi et surtout, en proposant de faire graver sur des tables de marbres les votes en faveur de l'empire[221]. Il sut aussi se rendre célèbre, en mobilisant les notables et la population pour le changement de régime par des discours emphatiques et aussi par une répression féroce des opposants républicains. Il sera surnommé le préfet Cocasse.
La note de Jean Gaudon dans l'édition Bouquins[222] qui indique : *Chapuys avait été récompensé de ses bons services par la préfecture de la Haute Garonne* » peut prêter à confusion et signifie en fait qu'il reçut la fonction de préfet de l'Isère, puis de Haute-Garonne pour prix de sa fidélité...

---

219 Voir son tableau dans *Les Capitouls de Toulouse,* Christian Cau, Privat, 1990, page 132.
220 *Châtiments*, « Splendeurs » Poésie II. 74.
221 Ce sont les explications de René Journet (édition des *Châtiments*, Gallimard 1977. 395, de Jacques Seebacher, *Châtiments*, GF Flammarion 1979. 447 et de Jean-Marc Hovasse, même édition 1998. 145, de Florence Naugrette dans son édition de la Bibliothèque Gallimard (1998), page 155, de Eliette Vasseur dans le tome 8, page 1190, de l'édition des *Œuvres complètes* par le Club français du livre. Mais la priorité chronologique de l'information sur cette personnalité revient à Pierre Albouy qui la mentionne en note de son édition de la Bibliothèque de la Pléiade (*Œuvres poétiques*, tome II, 1967, p. 1007) en précisant qu'il s'était illustré par sa proposition de faire graver sur des tables de marbre les votes en faveur de l'Empire. Ces renseignements m'ont été aimablement communiqués par Arnaud Laster.
222 Poésie. II. note 22, page 104.

29
2°/ Daguesseau

Le doute continue à propos des deux graphies de Daguesseau dans : « On loge à la nuit ».
« *Autour de ces belles Colombes de l'orgie, ayant toutes des ailes, Folâtrent Suin, Mongis, Turgot et d'Aguesseau* »[223] et dans « Merveilleux-Duvigneaux »[224] :
« *Cet évêque, qui cherche à vendre quelque chose, Me donne pour six sous augmenté de sa prose,*
Soit. J'en ris, mais il a je gage, un autre nom ? Certe, il est d'Aguesseau s'il n'est pas Lamoignon »
Là encore Hugo mêle le nom de deux grands personnages de l'ancien régime et de deux de ses contemporains.
Anne, Robert, Jacques Turgot (1727-1781) contrôleur des finances de Louis XVI est à plusieurs reprises cité par Hugo[225].
Henri François Daguesseau (1668-1751) « *le plus célèbre magistrat de l'ancienne France* », « *le moraliste le plus élevé de la magistrature* », garde des Sceaux en 1717, ne put évidemment pas folâtrer dans une telle orgie. Ce D'Aguesseau est en réalité, Raymond Joseph Paul de Ségur d'Aguesseau (1803-1889) magistrat du 15 octobre 1829 au 17 septembre 1833, puis préfet, et sénateur sous l'empire.
Quant à l'évêque en question, il s'agit de Louis Gaston de Ségur, neveu du comte et sénateur Raymond de Ségur d'Aguesseau.

30
B/ Les noms qui surprennent :
Juvénal des Ursins, Lamoignon, Machault

« *D'autres avant vous ont ordonné des exécutions capitales, mais ils s'estimaient dans le droit, dans le juste, dans le bien... Jouvenel des Ursins se croyait un juge ; Élie de Thorette se croyait un juge* »[226] ;
« *Maître Jean Dauvet remplaçait messire Hélye de Thorrettes dans la première présidence de la cour de parlement, Jean Jouvenel des Ursins supplantait Pierre de Morvilliers dans l'office de chancelier de France* »[227].

---

[223] *Châtiments*, « On loge à la nuit », Poésie II. 103.
[224] *Suite de Châtiments*, « Merveilleux-Duvigneaux », Chantiers. 250
[225] *Bug-Jargal* Roman. I. 345 ; *Quatrevingt-treize*, Roman III. 1045.
[226] Préface du *Dernier jour d'un condamné* », Roman I. 412.
[227] *Notre dame de Paris*, « Coup d'œil impartial sur l'ancienne magistrature » Roman I. 629.

31
1°/ Jouvenel (ou Juvénal) des Ursins

Le nom des deux frères Jouvenel des Ursins est lié à celui de Jean II duc d'Alençon, qui avait pris part à la reconquête de la Normandie, et à celle de son propre duché, et s'estimait mal payé des services rendus à Charles VII. À partir de 1450 on trouve ce duc dans tous les complots ourdis par les anglais. En 1455 il se met à préparer ouvertement la guerre contre le roi et à négocier le retour des anglais. Il est arrêté et traduit devant la cour des pairs[228]. Le réquisitoire est celui de Guillaume Jouvenel des Ursins (1401-1472), qui désigné par le roi a instruit le procès. L'avocat de Jean II est Jean Jouvenel des Ursins, frère aîné du précédent, magistrat, avocat du roi à Poitiers en 1429, évêque de Beauvais en 1432, et conseiller écouté de Charles VII. « *Faistes miséricorde, Roy très-chrestien, à l'un de vos plus anciens serviteurs dont le faict n'estoit qu'une forcennerie, pour aider soy venger, ou faire déplaisir à ancuns particuliers, sans bien penser à l'inconvénient qui en pourrait arriver à vous et à vos subjects. Et de tant que son cas seroit encore plus mauvais, faites miséricorde, car de tant en sera vostre clémence plus grande, et la preuve de vostre magnanimité plus éclatante* »[229].
Jean fut condamné à mort, mais son avocat obtint que Charles VII, lui fît grâce de la vie et il fut enfermé au château de Loches, d'où il ne sortit qu'à l'avènement de Louis XI.
Lors de la révolte des Rémois qui s'étaient soulevés après l'augmentation des impôts, il osa dire à ce roi : « *quelque chose qu'aucuns disent, en votre conseil, de votre puissance ordinaire, vous ne pouvez pas prendre le mien : ce qui est mien, sire, n'est pas vôtre…* »
Dans *Le Dernier Jour d'un condamné*, c'est Guillaume qui est visé.
Dans Notre Dame de Paris il semble qu'Hugo se trompe en soutenant que « *Jean Jouvenel des Ursins supplantait Pierre de Morvilliers dans l'office de chancelier de France* ». En effet Jean Jouvenel ne fut pas chancelier, contrairement à Guillaume qui, après avoir été chancelier sous Charles VII dès 1445, avait été disgracié par Louis XI et revint dans sa charge en 1465. Louis XI « *mit Pierre de Morvilliers à la place de Guillaume Jouvenel des Ursins* »[230] en 1461, puis constatant son erreur, rétablit Guillaume Jouvenel dans les fonctions qu'il occupait du temps de Charles VII[231].

---

228 *Histoire de France* de Jean Favier Fayard 1984, page 381.
229 *Grandes plaidoiries et grands procès du XVème au XXème siècle,* Prat éditions, 2004, page 33.
230 Selon *L'histoire de Paris* 1735 tome III page 42 : https://books.google.fr/books?id=BfRAAAAAcAAJ&pg=PA42&lpg=PA42&dq=elie+de+thorette&source=bl&ots=fwYfdazP8p&sig=w1WhZfm0Qb9H1mCh1ofeqrvw

Ce qu'a écrit Hugo semble concerner Guillaume plus que Jean.
Quoi qu'il en soit, l'on comprend mal pourquoi, *Jouvenel des Ursins se croyait un juge.*

32
2°/ Lamoignon

« *Certes, il est Daguesseau s'il n'est pas Lamoignon* »[232].

S'agit-il de Chrétien François de Lamoignon dit 1er (1644-1709), marquis de Baville, avocat général puis Président à mortier qui siégea au procès de Fouquet et participa à l'élaboration de l'ordonnance criminelle de 1670 ? Cette ordonnance est l'aboutissement d'un processus répressif entamé au moyen-âge qui va remplacer la procédure accusatoire par la procédure inquisitoire. Lamoignon dut s'incliner devant la volonté répressive du conseiller d'État Henri Pussort, « *l'homme de fer* », l'oncle de Colbert, un « *fagot d'épines* » dira Saint Simon[233], qui ajoutera : « *Il n'avait jamais été marié ; il était fort riche et fort avare, chagrin, difficile, glorieux avec une mine de chat fâché, qui annonçait tout ce qu'il était et dont l'austérité faisait peur et souvent beaucoup de mal avec une malignité qui lui était naturelle* ».
Comment ne pas avoir une haute idée de Lamoignon, celui qui inspira à Boileau la sixième épitre ?[234]
« *C'est à toi, Lamoignon, que le rang, la naissance,*
Le mérite éclatant et la haute éloquence
Appellent dans Paris aux sublimes emplois
Qu'il sied bien d'y veiller pour le maintien des lois (...)
Et Thémis pour voir clair a besoin de tes yeux ».
Ou s'agit-il de_Chrétien François de Lamoignon de Basville ou de Baville : (1735-1789), Président à mortier au Parlement de Paris, garde des Sceaux en 1787, qui abolit la question préalable, et qui est à l'origine de l'édit de tolérance ?

35c&hl=fr&sa=X&ved=0ahUKEwiH8eqauanKAhUHORQKHQQtDb0Q6AEIITA A#v=onepage&q=elie%20de%20thorette&f=false
[231] *Louis XI* de Paul Murray Kendall, Fayard, 1974, page 222 ; Elie de Thorette n'est pas cité dans cet ouvrage. Voir notes de Jacques Seebacher dans son édition de *Notre-Dame de Paris* (Le Livre de poche classique, 1998. 302).
[232] Suite de *Châtiments*, Chantiers. 250 « Merveilleux- Duvigneaux ».
[233] Jean-Pierre Royer, *Histoire de la justice en France*, PUF, 1995. 36.
- En attribuant à Pussort, un rôle dans la réforme de la justice, qui ne fut pas le sien Boileau se trompe : « *Ses griffes vainement par Pussort accourcies* » (« Le Lutrin », *Œuvres de Boileau,* Garnier, 1952, page 215).
[234] « Epitre VI A M. de Lamoignon », *Œuvres de Boileau,* Garnier, 1952, page 127 ; voir aussi « Chanson à boire faite à Baville », page 130.

Dans les deux cas Lamoignon est une référence mais dans l'esprit de Hugo est-elle péjorative ou, au contraire, honorable, à la différence de Daguesseau ?

33
3°/ Machault :
probablement **Machault d'Arnouville** Jean-Baptiste (1701-1794)

Qui est le Machault auquel s'en prend Hugo dans « Dieu » ?
Jean-Baptiste Machault d'Arnouville (1701-1794), contrôleur général des finances en 1745 et Garde des Sceaux de Louis XV de 1750 à 1757 ? C'est après son départ que Louis XV retint lui même les Sceaux et les garda quatre ans[235]. Arrêté comme suspect pendant la terreur en 1793 Jean-Baptiste Machault mourut à la prison des Madelonnettes.

Le 16 mai 1749 Voltaire adresse une lettre à Jean-Baptiste Machault d'Arnouville à propos de l'impôt du vingtième, qui venait d'être créé. On comprend qu'un impôt aussi égalitaire, puisqu'il s'appliquait à tous les revenus des particuliers, sans distinction de naissance ni de qualité, ait été approuvé par le philosophe[236]. On ne voit pas pourquoi ce magistrat subirait la vindicte de Hugo.
Alors on hésite entre plusieurs Machault :
- Simon de Machault, commissaire et examinateur au Châtelet en 1515, mort en 1555 ;
- Louis-Charles de Machault, lieutenant général de police de Paris de 1718 à 1720 ;
- Jean-Baptiste de Machault, ministre d'Etat en 1749, Garde des Sceaux en 1750 ;
- Louis-Charles de Machault, évêque d'Amiens, député en 1789, opposé aux réformes, émigré en 1791.

C/ Les noms à la réputation douteuse

34
1°/ Gilles Maillard

Contemporain de François Ier et lieutenant criminel de la prévôté de Paris en 15
Maillard fait arrêter Clément Marot « *comme luthérien* ». Cela lui vaudra le poè
« *Du lieutenant criminel et de Samblançay* »
« *Lors que Maillart, juge d'Enfer, menoit*

235 Rousselet. I. 75.
236 *Voltaire en son temps,* René Pomeau, Fayard, tome 1. 596.

À Montfaulcon Samblançay l'ame rendre,
À vostre advis, lequel des deux tenoit
Meilleur maintien ? Pour le vous faire entendre,
Maillart sembloit homme qui mort va prendre
Et Samblançay fut si ferme vieillart,
Que l'on cuydoit (croyait), *pour vray, qu'il menast pendre*
À Montfaulcon le lieutenant Maillart. »[237]

35
2°/ Jean Bodin (1529-1596)

« *O Bodin, Vouglans, Delancre ! prévôté,*
Bailliage, châtelet, grand'chambre, Saint-Office,
Demandez le secret de ce doux maléfice »[238] ;
Jean Bodin, jurisconsulte, procureur du roi à Laon en 1584, est surtout connu comme l'auteur de *La Démonomanie des sorciers* parue en 1580, et écrite pour dénoncer le crime le plus exécrable qui ait jamais existé et pour « *répondre à ceux*[239] *qui par livres imprimez s'efforcent de sauver les sorciers par tous moyens : en sorte qu'il semble que Sathan les ait inspirez et attirez à sa cordelle pour publier ces beaux livres* ». Il soutient même que des sorciers peuvent être transportés d'un endroit à un autre, dans les airs sur un balai, par un esprit étranger. *Je trouve plus naturel* dira Montaigne, *que notre intelligence soit emportée loin de son assise par la volubilité de notre esprit détraqué que d'entendre dire que l'un d'entre nous soit enlevé dans les airs (...) sur un balai, en suivant le tuyau de la cheminée, en chair et en os, par un esprit étranger* »[240].
Bodin sera de ceux qui inspirèrent la lutte contre les sorciers, et notamment de Lancre.

36
3°/ Pierre de Rosteguy de Lancre (1553-1631)

Le 17 janvier 1609 des lettres patentes du Roy portaient « *commission à Messieurs Despaignet, président, et de Lancre conseiller en la cour de Parlement à Bordeaux pour aller au pays de Labourt*[241] *faire le procès aux*

---

[237] *Œuvres de Clément Marot,* La Renaissance du livre, non daté, page 127.
[238] *Les Contemplations,* Poésie II. 345.
[239] Le médecin rhénan Jean Wier auteur de *De incertitudine et vanitate scientarium*
« *à sa cordelle* » : à son parti, « *un homme de la cordelle : un homme de son parti, de sa cabale* » (Littré 1878).
[240] *Les Essais* adaptation en français moderne, par André Lauly, Gallimard, 2002, page 1246.
[241] Ou Labourd, ou Labour (*Lapurdi* en *euskara*) un des territoires du pays basque.

sourciers et sourcières et les juger souverainement »[242]. Ces lettres font état des périls qui menacent *les personnes et familles*, les *fruicts et de la terre et bétail* : « *Nos chers et Bien Aimés, les manans et habitants de nostre pays de Labour nous ont fait dire et remonstré que despuis quatre ans déjà il s'est trouvé dans ledict pays ung sy grand nombre de sorciers et sorcières qu'il en est quasy infecté en tous endroicts dont ils reçoivent une telle affliction qu'ils seront contraincts d'abandonner leurs maisons et le pays, s'il ne leur est pourvu promptement de moyens pour les préserver de tels et sy fréquents maléfices* ». Les poursuites de de Lancre se soldent par des centaines de bûchers, et Gabriel Naudé pourra écrire 40 ans plus tard, en 1649 : « *Les juges sont tellement prévenuz qu'ils désertent souvent des pays entiers, sous ombre de les purger et nettoyer de ces maldis populaires, jusques à en brusler des quatre cents à la fois* »[243].

37
4°/ Isaac de Laffemas (1584-1657)

« *Jouvenel des Ursins se croyait un juge ; Élie de Thorrette se croyait un juge ; Laubardemont, La Reynie et Laffemas eux-mêmes se croyaient des juges* »[244].

Poète et auteur dramatique avant de devenir avocat au Parlement de Paris, Isaac de Laffemas devient procureur de la chambre de justice en 1620 et s'attache à la fortune de Richelieu, dont il devient un l'espion. En 1633 il est envoyé en Champagne où la situation est fort mauvaise… la province est ruinée par la guerre et la peste. Chaque année la famine provoque des émeutes. Pour les faire cesser c'est une véritable terreur que va faire régner Laffemas. À Troyes, il gagne ses galons de « *bourreau du Cardinal* », le « *vir bonus strangulandi peritus* », « *le maître étrangleur* »[245]. Le 10 mars 1637 il est nommé lieutenant civil et criminel de la prévôté de Paris et perd toutes ses fonctions à la mort de Richelieu en 1642.
Hugo donnera son nom à l'un des personnages de Delorme[246] et « *Didier* » saura le décrire :

---

[242] *Magistrats et sorciers en France au XVIIème siècle,* Robert Mandrou, Plon, 1968, page 134.
[243] *Magistrats et sorciers en France au XVIIème siècle,* Robert Mandrou, Plon, 1968, page 136.
[244] Préface du *Dernier jour d'un condamné »,* Roman I, page 412.
[245] *Histoire de la Réforme française,* John Vienot, librairie Fischbacher, 1934, page 326 : http://gallica.bnf.fr/ark:/12148/bpt6k5728043g/f494.item.zoom
[246] Marion Delorme (1613-1650), maîtresse de Cinq-Mars, mais aussi de Buckingham, de Saint-Evremond, de Condé et peut-être de Richelieu, tenait un salon réputé place Royale, actuelle … place des Vosges.

« *Démon ! J'ai dans tes yeux vu la sinistre flamme*
De ce rayon d'enfer qui t'illuminait l'âme ! »[247]

38
5°/ Jean Martin de Laubardemont (1590-1653)

Dans « *Carte d'Europe* » écrit en 1852, Hugo constate que « *Des sabres sont partout posés sur les provinces* », et l'ombre lugubre de *Laubardemont* réapparaît :
« *La France garrotée assiste à l'hécatombe*
Par les pleurs, par les cris réveillés dans la tombe,
- Bien ! dit Laubardemont... »[248]
Son nom seul sert de référence à l'horreur :

« (...) *quand Laubardemont griffonne / Quelque arrêt odieux* »[249] ;
« *...O procureurs, assesseurs, présidents. / Assassins par dessous et par dessus pédants* (...)
Vous êtes (...). *les noirs Laubardemonts...* »[250]
Laubardemont devint célèbre grâce à l'affaire des *diableries de Loudun* et à *l'affaire Cinq-Mars.*

39
a/ L'affaire des diableries de Loudun

En 1631, l'intendant Jean Martin de Laubardemont arrive à Loudun pour imposer aux habitants la destruction de leur forteresse. Ceux-ci, en effet, s'y opposent farouchement, avec le soutien du curé de la ville Urbain Grandier. En septembre 1632, dans le couvent des Ursulines, la supérieure mère Jeanne des Anges, et deux autres sœurs sont saisies de convulsions, se mettent à faire d'horribles grimaces, à insulter Dieu, à hurler des blasphèmes et à recracher l'hostie. La folie gagne, les quatorze autres sœurs Ursulines, qui se mettent à courir à demi-nues sur les toits du couvent ou à grimper aux branches des arbres. Elles voient un fantôme, qu'elles reconnaissent comme étant le curé de la ville. Elles l'accusent, d'obscénités, d'attitudes lascives, de tentatives d'attouchements sexuels, et de les avoir ensorcelées. Grandier a une réputation de séducteur ; ses frasques sont connues. Deux jeunes filles de Loudun n'ont-elles pas été retrouvées enceinte de ses œuvres ? Richelieu qui éprouve une réelle animosité contre cette petite ville protestante, près

[247] *Marion de Lorme,* Théâtre I. 755.
[248] Poésie II. 37.
[249] Suite de *Châtiments,* « *Ah çà ! tu ne sais pas ce que c'est que les juges !* » Chantiers. 219.
[250] *Ibid.* « O procureurs », Chantiers. 71.

de laquelle il fait construire la ville nouvelle de Richelieu, donne à Laubardemont l'ordre et les moyens d'instruire et poursuivre jusqu'à l'exécution le procès d'Urbain Grandier. En novembre 1633 le garde des Sceaux Pierre Séguier[251] crée à cette fin, une commission spéciale de 12 magistrats, statuant sans appel possible, présidée par Laubardemont et dessaisissant le Parlement de Paris, compétent, devant lequel Grandier s'était pourvu avec succès au cours de procès antérieurs. Le 6 décembre 1633, Grandier est arrêté. Après avoir été soumis à la question et condamné au bûcher, le 18 août 1634, il est exécuté le même jour après de nouvelles tortures.

Laubardemont, qui avait été un remarquable agent d'exécution, « *satisfaisant fidellement aux commandements du Roy et de Monseigneur le cardinal* », conservera ses convictions, comme l'atteste ses confidences à un ami en novembre 1634 : « *Je say que je n'ay rien qui puisse donner crédit à mon jugement en une occasion de cette importance, mais j'offre constamment ma vie à qui pourra remarquer erreur ou supposition quelconque en aucune partie de ma procédure, laquelle est toute pleine de prodiges et de miracles qui ne sauraient estre contestés que par ceux qui ne veulent croire qu'à leur propre sens* »[252].

Le 12 avril 1954 Marie Besnard[253] sortait de la prison du fort du Hâ. Une chanson sur l'air de la Paimpolaise, était alors à la mode :

« *La bonne ville de Loudun*
Célèbre par Urbain Grandier
Se réveilla un beau matin
Avec sa super Brinvilliers
Une femme assassin, pire que la Voisin. »

40

b/ L'affaire Cinq- mars

Les relations entre Louis XIII et son favori, Henri d'Effiat marquis de Cinq mars, Monsieur le Grand Ecuyer, n'étaient, pas sereines et les querelles entre cet élégant blanc- bec à la vanité extravagante et son souverain étaient fréquentes mais suivies de réconciliations. En témoignent, des lettres envoyées par Louis à son confident-cardinal : « Je suis *hors de moi depuis hier…qu'il plut à Monsieur le Grand me quereller et me faire la mine…Tant plus on témoigne l'aimer et le flatter, tant plus il se hausse et s'emporte…*

---

[251] Il ne deviendra chancelier que le 19 décembre 1635.

[252] *Magistrats et sorciers en France au XVIIème siècle,* Robert Mandrou, Plon, 1968, page 268.

[253] Marie Davaillaud (1896-1980) avait été inculpée de plusieurs meurtres en 1949. Après trois procès elle fut acquittée en 1961. Le fort du Hâ abrite désormais l'Ecole Nationale de la Magistrature.

Je n'ai point dormi toute cette nuit de rage ... ». Puis le même jour ! « *Dès aussitôt que Monsieur le Grand a voulu revenir, il a été très bien reçu de moi et nous sommes à nouveau bien ensemble.* »[254]
La faveur du roi avait pris des proportions ahurissantes. Un jour, en présence de M. de Tréville, capitaine des mousquetaires, le roi se plaignait de la tyrannie de son trop puissant cardinal. Cinq-Mars, dévoré par la rancœur envers celui qui s'opposait à ses ambitions amoureuses à l'endroit de la princesse Marie de Gonzague, osa s'exclamer : « *Chassez le donc !... la voie la plus courte est de faire assassiner Richelieu.* » Après un long silence, le roi murmura : « *Il est cardinal et prêtre, je serais excommunié* ». Prenant probablement ce silence comme un accord, Cinq-Mars prend alors la tête d'une conspiration à laquelle participe, notamment, son ami, François de Thou et un autre ennemi de Richelieu, Monsieur le Grand, Gaston, frère du roi. Peu de temps après, Richelieu, alité en Arles, est informé de la conspiration et en fait part à Louis XIII qui se trouve à Narbonne, avec son favori. Cinq-Mars est arrêté le lendemain, 13 juin 1642...
Hôtel d'Ainey à Lyon, début septembre 1642 : Un échafaudage a été installé en face de l'une des croisées des fenêtres pour « *y loger et coucher le seigneur Richelieu, ouvrir ladite croisée et enlever les pierres de taille d'icelle afin que le dit seigneur dans le lit où on le porte y puisse passer sans incommodité, ce qu'il ne pourrait faire par les portes et passages ordinaires, attendu son indisposition* ». Le 5 septembre, Richelieu, sur un *vaisseau* « *couché sur un lit de taffetas pourpre, placé dans une chambre tapissée de velours or et cramoisi* » arrive à Lyon[255] ; des frégates d'arquebusiers ouvrent et ferment la marche. Cinq-Mars, « *couvert de dentelles d'or et d'un manteau écarlate, entouré de 600 gardes du cardinal et de 200 catalans* », l'y a précédé la veille en « *carrosse ouvert* ». L'instruction du procès est déjà fort avancée. Le chancelier Séguier est en effet à Lyon depuis le 20 août. Le 29, il a reçu l'aveu de Gaston d'Orléans, Monsieur, frère du roi, qui précise cependant que Monsieur de Thou ignorait tout du contenu du complot. Richelieu avec toute l'énergie qui lui restait intervient auprès de Séguier et de Laubardemont pour mettre en place un plan machiavélique, permettant de faire condamner de Thou. Le 10 septembre Laubardemont se rend auprès de Cinq-Mars et lui précise qu'il faut dire toute la vérité, d'autant que de Thou l'a trahi en « *déclarant tout ce qu'il savait* ». « *En disant la vérité toute entière, vous êtes sûr d'éviter à la fois les tourments et la mort... je vous donne ma parole que si vous le faîtes il ne vous arrivera*

---

[254] *La conspiration de Cinq-Mars,* André Castelot, *Historia* 1963 n° 194, page 24.
[255] *Louis XIII* Pierre Chevallier Fayard 1979. 614 ; « *Paraît la litière gigantesque du cardinal, portée par vingt-quatre gardes à pied, entourée par vingt autres gardes portant des hallebardes et des torches. Elle est écarlate et armoriée aux armes de la maison de Richelieu* ». Indications scéniques de Hugo à la dernière scène de Marion de Lorme. Théâtre I. 822.

aucun mal. »[256] Cinq mars passe les aveux les plus complets. Le 12 septembre, à 8 heures, De Thou essaie d'expliquer qu'ayant eu connaissance très tardivement du complot, il avait vainement tenté de dissuader son ami. Peu importait. Laubardemont avait gardé un argument décisif : l'ordonnance de Louis XI du 22 septembre 1477 qui rendait passible de mort celui qui ne dénonçait pas l'existence d'un complot contre le roi. Le même jour les inculpés sont condamnés à mort, Cinq-Mars à l'unanimité des juges et de Thou par 12 voix contre 2.
Le 15 septembre, Louis XIII, qui se trouve à Paris, reçoit une lettre de son éminence : « *J'ai tant de choses à vous écrire, que je ne saurai le faire. Ces trois mots vous apprendront que Perpignan est entre es mains du roi et que Monsieur le Grand et que Monsieur de Thou sont en l'autre monde où je prie Dieu qu'ils soient heureux.* »
Trois mois après, le 6 décembre 1642, Richelieu décède. Huit mois après, le jeudi 14 mai 1643, c'est au tour du roi.
Dix ans après décédait Laubardemont, symbole du juge inique. Ce décès ne fut pas celui imaginé par Alfred de Vigny : « *L'eau verte reçut avec bruit un fardeau qui fit crier l'énorme roue du moulin ; un des larges rayons fut brisé, et un homme embarrassé dans les poutres vermoulues parut hors de l'écume, qu'il colorait d'un sang noir, tourna deux fois en criant et s'engloutit. C'était Laubardemont. Pénétré d'une profonde horreur, Cinq-Mars recula...* »[257].
Laubardemont décéda en effet, paisiblement à Paris en 1653.

41

6°/ Vouglans ou **Muyart de Vouglans** Pierre-François (1713- 1791)

« *Oui, l'horrible Thémis dentue et vorace de Farinace et de Vouglans, de Delancre et d'Isaac Loisel, de d'Oppède et de Machault* »[258].

« *Es-tu si peu sagace Que de vouloir trouver* (...) *Un cœur dans mons Delangle, une âme dans Vouglans* »[259].

« *les noirs Laubardemont, les Maillards, les Vouglans* »[260] ;

---

[256] *La conspiration de Cinq-Mars,* André Castelot, *Historia* 1963 n° 194, page 30.
[257] *Cinq-Mars ou une conjuration sous Louis XIII,* Alfred de Vigny, livre de poche, 2006, page 474. Vigny fut le témoin de mariage de Hugo (Maurois, précité, page 103).
[258] *Le dernier jour d'un condamné* Roman I. 415.
[259] Suite de *Châtiments*, « *Ah çà ! tu ne sais pas ce que c'est que les juges !* », Chantiers. 218.
[260] « Dieu », Poésie IV. 679.

« *À bas, potence, avec toutes tes branches noires ! / Fourche que Vouglans mêle à ses réquisitoires* »[261].

Surnommé « *l'avocat de la barbarie* » par Voltaire. Le plus célèbre des criminalistes du XVIIIème siècle qualifia de « *grande* » l'ordonnance criminelle de 1670. Il publiera en 1767 la « *Réfutation des principes hasardés dans le traité des délits et des peines* » de Beccaria ouvrage dans lequel il oppose sa vision *conservatrice* de la société et de la justice, à celle *progressiste* de Beccaria qui « *annonce sa croyance au progrès et sa foi dans le triomphe des Lumières* ».

42

7°/ Jeffreys ou Jefferys Georges (vers 1640-1689)

« *Bellart jeune se dit : Soyons Jeffrye en France !*
Car la justice est bête, et par le bout du nez
On conduit où l'on veut Thémis, la vieille aveugle. »[262]

Jeffreys que Victor Hugo orthographie *Jeffrye*, est un *Laubardemont* anglais. Avocat obscur, puis juge à la Cité, il bénéficie d'un avancement scandaleusement rapide grâce au duc d'York. Il devient le type même du juge méprisé, « *car inique et corrompu, implacable et féroce, cynique dans ses sentiments et dans ses paroles, sans conscience comme sans pitié et toujours prêt à vendre aux partis triomphants son éloquence brutale, ses sentences de mort et la lâcheté de ses adulations.* » En 1682, il est à la tête de la première cour du royaume. « *Cet homme a plus d'impudence que dix filles publiques* » dit de lui son souverain, Charles II.

Jacques II, duc d'York depuis 1643, succède à son frère Charles II en 1685, et applaudit « *la campagne de l'ouest de son lord grand juge* » que mène aussitôt *Jeffreys* pour réprimer la révolte avortée de James Scott duc de Monmouth[263], qui sera décapité la même année. Au cours de cette campagne surnommée « *les assises sanglantes* », *Jeffreys* « *moissonna des milliers de victimes, dont la plupart étaient étrangères aux évènements. Le gibet, le bûcher et la roue décimèrent ces malheureuses provinces…les cadavres, les têtes et les membres déchirés des prétendus rebelles se balançaient au vent sur tous les arbres des grands chemins* ». *Jeffreys* avait même trouvé le moyen de s'enrichir du produit de ses confiscations et du trafic de sa clémence (!) Ceux des prisonniers dont il dédaignait de verser le sang étaient réservés à la déportation. Ces malheureux destinés aux plantations étaient divisés par lots et livrés aux partisans de la cour, qui les revendaient comme

[261] *Toute la lyre,* Poésie IV. 187.
[262] *Les années funestes,* « Rosalie Doise », Poésie IV. 751.
[263] Fils présumé de Charles II, 1649-1685.
- Jeffreys : *Grand Larousse universel du XIXème siècle,* tome 9.

esclaves. La reine elle-même exigea une concession de cent déportés. À son retour de cette expédition punitive, et pour le récompenser, le roi le nomma chancelier d'Angleterre. En 1688, lors de la chute des Stuarts, *Jeffreys* tenta de s'évader déguisé en matelot. Arrêté, il fut incarcéré dans la tour de Londres où, dit-on, il mourut de peur.

43
C/ Une notable exception : *Joseph Michel Antoine Servan* (*1737-1807*)

« Il *est venu chez moi, un jeune petit avocat général de Grenoble qui ne ressemble pas du tout aux Omer*[264]*, il a pris quelques leçons des d'Alembert et des Diderot ; c'est un bon enfant et une bonne recrue* ». Cet avocat général, dont parle Voltaire, est le seul magistrat qui trouve grâce aux yeux de Hugo, avec nous le verrons plus loin un autre avocat général, Alexandre Freslon[265].
Joseph Michel Antoine Servan, qui n'était pas noble, fut pourtant élevé à la fonction d'avocat général, et ce, à l'âge de 27 ans.
Dans une autre lettre du 13 avril 1766, Voltaire, confirmait son impression première : « *Nous eûmes il y a quelques temps un jeune homme très éclairé qui a de l'horreur pour la persécution.* ». Servan avait prononcé le discours de rentrée du Parlement qu'il avait consacré à « *l'administration de la justice : Homo sum, nihil humani a me alienum puto* ». Servan s'élevait contre la torture : « *prenez garde, vous ne faites pas parler un coupable, vous faites mentir un innocent* ».
Deux ans plus tard il intervenait dans l'affaire Roux / Roberquin.
Roux, protestant, avait épousé une protestante, Marie Roberquin, qu'il abandonnait deux ans plus tard, pour vivre avec sa maîtresse. Depuis la révocation de l'édit de Nantes, seuls les catholiques étaient citoyens jouissants des droits civils. Seuls ils pouvaient donc contracter un mariage valable. Jacques Roux se fit catholique et avec une dispense de l'évêque de Die, se remaria avec sa maîtresse. Pour défendre les intérêts de l'enfant qu'elle portait en elle, Marie Roberquin attaquait son mari devant le Parlement du Dauphiné. Servan prit des réquisitions en faveur de cette protestante, qui obtint gain de cause. Voltaire lui écrivit : « *Je me souviendrai toujours d'avoir répandu des larmes pour cette pauvre femme que son mari trahissait… Tout ce qui était à Ferney fut attendri, comme tous ceux qui vous écoutèrent à Grenoble…je regarde ce discours et celui qui concerne les causes criminelles non seulement comme des chefs d'œuvres*

---

[264] Allusion à l'avocat général Omer Joly de Fleury dont Voltaire disait qu'il n'était, ni Homère, ni joli, ni fleuri.
[265] V. *infra*, § 59.
- *Histoire de la justice en France,* Jean-Pierre Royer, PUF, 1995. 134, 135.

d'éloquence mais comme les sources d'une nouvelle jurisprudence dont nous avons besoin »[266].

En 1768 consécration suprême, puisque Voltaire, cite des passages entiers de Servan dans « *L'homme aux quarante écus* »...[267] : « *J'avais dans ma poche le discours d'un avocat général du Dauphiné*...j'en lus *les endroits suivants :.... Le juge se lasse d'interroger par la parole ; il veut interroger par les supplices .... Un bourreau vient se mêler aux fonctions de la magistrature, et terminer par la violence un interrogatoire commencé par la liberté. Douce philosophie ! toi qui ne cherches la vérité qu'avec l'attention et la patience, t'attendais-tu que, dans ton siècle, on employât de tels instruments pour la découvrir ?* ».

Hugo pouvait justement écrire : « *Quand Servan, qui était avocat général cependant, — quand Servan imprimait aux lois criminelles de son temps cette flétrissure mémorable : Nos lois pénales ouvrent toutes les issues à l'accusation, et les ferment presque toutes à l'accusé* »[268].

44

III/ Charge *ad hominem* contre les magistrats, ses contemporains

Au XIXème siècle, l'histoire de la France, la vie politique et judiciaire s'écrivent dans la capitale.

La plupart des noms de magistrats cités[269] dans l'œuvre hugolienne sont donc parisiens. Il est vrai également que les affaires judiciaires les plus importantes, sont alors connues par les juridictions parisiennes et que pour un magistrat, la nomination à Paris, où l'on est bien mieux payé, est la démonstration d'un avancement réussi[270]. Les mêmes noms de magistrats et

---

[266] *Grand Larousse universel du XIXème siècle,* tome 14.

[267] Chapitre 10, « *Des proportions* ».

[268] *Littérature et philosophie mêlées* « Voltaire », Critique. 314

[269] Ou seuls certains d'entre eux, car il serait présomptueux d'affirmer les avoir tous découverts. Je n'ai pas tenu compte de l'opuscule, « *la servilité de la magistrature impériale sous le despotisme de Napoléon le petit* », édité en 1871, qui selon les spécialistes de Hugo, et notamment Arnaud Laster, est un pastiche, même si la BNF l'a numérisé : http://gallica.bnf.fr/ark:/12148/bpt6k5425440z/f2.image

[270] Les rémunérations des magistrats varient en fonction de la classe du tribunal ; Ainsi, en 1862, le premier président de Paris perçoit un traitement annuel de 25 000 francs, celui d'Agen 15 000 ; un traitement de président de tribunal varie de 20 000 à 3 600 francs et celui d'un juge de 8 000 à 1 800 francs (J. L. Debré, précité, page 220).

Dans les années 1850, un ouvrier parisien, perçoit en moyenne 400 francs par an. Flaubert perçut 500 francs de son éditeur Michel Lévy pour l'exploitation de *Madame Bovary* pendant cinq ans ; on en vendit 15 000 exemplaires (« Le centenaire de Madame Bovary », Emile Henriot, Historia, 1957, n° 125, p. 378. En 1856, Victor Hugo perçoit 18 000 francs de son éditeur Hetzel pour

d'avocats reviennent dans toutes les affaires, ce qui donne l'impression que la vie de la France est celle d'un petit village.

« *Suin ce cuistre* »[271], « *ce tas de gueux, Rouland, Zangiocomi, Royer, Sapey Suin* »[272], « *Monsieur Troplong, monsieur Delangle, Cuistres, de Guillotin* »[273], « *Suin... Aulois L'un sanguinaire et vil, l'autre horrible et moqueur* »[274], « *La justice vénale, atroce, abjecte et fausse / Commence à Partarieu pour finir par Lafosse.* »[275] « *Rouher, Fould et Suin, ces rebuts du ruisseau* »[276] ; « *Jésus-Christ,* (...) *voyait la justice autrement que Delangle ; / À l'homme qu'on assomme, à l'homme qu'on étrangle, / Il prodiguait les soins du bon samaritain* »[277].
« *Qu'on puisse être imbécile en étant orgueilleux, /. Et qu'on soit Duvignaux sans être Merveilleux* »[278] ; « *la bassesse / Signe Rouher, avec Delangle pour greffier* »[279].

45
A/ Le procureur général Bellart[280], et ses adjoints, Marchangy et de Broë

Dans *Le dernier jour d'un condamné*, le procureur royal criminel est « *un monsieur qui a des prétentions au style et aux lettres, qui est beau parleur ou qui croit l'être, qui écrit au besoin un vers latin ou deux, avant de conclure à la mort (...) qui a ses classiques, son Bellart, son*

---

la parution des *Contemplations*, somme qui lui permet de payer l'acompte exigé pour l'achat, le 16 mai, de sa maison d'exil qu'il baptisera *Hauteville House ;* il percevra 240 000 francs pour *Les Misérables* (voir Jean-Marc Hovasse, *Victor Hugo*, tome II, « Pendant l'exil 1851-1864 », Fayard, 2008, pp. 396, 398 et 670). André Maurois *(Olympio*, p. 427) d'une part, et P. J. Hetzel de A. Parménie et C. Bonnier de la Chapelle, d'autre part *(Histoire d'un éditeur et de ses auteurs* : éd. Albin Michel, 1953, p. 231) mentionnent 20 000 francs pour les *Contemplations* et 300 000 francs pour les *Misérables*.
Un sénateur bénéficie d'une dotation annuelle de 30 000 francs. Voir § 22.

[271] *Châtiments,* « La Caravane » Poésie. II. 186 ; Suite de châtiments, Chantiers. 218 *Ah çà ! tu ne sais pas ce que c'est que les juges !*

[272] Suite des *Châtiments,* Chantiers. 68.

[273] *Les années funestes,* Poésie IV. 766.

[274] *Les années funestes,* Poésie IV. 766.

[275] *Châtiments*, Poésie II. 74, *Splendeurs.*

[276] *Châtiments*, Poésie II. 186, *La caravane.*

[277] *Toute la lyre,* Poésie IV 548.

[278] Suite des *Châtiments,* Chantiers. 250 « Merveilleux- Duvigneaux ».

[279] *Châtiments* « Splendeurs », Poésie II 74.

[280] Voir § 9, 24.

Marchangy »[281]. Dans « *L'orgie des meurtres* », « *le meurtre se nomme Bellart* »[282]. « *Allez donc demander à Bellart si l'on voit ses victimes en rêve.* »[283] « *Quand Bellart rédige un verdict dont frémit Tisiphone* ».[284] « *Après les massacres, voici l'échafaud politique établi. Quels revenants funestes. Trestaillon*[285] *avait reparu en juin, Bellart reparait en novembre.* »[286]

Comment expliquer cette violence verbale envers M. Bellart, cet « *officiellement éloquent ?* »[287]

Nicolas François de Bellart[288] avocat au Parlement dès 1786 « *se distingue par son talent et la noblesse de son caractère* » et devient ainsi rapidement célèbre. Conseiller général de la Seine sous l'empire il « *accabla constamment Napoléon des flatteries les mieux tournées et les plus emphatiques. Il parlait avec une facilité et une abondance extraordinaire* ». Quand le « *colosse* » s'écroulât, ses idées changèrent aussitôt et il dut se réfugier en Angleterre pendant les 100 jours. Nommé directement procureur général à Paris le 14 avril 1815, pour tenir le ministère public dans l'affaire du maréchal Ney, il traita avec fermeté de nombreuses autres affaires, telle celles dites de *Louvel* et celle de *Papavoine.*

Louvel, assassin du duc de Berry, fut condamné à mort le 6 juin 1820 par la cour des pairs, et exécuté le 7 juin.

Le 10 octobre 1824, Louis Auguste *Papavoine* tuait les deux enfants *Gerbod* âgés de 5 et 6 ans et le 17 novembre de la même année tentait de tuer un prisonnier *Labey*. Le 24 février 1825[289], *Papavoine* était condamné à mort par la cour d'assises de la Seine, présidée par *Hardoin* et guillotiné le 25 mars 1825.

En 1816, Louis XVIII l'incita à se présenter à l'Académie française. Bellart refusa. À son décès, il avait intégralement dépensé les gains qu'il avait perçus lorsqu'il était avocat, avant d'être magistrat, La ville de Paris dut assumer ses frais d'obsèques[290].

---

[281] Roman I. 142.

[282] Poésie IV. 521

[283] « Conseils aux jeunes magistrats *»,* Chantiers. 216.

[284] « Ah ça ! tu ne sais pas ce que c'est que les juges ! », Chantiers. 218. Tisiphone : déesse infernale, divinité persécutrice grecque ; elle correspond aux furies romaines.

[285] Voir *infra,* § 51.

[286] « Lettre à Robert Hyenne », Politique. 837.

[287] *Les Misérables,* Roman II. 94 ; voir aussi *Mille francs de récompense,* Théâtre II. 753 et note 985, page 985.

[288] (1761-1826).

[289] Contrairement à ce qui est parfois soutenu, c'est l'avocat général de Peyronnet qui soutint l'accusation à l'audience et non pas Bellart, qui signa par contre l'ordonnance de renvoi.

[290] Rousselet. II. 264, 224.

Louis Marchangy[291], avocat bonapartiste, était un bon orateur et « *son extérieur frêle, sa physionomie ridée et son teint jaune accentuaient encore l'âpreté de sa parole* » mais c'est avec une œuvre littéraire qu'il se fit connaître. Il rencontra en effet un certain succès, avec « *La Gaule poétique, ou L'histoire de France considérée dans ses rapports avec la poésie* » en 8 volumes. Elle était pourtant selon certains, une « *épopée mortellement longue, diffuse et ennuyeuse, pleine d'emphase, de banalités pompeuses* ». Mais « *dans le goût du temps* », elle fut rééditée à 6 reprises jusqu'en 1815. Après l'empire, le nouveau magistrat devient aussi fervent monarchiste qu'il avait été fervent bonapartiste. Son zèle politique « *l'emporte au-delà des bornes* ». Substitut général près la cour de Paris depuis 1818, il est le ministère public dans l'affaire Nicolas Bergasse. En 1821 ce dernier publie un livre intitulé *De la propriété*, en faveur des émigrés et contre la confiscation de leurs biens. Il est aussitôt poursuivi devant la cour d'assises de la Seine. Mais est acquitté par arrêt du 28 avril 1821.
Malgré cet échec, Marchangy est cependant récompensé après l'affaire des *Quatre sergents de la Rochelle* et est nommé avocat général le 22 octobre 1822, qui sera le point final de sa carrière car conspué par la presse, et honni de tous, il était abandonné par le Pouvoir. Le 28 février 1826, à la basilique Saint Denis, il assiste, avec la magistrature parisienne, à une cérémonie expiatoire en l'honneur de Louis XVI. Il y prend froid et meurt 10 jours plus tard[292]. Le Larousse, du XIXème siècle lui consacra cette oraison funèbre : « *La sottise humaine, toujours la même, pour honorer les morts fait mourir les vivants* ».
Jacques Nicolas de Bröe intervint dans de retentissantes affaires : les *Quatre sergents de la Rochelle*, le journal *le constitutionnel, Paul Louis Courier*[293]. Après cette dernière affaire, Courier déversa sur de Broë ses traits les plus mordants. « *Ces récriminations satiriques n'empêchèrent pas le magistrat de montrer envers le spirituel pamphlétaire une grande modération en arrêtant de nouvelles poursuites qu'il s'était attirées par ses attaques violentes contre le ministère public.* »
Dupin, avocat, à qui il s'opposa à de nombreuses reprises éprouva une certaine admiration pour ce parquetier qui « *a de la dignité sans morgue, de la fermeté sans rudesse, de la modération par esprit de justice et d'humanité, l'amour du travail avec un talent vrai, soutenu et une parole suave sans emphase et sans prolixité.* »

---

[291] (1782-1826).
[292] Le conseiller à la Cour de cassation, Brillat-Savarin, subira le même sort.
[293] V. *infra,* § 48, 50, 49.

46

1°/ Bellart et le maréchal Ney devant la cour des pairs

(arrêt du 6 décembre 1815 ; instruction : *Séguier* ; procureur général : *Bellart*[294] ; avocats : Berryer et Dupin l'aîné)

Après le débarquement de Napoléon Ier à Golfe Juan le 1er mars 1815, Michel Ney duc d'Elchingen, prince de la Moskova, maréchal d'empire, pair de France, se rallie à l'empereur.

Le 14 avril 1815, Bellart, est nommé directement procureur général près la cour royale de Paris.

Saint Denis le 6 juillet 1815 : « *Introduit dans une des chambres qui précédaient celle du roi, je ne trouvai personne. Je m'assis dans un coin et j'attendis* » nous dit Chateaubriand. « *Tout à coup une porte s'ouvre : entre silencieusement le vice appuyé sur le bras du crime, M. de Talleyrand marchant soutenu par M. Fouché. Fouché venait jurer foi et hommage à son seigneur ; le féal régicide, à genoux, mit les mains qui firent tomber la tête de Louis XVI entre les mains du frère du roi martyr* »[295].

Par ordonnance du 24 juillet 1815, « *cet acte maladroit et insensé* »[296] dira Talleyrand, Louis XVIII, entérine la liste des officiers accusés de traîtrise, établie par Fouché. Un seul maréchal y figure : Ney.

En novembre 1815, Ney est traduit devant la cour des Pairs pour « *avoir commis un crime de haute trahison et d'attentat à la sûreté de l'état, dont le but était de détruire ou de changer le Gouvernement et l'ordre légitime de successibilité au Trône* ».

Après l'instruction du baron Séguier[297], pair de France, conseiller d'état et premier président de la cour royale de Paris, l'affaire vient à l'audience du 21 novembre. Dupin l'aîné, un des deux avocats de Ney, constatant qu'aucune loi ne détermine la liste des « *attentats à la sûreté de l'État* » démontre la nécessité d'une telle loi qui définisse clairement le crime dont Ney peut être accusé. La cour des pairs passe outre et sur les réquisitions du procureur général Bellart, procureur général près la cour royale de Paris, condamne à mort le « *brave des braves* », le 6 décembre 1815. Ney est fusillé le lendemain, 7 décembre 1815.

---

[294] Il convient de noter que le professeur Pierre Lafforgue, annotateur du volume Poésie IV, mentionne à la note 50, page 1157 : « *Bellart. Nom du magistrat qui fit condamner Rosalie Doise à la réclusion à perpétuité* ». Il s'agit, manifestement d'une erreur puisque Bellart est décédé le 7 juillet 1826.

[295] *Les Mémoires d'outre tombe* « Dernière conversation avec le roi. »

- « *Fouché, âme de démon, face de cadavre.* » *Quatrevingt-treize*, Roman III. 898.

[296] *Fouché, Les silences de la pieuvre*, Emmanuel de Waresquiel Tallandier / Fayard 2014. 608.

[297] Rousselet I. 291.

Béranger qui sera une autre victime de Bellart lui composa cette chanson :
« *Le 15 août ! s'écria*
Bellart toujours en fureur,
Vous ne fêtez pas Marie,
Mais vous fêtez l'empereur,
Halte-là, halte-là
Vite en prison pour cela »[298].

Bellart, chef hiérarchique de Marchangy et de Broë est évidemment intervenu dans les affaires Béranger (2°), des Quatre sergents de la Rochelle (3°) Paul-Louis Courier (4°), et du *Constitutionnel* (5°).

47
2°/ Marchangy et l'outrage aux bonnes mœurs de Béranger
(arrêt de cour d'assises du 8 décembre 1821. Président : Larrieux[299] ; Assesseurs : Cottu[300], d'Haranguier de Quincerot[301], de Chanteloup[302], Baron[303]. Ministère public : François Marchangy[304], Bellart[305]. Avocat : Dupin l'aîné).

Le 8 décembre 1821, Marchangy, alors substitut général (son procureur général est Bellart) soutient l'accusation de délit d'outrage aux bonnes mœurs et d'offense envers le roi, contre Béranger, qui n'est condamné qu'au minimum de la peine c'est-à-dire à 3 mois de prison et 500 francs d'amende[306]. Cette condamnation met le comble à la popularité de notre « *chansonnier national* ». De toutes les régions de France, il reçoit à Sainte Pélagie des lettres, des victuailles, gibiers, vins, etc. … Défense est faite aux journaux de ne rien publier des débats ou des plaidoiries. Béranger fait alors publier un livre *Le procès*, contenant les divers réquisitoires, l'arrêt de

298 Rousselet. II. 398.
299 Président : Larrieux ; assesseurs : Cottu, Baron d'Haranguier, Sylvestre de Chanteloup, père, et de Quincerot (A. Zévaes qui cite ces noms, page 19, commet semble-il une erreur, puisque le véritable nom du baron est d'Haranguier de Quincerot. Source : Rousselet, page 15, et annuaire rétrospectif de la magistrature).
300 Cottu Jean François (1778- ?) Conseiller Paris le 10 juillet 1810.
301 d'Haranguier de Quincerot Jules (1781- ?) conseiller Paris 7 mars 1821.
302 Sylvestre Chanteloup Nommé conseiller à la cour royale de Paris par ordonnance du roi du 20 septembre 1815.
303 Baron François Louis Jérôme (1750- ?) Conseiller Paris le 10 décembre 1810.
304 Se faisait appeler : de Marchangy (1782-1826). Substitut général Paris depuis 1818.
305 Bellart Nicolas François (1761-1826) nommé directement procureur général Paris le 14 avril 1815.
306 Rousselet II. 398.

renvoi, la plaidoirie du défenseur, la déclaration du jury et l'arrêt de la cour, les pièces de procédure contenant les chansons coupables. 1 000 exemplaires sont rapidement vendus qui couvrent largement les frais du procès et le montant de l'amende. Nouvelles poursuites, sous la prévention de « *publication d'un arrêt de renvoi contenant la citation des passages condamnés* », mais cette fois Béranger est acquitté le 15 mars 1822[307].
Il fit chanter à la France entière :
« *Marchangy, ce vrai sage*
M'a fait, par charité
Sentir de l'esclavage
La légitimité
Fi de la liberté
À bas la liberté »

48

3°/ Marchangy, de Broë, et les Quatre sergents de La Rochelle

(arrêt de la cour d'assises de la Seine du 6 septembre 1822. Juge d'instruction : de Belleyme. Président : M. de Monmergué, Assesseurs : de Berny, de Frasans, Chevalier-Lemore. Avocats : Dupin, Berryer, Chaix-d'Est-Ange, Delangle. Ministère public[308] : Marchangy, de Broë)

« *Il y a des moments, où la manie de conspirer devient une sorte de maladie qui, presque toujours, malgré les catastrophes, est contagieuse* »[309]. Dans les années 1820 de jeunes libéraux qui vouent une haine vivace au roi Louis XVIII et aux Bourbons, que les alliés ont « *ramené dans leurs fourgons* », sont atteints de cette maladie. Certains d'entre eux ont été initiés aux mystères de la *Carbonaria*, société secrète destinée à « *purger la campagne des loups* » c'est-à-dire à débarrasser l'Italie des Autrichiens. *Carbonaria* comme le charbon qui purifie, dont la flamme écarte les bêtes féroces. Plusieurs soldats du 45ème régiment de ligne de Paris, avant d'être stationnés à La Rochelle élaborent une conspiration, qui ne pouvait qu'échouer. Le 19 mars 1822 quatre sergents, Bories, Pommier, Goubin et Goupillon sont arrêtés. Le gouvernement veut donner au procès une ampleur, une majesté, qu'un débat provincial ne pourrait permettre. Le

---

[307] *Les procès littéraires au XIXème siècle*, Alexandre Zévaès, Librairie académique Perrin, 1924, pages 35 et 36.
[308] Madame Marie-Christine Bellosta annotateur de cette partie du volume *Politique* indique à la note 105, page 1133, que Bellart « *requit contre les quatre sergents de La Rochelle* ». Ce fut en réalité Marchangy, avocat général, assisté du substitut général de Broë, qui deviendra avocat général le 2 octobre 1822 suivant.
[309] Chancelier Etienne Denis Pasquier (1767-1848) président de la chambre des pairs en 1830.

procureur général près la cour royale de Paris, Bellart intervient pour que l'affaire soit jugée à Paris.
Le 21 août 1822, 26 accusés, tant civils que militaires, comparaissent devant la cour d'assises de la Seine. « *À la suite des dépositions des soldats flotte sur les débats, un relent de caserne auquel se mêle baroquement cette conjuration terrible et enfantine qui serpente, invisible de bureaux de compagnie, à la cuisine, des chambrées au corps de garde* »[310]. *Mais* avec l'avocat général de Marchangy tout change. « *Son extérieur frêle, sa physionomie ridée et son teint jaune accentuaient l'âpreté de sa parole* »[311]. Un tonitruant réquisitoire fait prendre aux faits une importance que ceux-ci n'ont pas. Éloquent et dur, Marchangy fait moins le procès des quatre sergents que celui du carbonarisme et du libéralisme. Il va jusqu'à s'écrier que « *nulle puissance ne peut soustraire les accusés du glaive de la loi* ». Il fait plusieurs allusions dans lesquelles chacun reconnaît la participation souterraine de La Fayette, « *l'incorrigible politicien dont la destinée a toujours été de provoquer les évènements et d'être dépassé par eux* » [312].
Le 6 septembre, à 1 heure du matin la cour rend son verdict : les quatre sergents sont condamnés à mort. Le 21 septembre suivant, vers 17 heures sur la place de grève les condamnés, nue tête, en habit de bourgeois, sont guillotinés.

49

d/ de Broë et Paul-Louis Courier

(arrêt de la cour d'assises de la Seine du 28 août 1821. Président : *Dehaussy*. Ministère public : *de Broë*. Avocat : *Berville*)

Le 29 septembre 1820 le canon annonce la naissance de Henri Charles Ferdinand Marie Dieudonné d'Artois duc de Bordeaux[313], petit fils du futur Charles X, et futur Henri V[314]. Il est baptisé en grande pompe à Notre Dame le 1er mai et Louis XVIII annonce diverses amnisties et une souscription du domaine de Chambord en faveur du nouveau-né est organisée, qui devient obligatoire pour tous les salariés civils et militaires salariés par le gouvernement. Le Journal de Lyon du 1er mai 1821 participe à cette liesse et publie cette prière au Roi sous forme d'acrostiche :

---

310 « Les quatre sergents de La Rochelle », J. Lucas-Dubreton, *Historia* 1959 n° 149, page 412.
311 Marcel Rousselet, tome II. 265.
312 Lucas-Dubreton précité, page 412.
313 Qui prendra le nom de « *Comte de Chambord* » à partir de 1830. « *J'étais adolescent quand vous étiez enfant* », « A Henri V », *L'Année Terrible*. Poésie III. 162.
314 *L'année terrible,* « Henri V ». Poésie III. 162.

A DVENIAT REGNUM TUUM !
A...mour au Prince auguste au soutien de la France,
D...ont l'Europe affligée attendait la naissance !
V... n siècle de bonheur pour nous a commencé,
E... t le crime est enfin par le ciel effacé !...
N... ourri, dès le berceau, des principes sublimes
I... mprimés dans le cœur du vertueux Louis,
A... marcher sur ses pas, à suivre ses maximes,
T... joujours son digne fils se montrera soumis,
R... évéré sur un trône, hélas ! baigné de larmes,
E... cartant du passé les souvenirs amers,
G...ouvernant par le cœur, autant que par les armes,
N... otre chef attaqué soumettrait l'univers !...
U... n triomphe plus grand, une plus douce gloire,
M... arqueront les beaux jours de ce prince chéri ;
T... ous les Rois, respectant de Berri la mémoire,
U... niront leur puissance aux destins de Henri ;
U... ne paix éternelle embellira la terre...
M... on Dieu veille sur lui que sa race prospère !...

Paraît alors le Simple discours de Paul-Louis Courier aux membres de la commune de Véretz... à l'occasion d'une souscription pour l'acquisition de Chambord. Cette piquante brochure vient contredire le prétendu enthousiasme populaire. Dès le 14 mai 1821, la brochure est saisie et le 28 août suivant la cour d'assises de la Seine présidée par Dehaussy, déclare Courier coupable d'atteinte à la morale publique et le condamne à 2 mois de prison, et 200 francs d'amende. Le condamné publie alors *Le Procès de Paul-Louis Courier* dans lequel il brocarde le pouvoir et son bras armé, l'avocat général de Broë.
Quelques jours après, le 11 octobre, Courier entre à Sainte Pélagie, pour purger sa peine. Le 14, il reçoit les deux tomes qui composent l'*Histoire de la peinture en Italie* avec la dédicace suivante : « *Hommage au peintre de Jean de Broë* » rédigée de la main de l'auteur, un certain Henri Beyle, connu plus tard sous le pseudonyme de… Stendhal.
À propos de cette histoire apparaît le nom de Merveilleux-Duvigneaux. François Charles Merveilleux-Duvugneaux, né en 1828, « *Assez piètre avocat à Poitiers* », puis en 1853 professeur de droit dans cette ville avant d'entrer la même année dans la magistrature. Très Bonapartiste et très clérical, il démissionne le 27 septembre 1870 de sa fonction de 1er avocat général près la cour d'Angers.
Le 5 juillet 1871, le duc de Bordeaux publie un manifeste dans lequel il déclare ne pouvoir abandonner le drapeau blanc et le principe de droit divin. La même année, Merveilleux-Duvigneaux, désormais légitimiste, est élu

député. « *Ses votes constamment réactionnaires et quelques rares et très médiocres discours* n'ont *pu le tirer de son obscurité* » lorsqu'il parvient à attirer l'attention sur lui… en se rendant auprès du Comte de Chambord en septembre 1873. Il fait à son retour publier dans le *Times* le résultat de ses démarches… selon lesquelles le petit fils de « *Charles X parlait désormais de la question du drapeau blanc comme d'une bagatelle sur laquelle il n'y avait pas lieu de s'arrêter* ». L'on comprend mieux le poème de Hugo au titre éponyme de ce député :

« *Je comprends que, sans être un phénomène, on ait*
Droit de vie et de mort pour la chambre en vacance,
Qu'on puisse être imbécile en étant orgueilleux,
Et qu'on soit Duvignaux sans être Merveilleux »[315].

50
5°/ de Broë et le *procès en tendance* contre le *Constitutionnel*
(arrêt de la cour royale de Paris du 3 décembre 1825. Président : *Séguier*. Ministère public : *de Broë* ; avocat : *Dupin* l'aîné)

L'avocat général de Broë qui affrontait l'avocat Dupin réclamait la condamnation du journal le *Constitutionnel : « C'est un droit incontestable, dans notre organisation politique, que discuter sur les matières politiques et religieuses ; en admettant le principe de la liberté des cultes, la Charte constitutionnelle a consacré ce droit. Mais c'est aussi un principe incontestable, que respect est dû à la religion.* »
Par arrêt du 3 décembre 1825[316] la cour royale de Paris sous la présidence de Séguier déboutait le ministère public :

« *Vu les 34 articles incriminés du journal intitulé ;* Le Constitutionnel *; Vu la loi du 17 mars 1822, sur la police des journaux ; Considérant que si plusieurs des articles incriminés contiennent des expressions, et même des phrases inconvenantes et répréhensibles dans des matières aussi graves, l'esprit résultant de l'ensemble de ces articles n'est pas de nature à porter atteinte au respect dû à la religion de l'État ; .... Dit qu'il n'y a lieu de prononcer la suspension requise et néanmoins enjoint aux éditeurs et rédacteurs du Constitutionnel d'être plus circonspects.* »

---

[315] Suite des *Châtiments*, « Merveilleux- Duvigneaux », Chantiers. 251.
[316] *Gazette des tribunaux* du 4 décembre 1825.

51

B/ « *Boustrapa* »

(arrêt de la cour d'assises du Bas-Rhin du 21 janvier 1837 Président :*Gloxin ;* assesseurs :*de Kentzinger*[317], *Moutier*[318]. Ministère public : *Rossie*[319], *Devaux*[320], *Gérard*[321] *et Karl*[322])
(arrêt de la cour des Pairs du 6 octobre 1840. Rapporteur : *Persil.* Ministère public : *Frank Carré, Boucly, Nouguier, Glandaz*)

« *Allons, juges, dansez la danse de l'épée !*
Gambade, ô Dombidau, pour l'onomatopée !
Polkez, Fould et Maupas, avec votre écriteau,
Toi, Persil-Guillotine, au profil de couteau !
Ours que Boustrapa[323] *montre et qu'il tient par la sangle,*
Valsez, Billault, Parieu, Drouyn, Lebœuf, Delangle !
Danse, Dupin ! dansez, l'horrible et le bouffon !
Hyènes, loups, chacals, non prévus par Buffon »

Napoléon III, « *Te voilà nain immonde accroupi sur ce nom, Cette gloire est ton trou, ta bauge ta demeure* »[324]. Fréquemment Hugo assimile l'empereur à un criminel. Tantôt c'est *Poulmann, Soufflard, Castaing, Cartouche, Mingrat, Macaire, Louvel, Lacenaire*[325], tantôt c'est *Trestaillon, Mandrin*[326], ou *Poulailler*[327].

---

[317] P. Strasbourg.
[318] J. Strasbourg.
[319] PG. Colmar.
[320] AG. Colmar.
[321] PR. Strasbourg.
[322] S. Strasbourg.
[323] *Châtiments,* Poésie II. 147 « Eblouissements ».
[324] Poésie II. 139.
[325] Pierre François Lacenaire : escroc et criminel surnommé le « *poète criminel* » jugé par la cour d'assises de Paris le 14 novembre 1835, sous la présidence de Dupuy, Partarrieu Lafosse représentant le ministère public, et guillotiné le 9 janvier 1836.
[326] *Cartouche : Louis Dominique Garthausen,* dit *Cartouche* bandit chef de bande, sera roué à mort en Place de Grève le 28 novembre 1721 ; *Castaing* : empoisonneur guillotiné en 1823 ; *Louvel* : assassin du duc de Berry en 1820 exécuté le 7 juin 1820 ; *Macaire* *Robert* : bandit et héros imaginaire du mélodrame *L'Auberge des Adrets* (1823) ; *Mandrin* : célèbre voleur et bandit, condamné et roué vif le 26 mai 1755 à Valence ; *Mingrat* : curé violeur et criminel condamné à mort par contumace le 9 décembre 1822 ; on ne sait où il est décédé… peut-être en Piémont-Sardaigne où il s'était réfugié. *Poulmann :* assassin d'un aubergiste en 1843 exécuté le 5 février 1844 ; *Soufflard* : assassin d'un négociant, condamné à mort le 19 mars 1838 ; *Trestaillon* : Dans le Gard, pendant la terreur blanche de 1795, *Jacques*

Le 22 juillet 1832 mourrait Napoléon II. Les frères, de l'empereur, Joseph et Louis, se terraient et Jérôme, ne pensait qu'à se faire bien voir du nouveau régime afin de pouvoir revenir en France. Le neveu, fils d'Hortense, commençait à se présenter comme l'héritier de l'empire, conformément au sénatus-consulte du 18 mai 1804 réglant l'ordre de la succession. Le 30 octobre 1836, Louis Napoléon Bonaparte tentait de prendre le contrôle de la ville de Strasbourg, avec l'aide du colonel *Vaudrey*[328] commandant du 4ème régiment d'artillerie[329] de cette ville. La folle équipée[330] échouait ; Louis Napoléon était arrêté, et sur ordre du roi, conduit à Paris, puis à Lorient. Il était embarqué sur la frégate Andromède pour les États-Unis[331], où il débarquait le 30 mars 1837.
Le 21 janvier 1837 la cour d'assises du Bas-Rhin présidée par Gloxin, acquittait tous les accusés[332].
Le conspirateur revenait bientôt en Angleterre et le 6 août 1840 débarquait à Boulogne où il tentait vainement la prise du pouvoir.
Le procureur général de Douai territorialement compétent, Legagneur, encore en fonction, puisque non installé dans ses nouvelles fonctions de premier président à Grenoble, se rendait sur place le 8 août, et ordonnait l'arrestation de Louis Bonaparte. Par ordonnance du 9 août 1840[333], le roi convoquait la cour des Pairs et précisait à l'article 4 : « *Le sieur Franck Carré*[334] *notre procureur général près notre cour royale de Paris remplira*

Dupont dit *Trestaillons*, à la tête de bandes armées, fait assassiner plusieurs dizaines de réformés ; « Nox », Poésie II. 8 ; « La Caravane », Poésie II. 187, 188 ; « À Juvénal », Poésie II. 162.

327 « *Pillage, extorsion, c'est leur guerre ; un tel art Charmerait Poulailler, mais troublerait Folard.* », Poésie III. 25. Jean Chevalier dit Poulailler, bandit célèbre, arrêté en 1785 condamné à être *pendu et étranglé* par arrêt confirmatif du Parlement du 30 juin 1786. Selon Frantz André Burguet dans son index des *Châtiments*, Livre de poche, 1964, « *ce nom appliqué à Napoléon III, fait peut-être allusion au remplacement des coqs qui ornaient la hampe des drapeaux sous Louis Philippe, par des aigles.* »

328 Et de sa maîtresse, Eléonore Brault veuve Gordon, de Parquin « *soldat de l'empereur* », de Fialin alias Vicomte de Persigny.

329 Ancien régiment de son oncle.

330 « L'équipée de Strasbourg », André Castelot, *Historia* octobre 1966 n° 239, page 43.

331 Avec une somme de 15. 000 francs remise par le sous préfet de Lorient ; voir *Napoléon le petit*, Histoire. 12.

332 *Gazette des tribunaux* du 9 janvier 1837 au 21 janvier 1837.

333 *Gazette des tribunaux* des 10 et 11 août 1840.

334 Franck-Carré sera le ministère public devant la cour des pairs dans l'affaire Laity, suite lointaine de cet épisode.
https://www.senat.fr/histoire/les_proces_de_la_cour_des_pairs/laffaire_laity_1838.html .En juin 1838, un ex-officier bonapartiste compromis dans l'affaire de

les fonctions de notre procureur général près la cour des Pairs. Il sera assisté du sieur Boucly, avocat général et des sieurs Nouguier et Glandaz substituts ».

Devant la cour des pairs, le réquisitoire de Franck-Carré est sévère : « *L'épée d'Austerlitz est trop lourde pour vos mains débiles* s'écrie-t-il, *cette épée c'est l'épée de la France ; malheur à qui tenterait de la lui enlever...* »[335]

Par arrêt du 6 octobre 1840[336] et sur rapport de *Persil*, commissaire chargé de l'instruction, la cour des Pairs, condamnait « *le prince Charles, Louis Napoléon Bonaparte à l'emprisonnement perpétuel dans une forteresse située sur le territoire continental du royaume* » *et* Jean-Gilbert-Victor Fialin, dit de *Persigny,* à 15 ans d'emprisonnement.

Cette forteresse était celle de Ham, en Picardie à une centaine de kilomètres de Valenciennes, où le condamné arrivait le 7 octobre 1840.

Le 25 mai 1846, à 6h45, le détenu, en habit de maçon avec une planche sur l'épaule, sortait tranquillement de la forteresse. À 17 heures à Valenciennes, il prenait le train[337] pour Bruxelles où il arrivait à 20 heures.

Cinq ans plus tard, le 11 décembre 1851, l'ouvrier typographe Lanvin, alias Victor Hugo franchissait la frontière[338], dans de semblables conditions.

Strasbourg, François-Armand-Rupert Laity publie une brochure : *Relation historique des évènements du 30 octobre 1836. Le prince Napoléon à Strasbourg*. Il est poursuivi pour « *attentat à la sureté de l'état par la voie de la presse*» et condamné par la cour des Pairs à cinq ans de détention et 10.000 francs d'amende. Il sera encore le ministère public (avec Boucly et Nouguier) dans l'affaire dite de l'insurrection des 12 et 13 mai 1839 : Arrêts de la cour des pairs des 18-12-1839 et 4-02-1840 https://www.senat.fr/histoire/les_proces_de_la_cour_des_pairs/linsurrection_de_mai_1839.html .Les 12 et 13 mai 1839 la Société des saisons, association républicaine fondée en 1837 par Barbès et Blanqui, lance une tentative insurrectionnelle, tendant à renverser le gouvernement monarchique et à instaurer une République sociale. L'émeute échoue. On relève 77 tués et au moins 51 blessés du côté des insurgés, 28 morts et 62 blessés chez les militaires. Barbès, dans le premier procès, et Blanqui dans le second, refusent de répondre et sont condamnés à mort. Leurs peines seront commuées et ils seront déportés au Mont Saint-Michel.

335 *Histoire de la magistrature française,* Rousselet, tome II, page 81.

336 *Gazette des tribunaux* du 7 octobre 1840.

337 « Sous la blouse d'un maçon », Roger Régis, *Historia* août 1958 n° 141, page 155 ; Louis Napoléon découvre le chemin de fer, comme Hugo en 1837 et non pas 1836, comme indiqué par Jean-Pierre Langellier dans son *Dictionnaire Victor Hugo*, page 57. « *A quelques lieues de Mons, avant-hier, j'ai vu pour la première fois un chemin de fer... c'est fort laid.* » (Voyages. 608).

338 Le jeudi 11 décembre 1851. Alain Decaux, *Victor Hugo*, Librairie académique Perrin, 1984, p. 781. *Choses vues 1849-1885*, édition d'Hubert juin Folio, 1972, 25 décembre 1851, p. 273.

Cette affaire conduira Hugo à poser cette question dans les *Années Funestes* :

« *Qu'en pensez-vous, Glandaz ? Qu'en pensez-vous, Devienne ?*
Président Legagneur, autant qu'il m'en souvienne,
Tu jugeas l'accusé Bonaparte jadis »[339].

52

B/ Comportements de magistrats

Si le juge devait se courber devant l'exécutif, cela ne l'empêchait pas de se comporter de façon très autoritaire dans sa juridiction. S'il prêtait souvent serment de « *fidélités successives* », il pouvait aussi faire preuve d'une stupéfiante lâcheté. Antoine, Jean, Mathieu Séguier correspond à cette définition (1°/).

Pour rendre service à l'empereur, il n'hésita pas à jouer le rôle d'entremetteur (2°/). Plus visible, l'aspect extérieur du juge devait répondre à des normes parfois surprenantes, que ce soit le port de la moustache (3°/) ou la prohibition de la danse (4°/).

53

1°/ Un juge autoritaire aux « *fidélités successives* »[340] : Antoine, Jean, Mathieu Séguier

« *La lyre a fait les mandolines, Minos a procréé Séguier* »[341]. « *Séguier, Berlier auront dépensé des semaines à souder la loi gothe avec les lois romaines* »[342]. « *Vas-tu pas dépenser la feuille de figuier, Pourpoint du père Adam, pour le père Séguier ?* »[343].

Hugo n'est pas sévère avec Séguier.

Antoine, Jean, Mathieu Séguier, a survécu à tous les régimes politiques. Mais il était également réputé pour son mauvais caractère. et divers incidents émaillèrent sa carrière. Celui que raconte Victor Hugo relève de l'anecdote[344], d'autres furent beaucoup plus graves.

- « *un jeune homme appelé M. Avoine de Chanterayne... s'est présenté à la barre de la cour royale, pour prêter son serment d'avocat. - Comment vous*

---

339 *Les années funestes*, « Lesurques », Poésie IV. 769.

340 Expression empruntée à Nicolas d'Estienne d'Orves Albin Michel 2012.

341 *Les Chansons des rues et des bois* « Sénior est junior » Poésie II. 871.

- Minos : L'un des trois fils de Zeus et d'Europe (*Nouvelle mythologie illustrée*, tome II « La légende de Minos », page 338.

342 *Les années funestes,* « Rosalie Doise », Poésie IV. 753.

343 Suite de *Châtiments,* Chantiers. 218 « Ah çà ! tu ne sais pas ce que c'est que les juges ! ».

344 Pour d'autres anecdotes, voir Rousselet tome II. 322 et s.

appelez vous, lui demande le premier président Séguier. - Je m'appelle M. de Chanterayne. - est ce là tout votre nom ? – M. Le président je m'appelle Avoine de Chanterayne - pourquoi mangez-vous la moitié de votre nom ? réplique M. Séguier »[345].

- Le 15 avril 1833, un avoué, Perrin, demandait le renvoi d'une affaire au motif que l'avocat de son client, Maître Marie, plaidait devant la cour d'assises qui jugeait Cabet[346]. Séguier contraint de l'accepter, ajoutait avec colère « *il est déplorable que les avocats s'occupent d'affaires politiques ; ils feraient mieux de se consacrer aux affaires civiles* ». Le conseil de l'Ordre prenait aussitôt à l'unanimité une délibération protestant contre les « *expressions injurieuses pour maître Marie, que s'était permises le premier président Séguier* ». À la conférence des avocats suivante une critique particulièrement acerbe du premier président, était faite par le Bâtonnier Parquin. Sur instruction du Garde des Sceaux Barthe, Persil, alors procureur général, citait Parquin devant la cour d'appel statuant disciplinairement.

Le 5 décembre 1833[347] la cour, toutes chambres réunies, prononçait la peine disciplinaire de l'avertissement. Le soir même le président du tribunal de Paris de Belleyme recevait à dîner, le premier président Séguier, le procureur général près la Cour de cassation Dupin et … le bâtonnier Parquin[348]. Ce conflit était terminé. 10 ans après un deuxième naissait.

À l'audience du 6 juin 1844, le renvoi d'une affaire était sollicité. Séguier, qui ce jour-là était de méchante humeur, s'écria : « *Plaidez, votre affaire est mauvaise…* les avocats *plaident tout : ils manquent à leur conscience. Je les rappelle à leur serment* ». Le conseil de l'Ordre des avocats sous la présidence du Bâtonnier Chaix d'Est Ange, et dans lequel siégeait Marie, adressait aussitôt, au premier président Séguier, une lettre de violente protestation dans laquelle il déclarait que les avocats cesseraient de se présenter à ses audiences.

Le 19 juin 1844, la cour royale présidée par Séguier, décidait que les 21 membres du conseil de l'Ordre seraient cités disciplinairement devant les chambres réunies.

---

345 *Choses vues 1847-1848,* éd Hubert juin, page 86 ; Il s'agissait en réalité de Avoyne de Chantereyne.

Séguier n'aurait-il pas eu un compte à régler avec un membre de cette famille, Victor Avoyne de Chantereyne (1762-1834) conseiller à la Cour de cassation de 1820 à 1834 ?

346 Voir affaire Cabet au § 88.

347 *Gazette ses tribunaux* 6 décembre 1833 :
http://data.decalog.net/enap1/liens/Gazette/ENAP_GAZETTE_TRIBUNAUX_1833 1206.pdf

348 Le Barreau de Toulouse exprimera sa solidarité à Parquin par une délibération du 14 décembre 1833. *Histoire des avocats et du barreau de Toulouse,* Privat 1992, page 100.

Le 8 juillet 1844, la cour ordonnait la suppression de la lettre et prononçait contre les signataires la peine disciplinaire de l'avertissement.
La paix étant nécessaire on convint de la faire à l'audience de rentrée du 4 novembre 1844, par des propos convenus et fixés.
Le procureur général s'écria que la magistrature « *aimait à témoigner* aux avocats *son estime et ses égards.* » Séguier dit sans lever les yeux de son texte « *Les membres du barreau connaissent l'estime de la cour pour leur caractère et sa confiance dans leurs talents* ». Le conflit était terminé.

Victor Hugo rapporte des propos de Dupin tenus en mars 1848 :« *Savez-vous le mot du bonhomme Séguier ? non- Voici : « C'est le sixième gouvernement que je regarde passer du haut de mon tribunal ». Et M. Dupin se mit à rire* »[349]. Séguier fut en effet à la tête de la cour de Paris pendant 44 ans[350] sous les titres successifs de président du tribunal d'appel, de premier président de la cour d'appel, de premier président de la cour impériale, de premier président de la cour Royale.
Le 26 décembre 1812, le premier président de la cour impériale de Paris Séguier accueillait l'Empereur en promettant : « *Nous sommes prêts à tout sacrifier pour votre personne sacrée, pour la perpétuité de votre dynastie* »[351].
En 1814 le même se lançait dans un éloge à Louis XVIII, « *Heureusement nous avons notre Roi, nous avons les descendants de Saint Louis, nous avons la fille et les neveux de celui qui dans le Ciel implore notre salut et dont les prières ardentes portent déjà tant de fruits* ».
En 1824, il fit graver[352] sur le socle du buste royal[353] placé dans la 1ère chambre[354] les paroles que lui avait dites Charles X montant sur le trône « *je vous donne la force par ma puissance et vous me la rendez par la justice* ». À la même époque Rossini glorifiait « *Carlo, de' Franchi Delizia amor* » en faisant chanter dans son opéra « *Il Viaggio a Reims* » : « *Viva il*

---

[349] *Choses vues 1847-1848* éd Hubert juin, page 312.
[350] De 1804 à 1848.
[351] Rousselet tome 1, page 289.
[352] *Annuaire historique universel* pour 1826 de Lesur, page 184 ; Rousselet tome 1. 291.
[353] Ce buste en bronze de Bosio aurait été détruit en 1830 : https ://books. google. fr/books?id=7q0FplEtoo0C&pg=PA502&lpg=PA502&dq=pr%C3%A9sident+s%C3%A9guier+buste+de+Charles+X&source=bl&ots=OOIw9gDefr&sig=oLMnSQr4dPKdxIpPKP9umbOfQYc&hl=fr&sa=X&ved=0ahUKEwjh9PLuzdbKAhXMWxQKHSKkDE8Q6AEIITAB#v=onepage&q=pr%C3%A9sident%20s%C3%A9guier%20buste%20de%20Charles%20X&f=false
[354] Détruite depuis.

diletto... Augusto Regnator, Ond' è l'aspetto...Forier di gioie amor, Che desta in petto rispetto, E vivo ardor »[355].

Pendant les années suivantes, Séguier ne sut que faire pour effacer sa servilité sous l'empire et montrer son zèle ultra royaliste. Il sut se glorifier de son indépendance et proclamer celle de la cour qu'il présidait, dans l'affaire dite du « *procès en tendance* »[356] qui avait relaxé le journal *le constitutionnel* le 3 décembre 1825. Il sut encore faire connaître ses « *belles paroles* » dans l'affaire dite du *Journal des débats*. Le 10 août 1829 *le journal des débats* terminait un article par ces mots : « *malheureux Roi ! Malheureuse France !* ». Bertin l'aîné, rédacteur en chef était aussitôt poursuivi pour *offense à la personne du Roi*. Quelques temps après, au cours d'une réception officielle, le comte de Peyronnet, demandait à Séguier une condamnation que désirait le Roi lui-même, et le premier président, de lui répondre : « *La cour rend des arrêts et non pas des services* »... Paroles courageuses ? Peut-être, mais paroles prononcées fin 1829, alors que, chacun le savait, le régime était mourant[357]. Le 24 décembre 1829 la cour déchargeait le prévenu de toute condamnation aux motifs que « *si les expressions de l'article incriminé sont inconvenantes et contraires à la modération qu'on doit apporter dans la discussion des actes du gouvernement, elles ne constituent pas les délits d'offense à la personne du Roi et d'attaque à la dignité royale* »[358]. Le 30 juillet 1830 Louis Philippe était nommé lieutenant général du royaume et Charles X abdiquait le 2 août 1830.

Prétendu courage, mais réelle ignominie dans *l'affaire des trois Glorieuses*[359] ou *affaire Gaillard*, avec Persil pour complice.

Le 11 août 1830 Séguier prêtera serment entre les mains de Louis Philippe : « *Pour nous magistrats...consacrons toutes nos facultés ... au service d'un duc d'Orléans... qui sera le père du peuple...* ».

À l'audience solennelle du 2 mars 1848 il reprendra à son compte les propos de Dupin en s'adressant au ministre Crémieux : « *Le magistrat qui a l'avantage de vous adresser la parole a vu passer de sa place cinq gouvernements ; une sixième ère ramène la république ; que pour cette fois elle se constitue sagement, solidement...* » Il ne pourra prêter serment à Louis Napoléon puisqu'il décédera cinq mois plus tard, le 3 août 1848.

---

[355] « *Vive l'auguste Roi bien aimé...dont le magnanime et noble aspect annonce le bonheur et la gloire* » Final scène XXV.

[356] V. *supra*, § 50.

[357] Tout autre fut le comportement d'Antoine, Joseph, Maurice **Séguier** petit fils du précédent, procureur impérial de Toulouse. Voir § 19.

[358] *Gazette des tribunaux* du 25 décembre 1829 : http://data.decalog.net/enap1/liens/Gazette/ENAP_GAZETTE_TRIBUNAUX_1829 1225.pdf

[359] V. *infra*, § 61.

54
2°/ Devienne, un président de cour qui fréquente la basse-cour ou **le fils caché de l'empereur**
(arrêt de la Cour de cassation, audience disciplinaire du 21 juillet 1871. Président : *Legagneur.* Rapporteur : *Mercier* ; ministère public : *Renouard*).

« *L'académie a mal défini l'écrevisse et bien défini Devienne : poisson rouge qui va à reculons* »[360].
Adrien Devienne, nommé président du tribunal de Lyon en 1837 siège à la chambre des députés de 1844 à 1848, et refusant de servir la république démissionne de sa fonction de président du tribunal de Lyon. En 1850 il est nommé procureur général près la cour de Bordeaux, et c'est là qu'il mettra en pratique avec une particulière efficacité, notamment dans l'affaire Cellerier[361], les commissions mixtes[362], à la création desquelles il avait participé. Le 23 juin 1858, il succède à Delangle au poste de premier président de la cour de Paris. Il devient sénateur en 1865, et le 8 mars 1869, accède à la plus haute fonction judiciaire de premier président de la Cour de cassation.
Le 1er janvier 1870, à l'occasion de la présentation officielle des vœux à l'empereur, Devienne l'assure de sa parfaite loyauté : « *La cour de cassation se félicite d'être l'interprète des sentiments de la magistrature en apportant aux pieds du trône, avec ses respectueux hommages, l'assurance de son dévouement à l'empereur et à la dynastie impériale* ». Quelques mois plus tard, l'empire a sombré, la presse publie des « *papiers et correspondance de la famille impériale* » et on apprend alors, le rôle de Devienne, premier président de la cour impériale de Paris, dans l'affaire Marguerite Bellanger.
Pour comprendre cette affaire il faut se reporter au milieu du XIXème siècle… début de l'empire, mais aussi du règne Parisien des « *demi-mondaines* »[363], des « *grandes horizontales* », des « *cocottes* »[364]. En France, le goût très prononcé de l'empereur pour les jolies femmes est connu.
« *Pour les bals où bondit l'empereur encore vert,*
L'écrin de la couronne est là tout grand ouvert (…)
La cour est au balcon ; la garde impériale
Défile altière et fait, devant ces frais minois,
Sonner la grosse caisse et le chapeau chinois.

---

360 Histoire. 1337.
361 V. *infra,* § 60.
362 V. *supra,* § 16.
363 Du terme demi-monde employé depuis 1789, pour désigner un ensemble de femmes légères, et non pas créé par Alexandre Dumas comme celui-ci l'a prétendu.
364 Onomatopée enfantine née en 1808.

Ces belles ! allez donc leur parler des famines !
Ah ! comme elles riraient, ces augustes gamines ! »[365]

En France, mais aussi à l'étranger. Victor Emmanuel, roi du Piémont et Cavour n'ont-ils pas envoyé à Paris « *la plus jolie femme d'Europe* »[366] pour servir la cause de l'unité italienne ? La comtesse de Castiglione est en effet arrivée en janvier 1856, et dès le printemps suivant est devenue la maîtresse de l'empereur. Quelque temps auparavant Julie Lebœuf[367], avait quitté Saumur et était, elle aussi, mais de plus modeste façon, arrivée dans la capitale, sous le nom de Marguerite Bellanger. En peu de temps, de *grisette*[368] elle devient *lorette*[369], puis l'une des « *cocottes* »[370] les plus recherchée de la capitale, grâce au duc de Gramont-Caderousse, richissime héritier qui brûle la vie, avec le non moins richissime prince Demidoff[371], les deux plus célèbres membres de la bande que l'on appelle les « *cocodès* »[372].

---

[365] *Les Années Funestes,* Poésie IV. 786.

[366] 1837-1889. « Le secret de la Comtesse de Castiglione » Alain Decaux *Historia* 1956 n° 111, page 172.

[367] 1838-1886.

[368] Petite étoffe légère et par extension « *Jeune ouvrière galante* ». On leur prête l'invention des bottines. « *Sous les cotillons des grisettes.... Peut loger autant de beautés... Que sous les jupes des coquettes* » (La Fontaine, *Contes et nouvelles* Livre I ; I. « *Joconde* »).

[369] Mot créé dans les années 1840, désignant les « *jolies pécheresses* » qui logeaient presque toutes derrière l'église Notre Dame de Lorette. On disait alors que *la prostitution a 3 degrés : La fille publique, la grisette et la femme entretenue, ou Lorette.* Au XVIIème siècle une femme entretenue est une « *mignonne* ». Selon Balzac : « *Lorette est un mot décent en vérité pour exprimer, l'état d'une fille, d'un état difficile à nommer et que dans sa pudeur l'académie française a négligé de définir, vu l'âge avancé de ses 40 membres.* » (Esquisse d'homme d'affaires, 4 premières lignes). Une *camélia* (après 1848) est une *lorette* dans la prospérité.

[370] Les grecs disaient une Phryné :
« *Savez-vous ce que c'est que Marion Delorme ?*
Une femme, de corps belle, et de cœur difforme !
Une Phryné qui vend à tout homme, en tout lieu,
Son amour qui fait honte et fait horreur ! » *Marion de Lorme* acte I scène III Théâtre I. 699.
« *Hurrah ! Je viens de débarquer*
Mettez vos faux cheveux cocottes...
J'apporte à vos quenottes
Toute une fortune à croquer... », *La Vie parisienne,* de Jacques Offenbach, finale de l'acte I.

[371] Certains prétendirent qu'il fut l'amant de Juliette Drouet.
Le 2 janvier 1833, Félix Harel, le directeur du théâtre, confie à Hugo « *c'est une demi-mondaine, la preuve : elle (*Juliette Drouet*) est entretenue par un demi-doff* » *(Hugo, Victor pour ces dames* Michel de Decker Belfon 2002. 93. En 1835 la

En juin 1863, Marguerite Bellanger, surnommée *Margot la rigoleuse*, se promène seule au bois de Saint-Cloud, lieu habituel de promenade de l'empereur. Un orage éclate et une pluie torrentielle se met à tomber lorsque débouche le phaéton à livrée d'or de l'empereur, qui en galant homme jette une couverture à la belle. Le lendemain, munie de la précieuse couverture sur laquelle se détache un N avec la couronne impériale, elle se présente à Saint-Cloud, où l'empereur aime à se reposer, et celui-ci la reçoit. Elle devient la maîtresse de l'empereur qui l'emmène désormais partout avec lui. Les rieurs font de bons mots en disant que le confesseur de l'empereur s'appelle *l'abbé Langer*. Hugo, quant à lui, s'exclamera : « *Que l'aigle se marie avec une cocotte ; soit. Que m'importe à moi ! J'ai l'immense dédain* »[373].
En février 1864 Marguerite donne naissance à un fils qu'elle déclare sous le nom de Jules Auguste François Marie Lebœuf. Craignant que ce bâtard pût gêner le prince impérial ou exercer un chantage sur sa famille, l'empereur cède enfin aux injonctions de l'impératrice et décide de rompre sa liaison. Devienne, premier président de la cour impériale de la Seine est chargé des négociations, qui aboutissent assez rapidement, et pour que la paternité de l'empereur ne puisse un jour être alléguée, Marguerite accepte d'envoyer au *conciliateur,* la lettre suivante : « *Vous m'avez demandé compte de mes relations avec l'empereur, et quoiqu'il m'en coûte, je veux vous dire la vérité. Il est terrible d'avouer que je l'ai trompé, moi qui lui doit tout…* »[374].
En novembre 1864 l'empereur dote la mère d'une pension et du château de Villeneuve sous Dammartin, et le fils d'une pension et du château de Mouchy.

55
Par décret du 23 septembre 1870, le garde des Sceaux Emmanuel Arago entame une action disciplinaire à l'encontre de Devienne qui s'est réfugié à Bruxelles :
« *Considérant que, de documents d'une nature probante devenus publics, il résulte que M. Devienne, premier président de la Cour de cassation, aurait*

---

famille Demidoff, propriétaire *des plus colossales mines de l'Oural* (Alain Decaux, précité, page 450) achète le fameux diamant de « *cent six carats* », le Sancy, dont parle Hugo dans les *Misérables* (Roman II. 1084).
Arnaud Laster m'a aimablement indiqué que « *la liaison de Juliette avec Demidoff est une légende qu'a démontée complètement la biographie de Juliette par Gérard Pouchain* ».
[372] De coq, petit prétentieux et ou de coco, fat, et de l'onomatopée imitant le cri de la poule.
[373] *Les Années Funestes,* Poésie IV. 758.
[374] « Le dernier amour de Napoléon III », Jules Bertaut, *Historia* février 1961 n° 171, page 208.

gravement compromis la dignité du magistrat dans une négociation d'un caractère scandaleux (...) M. le premier président Devienne est déféré disciplinairement à la Cour de cassation.
Pour le garde des Sceaux, ministre de la Justice : Par délégation, Le membre du gouvernement de la défense nationale, EMMANUEL ARAGO. »
Il n'existe pas à l'époque d'instance disciplinaire[375]. Chacun cependant estime que ce rôle doit-être dévolu à la Cour de cassation, comme ces propos de Franck-Carré noté par Hugo le 28 juin 1847 le démontrent : « *En arrivant à la Chambre, j'ai trouvé Franck-Carré très scandalisé. Il tenait à la main un prospectus de vin de Champagne signé le comte de Mareuil, et timbré du manteau de pair et de la couronne de comte avec les armes de Mareuil. Il avait montré la chose au chancelier qui lui avait dit :*
— Je n'y peux rien !
— Si un simple conseiller faisait chose pareille dans ma cour, me disait Franck-Carré, je pourrais pourtant quelque chose. J'assemblerais les chambres et je le ferais admonester disciplinairement. »[376]

Par ailleurs[377] des décrets du 28 janvier et 3 février 1871 déclarent déchus de leur siège 15 magistrats, dont Devienne, pour avoir siégé aux commissions mixtes. Devienne se réfugie à Bruxelles puis à Bordeaux évitant ainsi le sort tragique de son remplaçant le président de la chambre des requêtes Bonjean fusillé comme otage par la Commune le 24 mai 1871. Hugo évoquera ce drame dans *l'Année terrible* : « *Il faut tuer Bonjean puisqu'on tua Duval* »[378].
Le 25 mars 1871, l'Assemblée nationale annule les précédents décrets comme contraires au principe de l'inamovibilité.
À l'audience disciplinaire du 21 juillet 1871 le procureur général Renouard soutient : « *qu'en consentant à intervenir pour aider à l'apaisement de douleurs intérieures de famille ayant pour cause une liaison coupable, et pour éviter l'éclat et le trouble d'un scandale public, M. Devienne a obéi à un sentiment honorable et ne s'est en rien écarté des devoirs d'honnête homme* ».

---

[375] Le conseil supérieur de la magistrature : article 64 de la constitution de la Vème République.
« Le conseil supérieur de la magistrature fête ses 130 ans », D. 2013-1937.
[376] *Choses vues,* édition Hubert juin Folio, page 98 ; cité aussi à la date du 23 février 1848, page 267.
[377] V. *supra,* § 15.
[378] *L'Année terrible* annexe Poésie III. 181.

Par arrêt du 21 juillet 1871, sous la présidence de Hubert Legagneur, la cour[379], chambre réunies, constatant que le premier président Devienne accepte la compétence de la cour, décide que : « que *loin de compromettre la dignité du magistrat, il* (M. le premier président Devienne) *a accompli une bonne et honorable action* » *et* « *en adoptant, au fond, ceux donnés par M. le procureur général dans le réquisitoire* déclare *qu'il n'y a lieu à exercer contre M. le premier président Devienne aucune poursuite disciplinaire, et autorise la publication du présent arrêt* » et en 1875 le garde des Sceaux Martel « *répondit à l'attente de la conscience publique en s'abstenant de conférer le titre de premier président honoraire à l'ancien procureur général de Bordeaux* » Devienne qui avait siégé à la commission mixte de la Gironde, comble de la disgrâce pour le premier magistrat de France[380].

56

3°/ Delangle et la guerre des moustaches judiciaires

(arrêt du 6 août 1844 de la Cour de Cassation. Président : Zangiacomi (*père*) Ministère public : Delangle)

Avec Troplong, Delangle est une des cibles privilégiées de Victor Hugo. Il se dit « *Ivre et ravi du bonheur de* (...) *faire à Delangle une sauce De Mongis infusé dans Partarieu-Lafosse* »[381]. Puis c'est un déluge de méchancetés :

« *Valsez, Billault, Parieu, Drouyn, Lebœuf, Delangle* »[382], « *La bassesse, Signe Rouher avec Delangle pour greffier* »[383],

« *Ils tremblent, ces coquins, sous leur nom accablant ;*
Ils ont peur pour leur tête infâme, ou font semblant ;
Mais, marauds, ce serait déshonorer la Grève ! (...)
Quoi, grand Dieu, (...)
Traiter le sieur Delangle ainsi qu'André Chénier ! »[384]

---

[379] *Gazette des tribunaux* 26 juillet 1871 :
http://www.enap.justice.fr/ARCHIVE/18710726.pdf
Histoire de la magistrature Rousselet précité tome II, page 169 ; rapporteur Georges Louis Mercier qui succèdera à Devienne le 10 mars 1877.

[380] *Juges et notables au XIXème siècle,* précité, page 278.

[381] « Croyez-vous qu'aujourd'hui », Chantiers 68.

[382] « Eblouissements », Poésie II. 147.

[383] « Splendeurs », Poésie II 74.

[384] « La Caravane », Poésie II. 186.

« *Allez donc demander à Delangle, à Rouland,*
À Bellart, si l'on voit ses victimes en rêve.[385]
« *Qu'importe que Rouher sur le Pont-Neuf se carre,*
Que Baroche et Delangle, en quittant leur simarre,
Prennent des tabliers,
Qu'ils s'offrent pour trois sous, oubliés quoique infâmes,
Et qu'ils aillent, après avoir sali leurs âmes,
Nettoyer vos souliers ! »[386]
« *Les voilà tous, Magnan, puis Delangle, Espinasse,*
Puis Troplong, ce qui rampe avec ce qui menace »[387]
« *Es-tu si peu sagace Que de vouloir trouver (...) Un cœur dans mons*[388] *Delangle* »[389]
« *Monsieur Troplong, monsieur Delangle,*
Cuistres de Guillotin (...) Poussahs de la justice... »[390]
« *Jésus Christ (...) voyait la justice autrement que Delangle* »[391].

Claude Alphonse Delangle fait partie de ces bâtonniers accédant directement à des postes de la haute magistrature du parquet, puisqu'il est nommé avocat général près la Cour de cassation le 5 août 1840[392].
Révoqué de sa fonction de procureur général près la cour de Paris le 24 février 1848[393] il est réintégré comme procureur général près la Cour de cassation le 30 janvier 1852. Sa fidélité au prince président puis à l'empereur explique ces avancements fulgurants... et le mépris de Hugo.
L'on peut remarquer que le déroulement de sa carrière démontre que, dans le corps judiciaire, la fonction du siège demeure encore plus prestigieuse que celle du parquet, puisque Delangle préférera celle de premier président de la cour de Paris le 30 décembre 1853, à celle de procureur général près la Cour de cassation.

---

[385] « Suite » *de Châtiments*, « Conseils aux jeunes magistrats », Chantiers 216,
[386] *Châtiments,* Poésie II. 117.
[387] *La Légende des siècles,* « La colère du bronze », Poésie III. 493.
[388] « *Abréviation de Monsieur ou de Monseigneur* ». *Encyclopédie Larousse du XIXème siècle.* Le dictionnaire *Littré* (1878) donc postérieur d'une trentaine d'années au volume 11 du *Larousse* donne un sens un peu modifié : « *abréviation du mot monsieur qui est familière ou méprisante. Il avait un sens sérieux lorsque les rois parlaient aux évêques et archevêques. Ils ne leur disaient ni monsieur ni monseigneur* ». Le *dictionnaire Gilles Ménage* (1750) donne le même sens que le *Larousse*. Le mot commence donc à prendre un sens méprisant, au moment ou Hugo l'emploie.
[389] « Ah ça ! tu ne sais pas ce que c'est que les juges ! », Chantiers. 219.
[390] *Les années funestes*, « Lesurques », Poésie IV. 767.
[391] *Toute la Lyre*, « La question sociale », Poésie IV. 548.
[392] V. *supra,* § 17.
[393] V. *supra,* § 14.

Quoiqu'il en soit Delangle participa activement à la guerre des moustaches judiciaires.
L'ordonnance de François Ier de 1540 faisait défense aux gens de justice de « *porter barbes* ». Mais les magistrats suivent la mode, certes avec retard, mais ils la suivent. Et la mode est fixée par le souverain. Henri II porte la barbe…les magistrats aussi. Et La Roche Flavin explique « *anciennement les présidens et conseilliers, comme faisaient bien aussi les Roys et preque tous portaient la raze et la chevelure longue couvrant les oreilles… mais depuis cinquante ans on fait le contraire…car il vrai que la barbe apporte la gravité* »[394]… à condition qu'elle ne soit pas trop longue, car « *si elle est trop longue elle préjudicie à la santé, rendant les personnes tristes et mélancoliques* ».
Louis XIV vieillissant se fait couper la moustache et depuis cette époque les magistrats portent la face rasée.
En 1844, trois avocats barbus et moustachus se présentent à la barre du tribunal d'Ambert. Le président, voyant dans cette tenue un travestissement indigne des égards dus à la justice, invita les avocats à faire raser leur moustache, tout en tolérant la barbe. Malgré l'intervention du bâtonnier, les trois avocats se présentèrent à l'audience du 30 avril 1844 avec leurs moustaches. Le tribunal se fondant « *sur les usages suivis sans interruption depuis Louis XIV au barreau et dans la magistrature …considérant que ces faits constituaient une atteinte à la dignité de la justice et un manque de respect envers les magistrats faisaient défense aux intéressés de se présenter à l'avenir aux bancs de la défense en moustaches* » et les condamnaient à la censure simple. Les trois avocats formaient un pourvoi.
Sur réquisitions de l'avocat général Delangle la Cour de cassation présidée par le baron Zangiacomi, rejeta le pourvoi par arrêt du 6 août 1844[395].

Le 17 juillet 1860 le procureur général près la cour impériale de Paris, Chaix d'Est Ange, celui qui a laissé à son fils la défense de Baudelaire, écrit au procureur de Rambouillet : « *j'ai pris connaissance de la lettre du sieur Emé greffier du tribunal de simple police de Dourdan qui demande à être autorisé à porter toute sa barbe y compris la moustache. Je vous prie d'écrire au juge de paix que comme mesure de police d'audience il a eu raison d'inviter ce greffier à se conformer à l'usage généralement suivi* »[396].

---

394 *Des Parlements de France,* 1617, La Roche Flavin, page 458.
395 Cass. req., 6 août 1844, S. 1844, I, 577 (affaire du barreau d'Ambert), GP 14 au 16 mars 2004, page 2, Jérôme Julien ; *Les habits du pouvoir : la justice*, de Jacques Boedels, Antébi, 1992, page 193.
396 Rousselet, tome 1, page 348.

Nommé premier président de la cour de Paris, Delangle fait retarder le serment d'un jeune stagiaire qui ose se présenter en moustache chez son concierge pour y déposer sa carte de visite[397].
Mais la mode des favoris apparaît, et « *on peut même soutenir qu'à la fin du second empire et au début de la IIIème république les magistrats portèrent tous, comme signe distinctif de leurs fonctions, des favoris s'arrêtant à la limite du menton. Les avocats firent de même, y trouvant une sorte de dignité extérieure* »[398]. La guerre des moustaches était terminée.
De telles discussions peuvent apparaître particulièrement futiles. Futiles ? Le juge d'aujourd'hui se doit d'être impartial, mais ne doit-il pas aussi apparaître impartial aux yeux du justiciable ?[399] Et l'apparence n'a-t-elle aucune influence sur cette impartialité ?

57

4°/ Franck-Carré et la danse ou le quadrille de l'impératrice

(*Legagneur* ; *Frank-Carré* ; *Boucly* ; *Glandaz* ; *Nouguier* ; *Partarieu-Lafosse*)

Au XVIème siècle la Mercuriale du Parlement de Toulouse interdisait aux Conseillers « *d'aller et fréquenter les bals et danses publiques, si ce n'est aux fiançailles, ou noces de leurs parents, alliés ou amis et y étant appelés et conviés* »[400]. La Bruyère le rappellera un peu plus tard : « *L'homme de robe ne saurait guère danser au bal, paraître aux théâtres, renoncer aux habits simples et modestes, sans consentir à son propre avilissement* »[401]. En 1853, la règle n'a pas changé ; elle allait pourtant être violée par Franck-Carré sur instruction du pouvoir impérial.
Hugo et Franck-Carré, alors premier président de la cour de Rouen, se sont rencontrés à la chambre des Pairs. « *On discute à la Chambre des pairs une loi assez mauvaise sur le remplacement militaire. Je disais au président Franck-Carré assis à côté de moi : — C'est la lutte du courage civil et de la poltronnerie militaire. L'article a été adopté.* »[402]
En 8 août 1840, le procureur général près la cour d'appel de Douai, Legagneur, fait arrêter Louis Bonaparte qui tentait un coup d'État

---

[397] *La justice au XIXème siècle - Les magistrats*- Jean-Louis Debré librairie académique Perrin 1981, page 194.
[398] Jacques Boedels précité, page 193.
[399] Sur l'impartialité du juge aujourd'hui : *Procédure civile*, S. Amrani Mekki et Y. Strickler, Thémis, 2014, 397.
[400] *Des Parlements de France* 1617, La Roche Flavin, page 513 : gallica.bnf.fr/ark:/12148/btv1b8626756r/f513.item.zoom
[401] La Bruyère *Les Caractères*. De quelques usages. La Pléiade 1951, 47, page 420.
[402] *Choses vues 1847-1848* Edition Hubert juin Folio, page 81 : 23 avril 1847.

à Boulogne[403], et devant la cour des pairs le procureur général Frank-Carré s'adressant à l'accusé aura ces mots que retiendra l'histoire : « *L'épée d'Austerlitz est trop lourde pour vos mains débiles...* ».
Un an après, le 23 septembre 1841[404], dans une banale et habituelle affaire d'offense au roi, la cour d'assises de la Seine, présidée par Ferey, acquitte le gérant du journal *le National*. Cette courageuse décision ne convient pas au pouvoir. Guizot véritable tête pensante du président du conseil le Maréchal Soult, sanctionne le procureur général Franck-Carré qui avait « *manqué de vigueur* » et le nomme premier président de la cour d'appel de Rouen[405]. En 1853, Napoléon III en visite à Dieppe fait inviter, par un de ses chambellans, le premier président Franck-Carré à faire partie du quadrille de l'impératrice. « *Quoiqu'il eut protesté de son inexpérience dans l'art du Terpsichore,* » il dut danser face à la femme de celui qu'il avait fait condamner 12 ans auparavant.
La carrière des magistrats qui avaient participé au procès de Louis Bonaparte ne sera pas entravée.
Franck-Carré premier président de la cour de Rouen prendra sa retraite en 1861.
Hubert Michel fortuné Legagneur premier président de la cour de Grenoble en 1840, sera nommé au même poste à Toulouse en 1843, conseiller à la Cour de cassation en 1847 et président de chambre à la Cour de cassation en 1868 avant de prendre sa retraite en 1872.
Le substitut général Justin Antoine Glandaz de l'affaire *Boustrapa*, l'avocat général de l'affaire Teste-Cubières, devenu conseiller à la Cour de cassation le 10 juillet 1849, sera nommé président de la haute cour de justice siégeant à Tours en 1870 et terminera sa carrière en1875.
Pierre, Charles Nouguier, conseiller à la Cour de cassation depuis 1851, décédera en fonction en 1868.
Partarieu Lafosse, l'avocat général qui, dans l'affaire du *National,* avait soutenu l'accusation sera nommé conseiller à la cour royale de Paris le 18 octobre 1841, deviendra président de chambre à la cour de Paris le 8 octobre 1856, et décédera en fonction le 29 septembre 1862.

---

403 V. *supra,* § 51.
404 *Gazette des tribunaux* 24 septembre 1841 :
http://data.decalog.net/enap1/liens/Gazette/ENAP_GAZETTE_TRIBUNAUX_18410924.pdf
405 *La justice au XIXème siècle - Les magistrats* Jean-Louis Debré, page 104. Il est cependant nommé à la chambre des Pairs le 26 décembre 1841

58

C/ Des lâchetés de juges

1°/ Lâcheté de Dupin

André Marie Jean Jacques Dupin, dit « *Dupin aîné* », pour le distinguer de ses deux frères Charles[406] et Philippe[407], « *l'homme aux gros souliers* » était « *petit et corpulent* ...avec *des formes rien moins que sculpturales* » et une tête « *laide* »[408]. Il devient vite un avocat célèbre après les affaires *Ney*, *Béranger*, des *Quatre sergents de la Rochelle* et du *Constitutionnel*[409]. Selon Hugo, il représente « *la bourgeoisie avocassière* »[410].
Delangle, dans son discours d'installation à la Cour de cassation, rappellera les qualités de son prédécesseur, avocat comme lui : « *Il n'allait jamais à l'audience sans avoir épuisé les recherches de tous genres, interrogé les textes du droit, compulsé les auteurs, vérifié les arrêts, médité longuement sur le côté moral que présentait la cause à plaider... ses notes étaient un traité sur la matière.* »[411] Député en 1827, bâtonnier de Paris en 1829, ami de Louis Philippe, rapporteur de la Charte de 1830, il fit inscrire dans celle-ci le principe de l'inamovibilité des juges du siège. Il adorait les bons mots et ses répliques brillaient peu par leur courtoisie. Sa parole était incisive, rude, ses railleries peu élégantes, son ton plus rustique que parlementaire. À la révolution de 1848, il présente le comte de Paris à l'Assemblée nationale. L'assemblée s'y oppose. Dupin devient député républicain de la Nièvre[412] et accède à la présidence[413] de l'assemblée le 1er juin 1849. Procureur général près la Cour de cassation[414], il fait proclamer que la justice sera rendue *au nom du peuple français*. En avril 1851 il démissionne de la présidence à laquelle il est rappelé par 350 voix sur 478. À un comice agricole de la Nièvre, fin 1851, il déclare : « *un gouvernement précaire, un gouvernement à courte échéance (...) ne peut avoir par la résistance et l'action la suite et le nerf d'un gouvernement incontesté et solidement établi* »[415]. Dupin est désormais du côté de ceux qui avaient condamnés la république. Le 2 décembre un simple chef de bataillon se présente

---

406 Brillant polytechnicien et mathématicien.
407 Avocat également célèbre
408 *GL XIX.*
409 § 46, 47, 48, 50.
410 *Choses vues* 1847- 1848 édition d'Hubert juin Gallimard 1972, page 50.
411 *GL XIX.*
412 « *-pourquoi changer ton nom Dupin ?/-Nommez moi Dupin de la Nièvre/-Pourtant tu rimais à lapin./-Oui, mais je veux rimer à lièvre* » Chantiers.112
413 Avec pour vice-présidents notamment Baroche et de Tocqueville.
414 Depuis le 17 août 1830.
415 *GL XIX.*

à l'assemblée pour y arrêter ses membres. Dupin dort dans sa chambre. Quelques députés le réveillent et lui demandent d'intervenir, puisque de par l'article 68 de la constitution « *le pouvoir exécutif passe de plein droit à l'Assemblée nationale* », dont il est le président.
« *Messieurs*, dit-il, *il est évident qu'on viole la constitution. Le droit est de notre coté ; mais comme nous ne sommes pas les plus forts, je vous invite à vous retirer (...) j'ai bien l'honneur de vous saluer…* »
Victor Hugo confirme le déroulement de ces faits, dans *Histoire d'un crime*[416] et dans le chapitre IX « Une fin pire qu'une mort » il laisse éclater son mépris : Dupin « *qui avait porté trois ans ce titre auguste : Président de l'Assemblée nationale de France ... n'avait su être que le domestique de la majorité. Il trouva moyen à sa dernière heure de descendre encore plus bas qu'on ne l'aurait cru possible, même à lui. Sa carrière à l'Assemblée avait été d'un valet, sa fin fut d'un laquais* ».
Il confirmera son mépris dans Les *Châtiments :* Les députés avaient élu « *le plus lâche* (...) *ils choisirent Dupin* », et dans la Suite des *Châtiments* :
« *C'est une canaille affreuse que Dupin,*
Mais du moins il avait de l'esprit...Gai Scapin,
Il trouvait le moyen de courber dos et tête
Sous le bâton, et d'être abject, sans être bête,
Tandis que ce Troplong, ver du code civil,
Est énormément sot tout en étant très vil »[417].
Dupin, « *inébranlable comme un roc, resta tranquillement sur son siège de procureur général. Un moment il faillit se montrer honnête homme. Louis Philippe l'avait désigné comme son exécuteur testamentaire. Or on sait de quelle façon fut spoliée la famille d'Orléans. En présence de l'indignation commune que souleva cette mesure le procureur général retrouva un semblant de pudeur* et démissionna[418] le 30 janvier 1852. »
« *Tiens, dit Arago, est-ce que vous allez à l'Élysée ? M. Dupin répondit :*
— Je ne vais jamais au b... Il y alla. M. Dupin, on s'en souvient, fut nommé procureur général près la Cour de cassation »[419].
Effectivement, Dupin redevient, procureur général près la Cour de cassation le 23 novembre 1857. Lorsqu'il reçoit son serment, l'empereur lui dit : « *Je suis bien aise M. Dupin que vous ayez désiré reprendre vos fonctions. Sire* répondit-il *quand on a vécu dans la magistrature, on veut y mourir* ».
Quant à la *petite presse* elle fit un portrait mordant de ce caméléon politique :
« *Pour reprendre son siège il n'est pas indécis,*

---

416 Histoire. 190, 191.
417 *Les Châtiments*, « L'autre président », Poésie II. 50 et 98. Suite des *Châtiments*, Chantiers. 226.
418 *GL XIX*. Il convient de rappeler que l'on pouvait être un magistrat-député § 22.
419 *Histoire d'un crime* Histoire. 398.

À soixante quinze ans, c'est bien Dupin rassis
Dupin voulant rester au palais de justice
Se vendra désormais comme pain d'épices /
D'un citoyen, d'un homme, il n'est qu'un faux semblant
Il fut gris, il fut rouge ; il serait Dupin blanc... »[420].

59

2°/ Lâcheté des membres de la Haute Cour[421] de justice

(*Hardoin, Pataille, Moreau, Delapalme, Cauchy, Grandet et Quesnault*)

La haute cour de justice prévue par l'article 68 de la constitution de 1848, est en 1851 présidée par Hardoin et composée en outre de, *Pataille, Moreau, Delapalme, Cauchy, Grandet et Quesnault,* ces deux derniers étant suppléants.

Louis Eugène Hardoin succède à son père comme conseiller à la Cour de Paris en 1821. Il devient président de chambre à la même cour en 1834 et conseiller à la Cour de cassation le 17 mars 1842. Il ne laissera son nom attaché, qu'à l'affaire Louvel, puisqu'il présidait la cour d'assises ayant condamné à mort le meurtrier de deux enfants le 24 février 1825[422], et à la haute cour de justice de Bourges, dans laquelle il siégeait en 1849[423]. Il prendra sa retraite en 1864 et décédera le 21 décembre 1870. Le *Grand dictionnaire universel Larousse du XIXème siècle* l'ignore, y compris dans les deux suppléments, comme il ignore d'ailleurs Jacques, Joseph Grandet président de chambre à la cour de Paris depuis le 11 septembre 1847 et qui devient conseiller à la Cour de cassation le 21 juillet 1849. Il ne fait pas non plus état d'Auguste Jean Moreau, président de chambre à la cour de Paris depuis 1842, qui devient conseiller à la Cour de cassation le 27 décembre 1848.

Hippolyte Quénault, avocat en 1816, achète en 1829 une charge d'avocat à la Cour de cassation, avant d'entrer dans la magistrature, et devenir conseiller à la Cour de cassation le 28 novembre 1849.

Emile Delapalme devient conseiller à la Cour de cassation le 23 mai 1847 après avoir effectué toute sa carrière au parquet. Substitut général près la cour de Paris, il a été le ministère public dans l'affaire Claude Gueux jugée en 1832[424]. Il emploiera ses loisirs à la rédaction d'ouvrages d'enseignement primaire.

---

420 *GL XIX.*

421 *Histoire d'un crime*, Histoire. 193.

422 V. *supra,* § 45.

423 V. *infra,* § 89.

424 *Gazette des tribunaux* 19 mars 1832 :
http://data.decalog.net/enap1/liens/Gazette/ENAP_GAZETTE_TRIBUNAUX_18320319.pdf

Alexandre Cauchy, conseiller à la Cour de cassation depuis le 6 janvier 1849, est le frère de l'archiviste de la chambre des pairs, et d'Augustin un célèbre mathématicien...

Dans *Histoire d'un crime*[425] Hugo décrit avec minutie les journées des 2 et 3 décembre 1851, et reproduit dans *Napoléon le petit*[426] l'article 68 de la constitution de 1848 : « ... *Toute mesure par laquelle le président de la République dissout l'Assemblée nationale, la proroge ou met obstacle à l'exercice de son mandat, est un crime de haute trahison. Par ce seul fait, le président est déchu de ses fonctions ; ... Les juges de la Haute Cour de justice se réunissent immédiatement à peine de forfaiture : ils convoquent les jurés dans le lieu qu'ils désignent, pour procéder au jugement du président et de ses complices ; ils nomment eux-mêmes les magistrats chargés de remplir les fonctions du ministère public* ». Le 20 décembre 1848 Louis Napoléon Bonaparte déclare à l'Assemblée « ... *le serment que je viens de prêter commandent ma conduite future. Mon devoir est tracé. Je le remplirai en homme d'honneur.* »

Le 2 décembre 1851 des affiches couvrent les murs de Paris reproduisant le décret présidentiel du même jour selon lequel « *L'Assemblée nationale est dissoute* ». Au palais de justice de Paris le commissaire de police de l'Arsenal cherche la Haute cour de justice puisqu'il a le matin même reçu l'ordre du préfet Maupas d'en arrêter les membres.

Les « *sept juges...* [de cette Haute Cour] *Hardoin, Pataille, Moreau, Delapalme, Cauchy, Grandet et Quesnault, les deux derniers suppléants* » sont effectivement arrivés au Palais de justice de Paris, vers 11 heures du matin. Ces hommes « *effarés, désorientés, hochant la tête, parlant bas, tremblants, effrayés, obéissants* », sans avoir revêtu leur costume d'audience rendent alors « *un arrêt, chef d'œuvre du genre oblique* », un arrêt « *qui n'en est pas un, un de ces arrêts qui n'engagent pas, où l'on met tout au conditionnel, où l'on incrimine personne et où l'on ne qualifie rien, des espèces d'interlocutoires qui permettent d'attendre et de voir venir* ». Cet arrêt : « *Déclare la haute cour de justice constituée...s'ajourne à demain trois décembre heure de midi.* »

« *Si cette cour, appelée haute,* commente Hugo, *eût été de tempérament à (...) faire son devoir, une fois réunie, se constituer était une affaire de quelques minutes ; elle eût procédé résolument et rapidement, elle eût nommé comme procureur général quelque homme énergique comme (...) Freslon (...) elle eût rendu un arrêt qualifiant le crime, lancé contre le président et ses complices un décret de prise de corps (...) descendre dans la rue et y proclamer à la face du peuple son arrêt (...) elle devait siéger en costume (...), dans un prétoire, avec tout l'appareil de la magistrature* ».

---

[425] Histoire. 193 et s.

[426] Histoire. 6.

Le 5 avril 1852[427] aux Tuileries, tous ces hommes en robe rouge, se courbent jusqu'au sol devant cet homme en habit noir, M. Bonaparte, et lui prêtent serment.
L'on comprend mieux, ce vers des *Châtiments :*
« *Quand à la lâcheté c'est Hardoin qu'on la nomme* »[428], et cette reconnaissance : « *Saluons ce nom en passant. M. Freslon (...) s'est honoré par une démission loyale en présence du crime de décembre. Chose qui serre le cœur, il est dans toute la haute magistrature de France le seul homme qui ait reculé devant cette flétrissante complicité* »[429].

60
3°/ Devienne et l'expulsion du territoire du juge Cellerier par la commission mixte le 27 mars 1852 (Devienne, Troplong)

En 1852, Devienne, bien en cour est « *amené à rédiger une consultation au ministre de la Justice, dont les propositions seront suivies, à propos de l'affaire de l'expulsion du territoire français des magistrats inamovibles, à la suite des sentences des commissions mixtes* »[430]. Le 3 février 1852, une simple circulaire[431] créé les *commissions mixtes*, sorte de « *tribunal mixte* » départemental composées du préfet, du procureur général et de l'officier commandant les troupes du département chargées de sanctionner les opposants réels ou supposés au coup d'État du 2 décembre. Sur les 25 000 victimes une dizaine de magistrats ayant participé à la résistance du coup d'État, dont un juge du siège, Charles Cellerier.
Propriétaire aisé, Charles Cellerier, juge au tribunal de première instance à Lesparre du Médoc depuis 10 ans, est séduit par les aspirations sociales de la révolution de février. Selon Devienne, le procureur général près la cour de Bordeaux, Cellerier « *prenait le parti des inculpés politiques contre les gendarmes, au milieu des terreurs véritables qu'inspirait l'approche de 1852 et il était reconnu comme chef et protecteur de toutes les passions anarchiques de l'endroit* »[432]. Théoriquement protégé par son inamovibilité, Cellerier, est pourtant condamné à l'expulsion du territoire, « *sa présence sur le siège du tribunal* étant *un scandale public* ». Le 27 mars 1852, le proscrit prend le chemin de la Belgique.

---

427 *Napoléon le petit,* Histoire. 119.
428 *Châtiments,* « Splendeurs », Poésie II. 73.
429 *Histoire d'un crime,* Histoire. 201 et 1403.
430 *Juges et notables au XIXème siècle*, Jean-Pierre Royer, Renée Martinage, Pierre Lecocq, PUF 1982, page 262.
431 V. *supra,* § 15.
La loi constitutionnelle du 14 décembre 1852 validera cette création.
432 *Juges et notables au XIXème siècle*, Jean-Pierre Royer, Renée Martinage, Pierre Lecocq, PUF 1982, page 84.

L'argumentation casuiste de Devienne est un remarquable exemple de subordination au pouvoir exécutif : L'inamovibilité est un principe respectable ; mais par son action Cellerier a porté atteinte à la propriété et à la liberté. Ce n'est pas la proposition de la commission mixte[433] tendant au bannissement qui a porté atteinte à cette inamovibilité mais le décret qui a banni le juge et lui a retiré ses fonctions. Dès lors « *pour reconnaître que celui auquel la fonction a été enlevée est resté magistrat, il faudrait reconnaître l'inconstitutionnalité ou le vice du décret qui l'a frappé* ».
Devienne exclut tout contrôle d'une juridiction : « *soumettre la décision dictatoriale à un tribunal* (...) serait *compromettre complètement l'autorité qui a sanctionné la mesure* (...) ce serait *discréditer* (...) *toutes les décisions politiques* » ajoutant qu'un contrôle de constitutionnalité est exercé par le sénat.
Troplong, sénateur depuis janvier 1852, précisera avoir instruit le dossier, et ajoute que les arguments de Devienne « *sont si bons qu'il y a lieu de le* [le dossier] *classer* ». La même année, le 18 décembre 1852 Troplong devient premier président de la Cour de cassation.
Devienne sera procureur général près la cour de Lyon le 30 décembre 1852, puis premier président de la cour d'appel de Paris le 23 juin 1858. C'est en cette qualité qu'il favorisera l'avancement de Dupaty[434] président de la 6ème chambre correctionnelle du tribunal de la Seine qui le 20 juin 1857 avait

---

[433] « Les commissions mixtes », *Châtiments,* Poésie II. 91.

[434] Ce Dupaty est Jules Charles Emmanuel Mercier Dupaty_substitut à Reims en 1832, au tribunal de la Seine en 1841, nommé juge au dit tribunal le 11 mars 1852. Selon Marcel Rousselet (« *Histoire de la magistrature française* », Plon, 1957, page 140) il aurait été nommé à la cour impériale le 15 octobre 1866, pour avoir selon les chefs de cour « *montré du dévouement politique dans une circonstance que le Ministre n'avait pas oubliée* »). M. Jean-Claude Farcy auteur de *l'annuaire rétrospectif de la magistrature* « *doute que ce Dupaty (Mercier Dupaty donc) ait été promu à la cour impériale de Paris en 1866 comme l'écrit M. Rousselet*, puisqu'il n'en a *pas trouvé mention,* ni *lors de l'élaboration de l'annuaire (en partie réalisé à l'aide des fiches de carrière et registres de nomination),* ni *en consultant l'Almanach impérial de 1867 et 1868 (sur Gallica*). »
Jules Mercier Dupaty est le fils de Emmanuel Louis Félicité Charles Mercier Dupaty (1775-1852), auteur et chansonnier, élu à l'Académie Française en 1836 contre Victor Hugo, à qui il avait adressé ces vers : « *Avant vous je monte à l'autel, ... Mon âge seul peut y prétendre... Déjà vous êtes immortel... Et vous avez le temps d'attendre » (« Olympio ou la vie de Victor Hugo* », André Maurois, Hachette, 1954, page 261 ; « *Une histoire des haines d'écrivains* », Anne Boquel et Etienne Kern, Flammarion, 2009, page 149) ; ce à quoi Hugo avait répondu : « *je croyais qu'on allait à l'Académie par le pont des Arts ; je me trompais, on y va, à ce qu'il paraît, par le pont Neuf* ». On appelait à l'époque « *ponts-neufs* » des chansons populaires.

condamné Charles Baudelaire[435]. Nommé premier président de la cour cassation le 8 mars 1869, en remplacement de Troplong, il sera déchu et exclu de la magistrature, le 28 janvier 1871, puis réintégré le 25 mars 1871, jusqu'à sa retraite le 8 mars 1877.
Cellerier quant à lui, sera gracié le 16 février 1853. Quelques jours après la révolution du 4 septembre 1870, le 9 septembre il écrit à Crémieux[436] : « *Par décision de la commission mixte dont a été membre Monsieur Devienne, je fus arraché violemment de mon siège et jeté dans l'exil. Ne serait-ce pas un grand acte de moralité publique que de réparer cette grande iniquité et cette odieuse violation du droit ?* »
Crémieux fait droit à sa demande et le lendemain 10 septembre 1870, le nomme Procureur général près la cour de Bordeaux, au poste qu'avait occupé Devienne en 1852. Quatre mois après, le 31 janvier 1871, Cellerier est nommé premier président de la même cour à la place de Charles Raoul Duval révoqué 3 jours plus tôt, le 28 janvier 1871. Duval avait en effet en 1852 alors qu'il était procureur général à Bordeaux, accablé Cellerier.
Tout n'était pas terminé puisque par la loi du 25 mars 1871, Duval était réintégré premier président, et Cellerier redevenait procureur général le 30 mars 1871. Le 8 avril 1871 Duval écrira au garde des Sceaux : « *Il ne me semblerait pas de bon goût de présider moi-même l'audience à laquelle Monsieur Cellerier sera reconnu et installé procureur général…* »

61

4°/ Séguier, Persil, et l'affaire Gaillard ou des trois Glorieuses[437]

Dans cette affaire interviennent Séguier dont nous avons parlé[438] et Persil.
« *Sachons dire : Lebœuf[439] est grand, Persil est beau / Et laissons la pudeur au fond du lavabo.* »[440]
« *Toi, Persil –Guillotine au profil de couteau / Ours que Boustrapa montre et qu'il tient par la sangle.* »[441] « *Persil (...) au meurtre ajoutant* son *paraphe* »[442].

---

[435] « *Affaire Ministère public contre Baudelaire* », Marcel Foulon, Annales de la faculté de droit et science politique de Nice, 2015. 69.
[436] Adolphe Crémieux, ministre de la justice, qui avait été l'avocat de Erdan dans l'affaire de Montcharmont.
[437] 27, 28 et 29 juillet 1830.
[438] V. *supra,* § 53.
[439] Toujours ainsi orthographié par Hugo. Il s'agit de Lebeuf (1809-1888) qui prépara le désastre de 1870.
[440] *Châtiments*, Poésie II. 159 « A Juvénal ».
[441] *Châtiments*, poésie II. 147 « Eblouissements ».
[442] *Châtiments*, « On loge à la nuit » Poésie II. 104.

Né en 1786 Jean Charles Persil ne parvient pas à accéder à la fonction de professeur de droit et devient avocat après un an de droit à Paris en 1804. Député libéral en 1830[443], il est nommé directement procureur général près la cour royale de Paris le 29 septembre 1830.

Le 27 juillet 1830 le journal *le National* publie une protestation de 44 écrivains contre les 6 ordonnances dites de Saint Cloud, de Charles X, remettant en causes les dernières élections défavorables au régime, suspendant notamment la liberté de la presse et organisant de nouvelles élections. Le soir, même le procureur du Roi, Billot vient chez le juge d'instruction chargé des affaires politiques, Camille Gaillard, requérir des mandats contre les signataires de la protestation et de l'imprimeur. Il les obtient. Mais elles ne peuvent être exécutées, puisque l'émeute née la veille, s'est transformée en révolution. Le pouvoir a changé… Persil, avocat, qui vient d'être nommé procureur général près la cour royale de Paris, traduit le juge et le procureur devant la chambre des mises en accusation. Il tient à l'audience le siège du ministère public. « *La patrie serait menacée, la magistrature déshonorée si la chambre d'accusation ne déployait la plus juste et la plus prompte sévérité contre deux hommes qui par l'abus le plus criminel de leur autorité se rendent coupables d'un aussi grave attentat.* »[444] Le premier président Séguier, décide de présider personnellement l'audience et devient violent lors du délibéré : « *Le juge d'instruction et le procureur du Roi, par leur conduite liberticide ont fait ce qui était en eux pour paralyser l'élan patriotique de ces honorables écrivains, à qui nous devons le succès des trois journées, puisqu'en sonnant le tocsin par leur protestation, ils ont réveillé le peuple (...) Ne laissons pas échapper, Messieurs, cette occasion de manifester notre adhésion à l'heureuse Révolution qui vient de s'opérer (...) je vote pour la mise en accusation.* »[445] Mais les conseillers résistent et dans un premier temps refusent la mise en accusation. Ils cèdent cependant un peu plus tard et acceptent la proposition de Séguier consistant à pousser Gaillard à la démission.

---

[443] V. *supra,* § 17.

[444] Baron Despatys, « *Magistrats et criminels d'après les mémoires de Gaillard ... conseiller en cassation* », Plon, 1913, page 352 :
http ://gallica.bnf.fr/ark :/12148/bpt6k58256626/f366.item.zoom

[445] Baron Despatys « *Magistrats et criminels d'après les mémoires de Gaillard ... conseiller en cassation* », Plon, 1913, page 353 :
http ://gallica. bnf. fr/ark :/12148/bpt6k58256626/f366.item.zoom

62

5°/ Persil et le procès de Chateaubriand

(Cour d'assises de la Seine du 27 février 1833 Président : *Dupuy*, assesseurs : *Crespin de la Rachée, Chaubry de Troncenord* ministère public : *Persil, Aylies*)

Après les trois Glorieuses, Charles X et sa famille, dont son fils Charles Ferdinand d'Artois, duc de Berry, et son épouse Marie Caroline de Bourbon-Siciles se réfugient à l'étranger. Dès 1832, la duchesse de Berry tente en vain de prendre le pouvoir pour mettre sur le trône son fils le Comte de Chambord, dit Henry V. Arrêtée le 8 novembre 1832 elle est détenue dans la citadelle de Blaye.

En 1833, au cours d'une réunion chez le Vicomte de Chateaubriand un discours est prononcé par un étudiant en droit Auguste Victor Thomas, qui lance aux invités : « *Henri V est votre roi* ». Ces paroles ne sont que la répétition de celles qui se trouvaient dans une brochure publiée antérieurement par M. de Chateaubriand, *Mémoire sur la captivité de Mme la duchesse de Berri.* Ces propos sont reproduits dans quatre journaux. Des poursuites pénales sont aussitôt engagées à l'encontre des journaux, de Thomas et de Chateaubriand, pour « *délit d'excitation à la haine et au mépris du gouvernement, d'attaque contre les droits que le Roi tient du vœu de la nation, de provocation, non suivie d'effet au renversement du gouvernement et d'offense envers la personne du Roi* ».

À l'audience de la cour d'assises de la Seine du 27 février 1833, c'est l'affluence. « *Pairs, députés, magistrats, fonctionnaires publics,* sont arrivés *dès le matin avec leurs familles ; la fleur de la légitimité, en un mot (...) M. de Chateaubriand arrive ; il sourit et salue avec aménité ceux qui se lèvent à son entrée et lui ouvrent avec peine une issue, pour qu'il arrive à sa place.* » Derrière le bureau d'audience s'installent, le président Dupuy et ses deux assesseurs, Crespin de la Rachée et Chaubry de Troncenord.

Le procureur général près la cour de Paris Persil prend la parole. À ses côtés, M. Aylies, substitut qui restera debout pendant tout le réquisitoire[446].

« *Il a fallu un ordre exprès de la justice, un arrêt formel de la Cour, pour nous déterminer à poursuivre l'illustre écrivain, le chrétien philosophe qui, pendant quarante ans, a fait la gloire littéraire de notre pays* », commence Persil. Puis il reproche à Berryer, avocat de l'accusé, de « *n'être là que pour sa popularité mais qu'il se garderait bien de se montrer au peuple car celui-ci le mettrait en pièces.* »

---

[446] Attitude conforme aux usages de l'ancien régime, aujourd'hui disparue.

La réplique de Berryer est immédiate et indignée :« *L'ai-je bien entendu ? Quoi ! Je suis dans le palais de Saint Louis qu'on appelait le grand justicier de son royaume. Nous avons, prétendez vous marché de siècles en siècles vers la justice et la liberté, et aujourd'hui, quand les hommes de conviction et d'honneur sont devant nous, vous, magistrat, vous vous levez et vous leur dites : descendez dans la rue, il y a des meurtriers pour vous répondre ! À ces mots la salle éclate en applaudissements et l'effet de cette apostrophe est si grande que Chateaubriand lorsque vient son tour, n'a plus grand chose à dire.* »[447]
Après quelques mots de Chateaubriand[448] et un délibéré de 2 heures trente, les accusés sont acquittés[449].
Persil restera procureur général jusqu'au 4 avril 1834. Le lendemain 5 avril il sera garde des Sceaux.
Il sera nommé à la chambre des Pairs en 1839, membre du Conseil d'État en 1852 et sénateur en 1864. Il décédera le 10 juillet 1870.

63
D / Hugo, juge, avocat, plaideur

Louis Philippe fut victime de six attentats. L'atteinte à la vie du roi relevait de la compétence de la chambre des pairs.
Le 28 juillet 1835 une explosion fait 18 morts et 22 blessés lors du passage du roi, laissant seulement une trace noire sur le visage du souverain. Joseph Fieschi est déclaré parricide et exécuté[450].
Le 25 juin 1836 Louis Alibaud tire à bout portant sur le roi ...et le rate. Il est condamné à la peine de parricide, et guillotiné le 11 juillet 1836.
Le 27 décembre 1836 Pierre François Meunier tire sur le roi. Il est condamné le 25 avril 1837 à la peine de parricide qui est commuée en déportation[451].
Le 15 octobre 1840 Prosper Marie Joseph Darmès tire sur le roi. Le 11 mai 1841 il est condamné à la peine de parricide[452] et exécuté le 29 mai 1841.
Le 16 avril 1846 Pierre Lecomte tire sur le roi.

---

447 *Chateaubriand,* Ghislain de Diesbach, Perrin 1995, page 486.
448 *Les mémoires d'Outre Tombe* « Mon procès » Livre 36 chapitre 26.
449 *Gazette des tribunaux* 28 février 1833 :
http://data.decalog.net/enap1/liens/Gazette/ENAP_GAZETTE_TRIBUNAUX_1833 0228.pdf
450 Sur le parricide v. *supra,* § 24.
Condamné le 16 janvier 1836 ; Le commissaire est le comte Portalis. Le ministère public est représenté par Martin du nord et Franck-Carré avocat général près la cour royale de Paris. On voit apparaître le nom de Zangiacomi, juge d'instruction. Il s'agit du fils, Prosper Marie Joseph.
451 Il sera exilé aux Etats Unis. Le ministère public est représenté par Franck-Carré.
452 Le ministère public est représenté par Franck-Carré.

Le 29 juillet 1846 Joseph Henri tire sur le roi.
En qualité de pair de France[453], Hugo connaît de ces deux derniers attentats. Il rencontre à ces occasions de nombreux magistrats également pairs de France, dont il parle à plusieurs reprises dans son œuvre : Troplong, Legagneur, Barthe, Portalis, Franck-Carré, Persil, Crouseilhes, Séguier, Rousselin, Cauchy, Renouard, Boullet, Laplagne-Barris ... Il y rencontre également Delangle et Glandaz ministère public de la chambre des pairs, dans l'affaire Teste-Cubières, Hébert et Bresson dans l'affaire Henry, Baroche bâtonnier du barreau de Paris, avocat de Cubières, et de Henry.

64

1°/ L'affaire *Pierre Lecomte*

(arrêt de la cour des pairs du 5 juin 1846. Instruction : *Frank Carré.* Ministère public : *Hébert*)

Le 16 avril 1846, le Roi quitte le palais de Fontainebleau pour se promener dans la forêt. Deux coups de feu successifs se font entendre. Un homme est immédiatement arrêté. Il se nomme Pierre Lecomte, ancien garde général des forêts de la couronne à Fontainebleau.
Paul Carré dit Franck-Carré, pair de France depuis le 26 décembre 1841, commissaire délégué par le président, établit le rapport d'instruction qu'il lit à l'audience du 27 mai 1846 et Hébert[454], procureur général près la cour de Paris prend ses réquisitions à l'audience du 5 juin 1846. Par arrêt du même jour[455] la cour condamne Lecomte à la « *peine des parricides, ordonne qu'il soit conduit sur le lieu de l'exécution en chemise, nu pieds, et la tête couverte d'un voile noir, qu'il soit exposé sur l'échafaud pendant qu'un huissier fera au peuple lecture de l'arrêt de condamnation et qu'il sera immédiatement exécuté à mort* ». Sur 232 votants seulement 3, dont Hugo, sont favorables à la détention perpétuelle. Hugo s'en explique : « ... *je répugne aux peines irréparables ; dans le cas particulier je ne les admets pas...* » ; il compare ensuite l'action, c'est-à-dire « *l'attentat sur le roi et quel roi, sur le prince le plus sage et le plus éminent de l'Europe* », et le motif « *une retenue de 20 francs sur une gratification annuelle* » pour en conclure qu' « *en présence de ces deux extrêmes, le crime le plus grand, le motif le plus futile, il est évident pour moi que la raison manque* (...) *que ce coupable, cet assassin, cet homme sauvage et solitaire, cet être effaré et*

---

453 Hugo est nommé pair de France en avril 1845.
454 Hébert Michel Pierre (1799-1887) procureur général près la cour de Paris depuis le 16 octobre 1841. Sera garde des Sceaux le 14 mars 1847.
455 *Gazette des tribunaux* du 6 juin 1846 :
http://data.decalog.net/enap1/liens/Gazette/ENAP_GAZETTE_TRIBUNAUX_18460606.pdf

féroce est un fou (...) pas un fou pour un médecin peut-être c'est un fou à coup sûr pour un moraliste... »[456].

65
2°/ L'affaire *Joseph Henri*
(arrêt de la cour des pairs du 29 juillet 1846. Ministère public : *Hébert.* Avocat : *Baroche*)[457]

Victor Hugo relate en détail cette affaire dans *Choses vues*[458].

Le 29 juillet 1846 à 19h30, Joseph Henry tire deux coups de pistolet en direction du roi au cours d'un concert donné dans le jardin des Tuileries à l'occasion de l'anniversaire de la révolution de juillet.
L'affaire est plaidée le 27 août 1846[459] devant la cour des pairs. L'accusation est portée par le procureur général du roi, Hébert et l'avocat général Bresson. L'accusé est défendu par Baroche. Joseph Henry (suivant l'orthographe de l'arrêt) est condamné aux travaux forcés à perpétuité le lendemain 28 août[460].

66
3°/ L'affaire *Teste-Cubières* ou affaire « *des mines de Gouhenans* » ou affaire « *Parmentier* »
(arrêt de la cour des pairs du 17 juillet 1847. Instruction : *Renouard,* ministère public : *Delangle, Glandaz.* Avocats : *Baroche, Benoit-Champy*)

« *Le nouveau garde de sceaux M. Hébert a apporté aujourd'hui* (*6 mai 1847*)*... l'ordonnance qui la* (la cour des pairs) *constitue cour de justice pour juger le général Cubières à propos de l'affaire Parmentier* »[461].
« *On venait d'apprendre qu'un pair de France, Teste,* président de chambre à la cour de cassation, *alors qu'il était ministre des travaux publics, a vendu à un autre pair et ancien ministre, le général Cubières, la concession d'une mine de sel* »[462]. Le premier est poursuivi pour corruption et le second pour

---

456 *Choses vues* « attentat de Lecomte » Histoire. 889.
457 Baroche Pierre Jules (1802-1870). Elu Bâtonnier en 1846, sera procureur général près la cour de Paris le 20 décembre 1848.
458 Histoire. 598 ; 743 ; 897.
459 *Gazette des tribunaux* du 27 août 1846 : http://data.decalog.net/enap1/liens/Gazette/ENAP_GAZETTE_TRIBUNAUX_18460827.pdf
460 *Gazette des tribunaux* du 28 août : http://data.decalog.net/enap1/liens/Gazette/ENAP_GAZETTE_TRIBUNAUX_18460828.pdf
461 *Choses vues 1847-1848* édition Hubert juin. 83.
462 *Histoire de France* Jean Tulard Fayard 1985, tome 4, page 406.

escroquerie. L'instruction est effectuée par un commissaire délégué par le président, Renouard, conseiller à la Cour de cassation depuis 1837. L'accusation est portée par Delangle procureur général près la cour de Paris depuis le 22 mars 1847.
Victor Hugo pair de France décrit en détail cette affaire[463].
Le 17 juillet 1847[464] la chambre des pairs condamne Teste à 3 ans d'emprisonnement et à la dégradation civique. Cubières condamné à la dégradation civique et à une amende sort de prison, la tête haute, au milieu de la foule, et non pas par une porte dérobée comme lui avait proposé le chancelier.
Avec une extraordinaire indécence, Madame Cubières « *donnait une soirée* » dès le 19 juillet...[465]

67
4°/ L'affaire du *duc de Praslin*
(arrêt de la cour des pairs du 30 août 1847. Ministère public : *Delangle*)

« *J'apprends à l'instant que Mme la duchesse de Praslin a été assassinée dans son hôtel faubourg saint Honoré, 55* », écrit Hugo à la date du 18 août 1847[466].
Le 1er mars 1841 le duc de Choiseul- Praslin[467], pair de France, avait engagé comme gouvernante de ses enfants, Melle Henriette Deluzy-Desportes, « *une jeune fille de 23 ans, parisienne de naissance et d'éducation à la physionomie piquante et résolue, possédant ces qualités de l'esprit et ces grâces du corps qui attirent tout d'abord la sympathie* ». La duchesse se voit bientôt abandonnée et au bout de 6 ans menace le duc d'un procès en séparation de corps. En juin 1847, une *transaction amiable* intervient entre le père de la duchesse et le duc : l'épouse renonce au procès, le mari éloigne l'institutrice, qui reçoit une rente de 1 500 francs garantie par la duchesse. Le 18 août 1847, alors qu'un début d'exécution s'amorce, le duc poignarde sa femme de trente coups de couteau. Le duc n'est pas arrêté, mais simplement mis en garde à vue. On en fit le reproche au procureur général Delangle car en garde à vue le duc de Praslin s'était suicidé. Ce reproche était injustifié puisque, Pair de France, le duc était protégé par l'inviolabilité parlementaire. Hugo relatera cette affaire[468]. Le 30 août la cour des pairs

---

[463] *Choses vues* Histoire. 721.
[464] *Gazette des tribunaux* du 18 juillet 1847 :
http://data.decalog.net/enap1/liens/Gazette/ENAP_GAZETTE_TRIBUNAUX_1847 0718.pdf
[465] *Choses vues* Histoire. 750.
[466] *Choses vues* Histoire. 645.
[467] Né en 1805.
[468] *Choses vues* Histoire. 978.

se déclarait dessaisie par la mort du duc. Il fallut attendre le 17 novembre pour que Melle Deluzy soit remise en liberté à la suite d'une ordonnance de non-lieu.

68
5°/ Le procès de *l'Evènement de juin 1851* : l'affaire de *Montcharmont* ou **Hugo avocat**
(arrêt de la cour d'assises de la Seine du 11 juin 1851. Président : *Partarieu-Lafosse*[469]. Ministère public : *Suin*)[470]

En 1851 un braconnier de la Nièvre, Montcharmont, condamné à mort est conduit pour y être exécuté dans le village où avait été commis le crime ; comme il est d'une grande force les gendarmes ne parviennent pas à le faire sortir de la charrette. L'exécution doit-être reportée en attendant des renforts ; ceux-ci le conduisirent sous le couteau de la guillotine. Charles Hugo, dans le journal *l'Évènement* raconte ces faits avec horreur. Il est traduit devant la cour d'assises de la Seine, sous l'inculpation d'avoir manqué au respect dû à la loi.
Victor Hugo écrit au président du tribunal, le 5 juin 1851 : « *Mon fils Charles Hugo est cité à comparaître mardi, 10 juin, devant la cour d'assises, présidée par vous, sous l'inculpation d'attaque du respect dû aux lois, à propos d'un article sur l'exécution de Montcharmont. M. Erdan, gérant de l'Événement, est assigné en même temps que mon fils. M. Erdan a choisi pour avocat M. Crémieux. Mon fils désire être défendu par moi et je désire le défendre. Aux termes de l'art. 295 du code d'instruction criminelle, j'ai l'honneur de vous en demander l'autorisation.* »
La réponse du président est positive, mais laconique et fort surprenante dans sa formulation : « *En réponse à la demande que vous m'avez adressée, je vous préviens que je vous accorde la permission de défendre votre fils.* »[471]
L'affaire vient à l'audience des 10[472] et 11 juin 1851[473]. La cour est présidée par le président Partarieu-Lafosse et le ministère public est tenu par l'avocat général Suin. « *On remarque sur les sièges placés derrière la cour plusieurs*

---

[469] Jean Isidore Partarieu-Lafosse ou Partarrieu Lafosse (1797-1862). Conseiller Paris depuis le 18 octobre 1841.
[470] Victor Suin (1797-1877) AG Paris depuis le 04 février 1849.
[471] http://blog.le-miklos.eu/?p=8584
[472] Relaté dans la *Gazette des tribunaux* du 11 juin 1851 :
http://data.decalog.net/enap1/liens/Gazette/ENAP_GAZETTE_TRIBUNAUX_18510611.pdf et du jeudi 12 juin 1851 :
http://data.decalog.net/enap1/liens/Gazette/ENAP_GAZETTE_TRIBUNAUX_18510611.pdf
[473] http://data.decalog.net/enap1/liens/Gazette/ENAP_GAZETTE_TRIBUNAUX_18510612.pdf

membres de la Cour de cassation, de la cour d'appel, et du procureur général près la cour d'appel de Paris[474], *de Royer* » note la *Gazette des tribunaux.* Était-ce pour faire « *figure de savants sur les bancs du théâtre ?* »[475]

Dans son réquisitoire l'avocat général Suin « *proteste à l'avance contre toute idée politique dans ce procès (...) Nous ne venons pas ici soutenir la thèse de l'utilité de la peine de mort, c'est une thèse immense qui ne peut pas être discutée ici. Nous ne sommes pas en effet dans le temple où on fait et on défait la loi, mais dans le temple où on la respecte et où on l'exécute. La loi du 27 juillet 1849 prévoit et punit toute attaque contre le respect dû à la loi. Quand vous aurez médité sur ce texte et sur le commentaire que nous vous présenterons, vous verrez si ce texte doit s'appliquer à l'article incriminé* ».

Après avoir retracé l'histoire de la peine de mort, la séance solennelle du 18 avril 1836 à l'Hôtel de Ville de Paris au cours de laquelle M. de Lamartine prononça un admirable discours qui concluait à l'abolition de la peine de mort, avoir noté la diminution de ces peines en France[476], avoir approuvé l'abolition de la peine de mort en matière politique par la constitution de 1848, alors que l'abolition générale demandée par l'amendement de Monsieur Victor Hugo avait été repoussée par 418 voix contre 216 l'avocat général lit le rapport officiel de l'exécution et s'exclame : « *je comprends qu'on saisisse une pareille occasion pour réclamer contre la peine de mort. Mais pourquoi donc insulter tous ceux qui dans cette circonstance se sont associés à l'exécution de la loi ? Pourquoi cet article si violent ? À qui la sympathie publique était-elle due ? Un cœur généreux comme celui de M. Charles Hugo, ne devait-il pas reporter toute sa pitié sur les innocentes et tristes victimes de la férocité de Montcharmont ? Eh bien ! non, pas de compassion pour les victimes, mais pitié pour l'assassin !* »

L'avocat général lit alors l'intégralité de l'article incriminé et en retient deux passages qui le scandalisent :

« *Vos guillotines sont aussi mal faites que vos lois ! Est-ce qu'il n'y a pas là une assimilation odieuse, une insulte, un outrage ? mais ce n'est pas tout, Messieurs. Celte attaque si violente contre le respect dû à la loi a été encore aggravée dans le journal du lendemain. Voici en effet l'article qu'on y lit :*

---

[474] Cette pratique était habituelle et fait penser à la pratique semblable dans le monde théâtral. M. Madeleine usera de ce privilège : « *Monsieur, vous voici dans la chambre du conseil ; vous n'avez qu'à tourner le bouton de cuivre de cette porte, et vous vous trouverez dans l'audience derrière le fauteuil de monsieur le président.* » *Les Misérables,* page 208.

[475] Molière, *Le Misanthrope,* III. 1 ; *jusqu'en 1759 des « gens privilégiés disposaient de bancs disposés sur les deux côtés de la scène ».*

[476] En 1826, il y en a eu 106 : en 1828, 114 ; en 1829, 89 ; en 1831, 105 ; en 1832, 90 ; en 1833, 46 ; en 1846, 52 ; en 1847, 65 ; en 1848, 40.

Nous demandons à l'honorable M. Suin de vouloir bien céder sa place à un autre adversaire. Le véritable avocat du gouvernement dans un pareil procès, ce n'est pas un avocat-général, c'est le bourreau !
Ah ! Messieurs, je l'avoue, je ne suis pas encore remis de l'émotion que m'a causée cet article ».

Le défenseur de Charles Hugo, c'est son père. Sa plaidoirie[477] est un réquisitoire contre la peine de mort, et se termine par une invite qui créé dans la salle une « *sensation profonde et prolongée* » : « *Sois fier [mon fils], toi qui n'est qu'un simple soldat de l'idée humaine et démocratique, tu es assis sur ce banc où s'est assis Béranger, où s'est assis Lamennais. Sois inébranlable dans tes convictions et que ce soit ma dernière parole ; si tu avais besoin d'une pensée pour t'affermir dans ta foi au progrès, dans ta croyance à l'avenir, dans ta religion pour l'humanité, dans ton exécration pour l'échafaud, dans ton horreur des peines irrévocables, songe que tu es assis sur ce banc où s'est assis Lesurques !* »[478]
Après quelques minutes de délibéré le gérant de l'*Évènement* est acquitté et Charles Hugo est condamné à 6 mois de prison et 500 francs d'amende[479].
Cette décision provoque l'ire du poète : « *La justice vénale, atroce, abjecte et fausse,*
Commence à Partarieu pour finir par Lafosse »[480] et « *Suin vous êtes un cuistre* »[481].

69

6°/ Mongis et l'affaire de *l'Évènement*

(arrêt de la cour d'assises de la Seine du 15 septembre 1851. Président : *Perrot de Chezelles*[482]. Ministère public : *Mongis*[483])

Le 9 septembre 1851 le journal l'*Evènement* publie un article de François-Victor Hugo qui déplore que la France limite le droit d'asile. Des poursuites sont engagées à l'encontre de Paul Meurice, gérant du journal, et de François-Victor Hugo. Le ministère public reproche au premier d'avoir,

---

477 Rousselet, tome II, page 400 ; voir aussi Bouquins, Poésie II, note 20, page 1058.
478 Cour d'assises de la Seine, 11 juin 1851 procès de l'*Evènement* Bouquins Politique, page 316.
479 http://data.decalog.net/enap1/liens/Gazette/ENAP_GAZETTE_TRIBUNAUX_18510612.pdf
480 *Châtiments*, « Splendeurs », Poésie II 74.
481 *Châtiments*, « On loge à la nuit » Poésie II. 103 ; « La caravane ». Poésie II. 186 et Suite de *Châtiments*, Chantiers. 219.
482 Perrot de Chezelles Claude (1797-1879), conseiller à Paris depuis le 22 décembre 1846 ou plus probablement Perrot de Chezelles Bon Joseph François (1795-1875), conseiller à Paris depuis le 12 juillet 1836.
483 Jean Antoine Mongis (1802-1879) substitut général Paris depuis le 4 février 1849

« *par l'un des moyens énoncés en l'article 1er de la loi du 17 mai 1819, commis le délit d'excitation à la haine et au mépris du gouvernement de la République* » et au second de « *s'être rendu complice de ce délit en fournissant à son auteur les moyens de le commettre sachant qu'il devait y servir* ».
Le 15 septembre 1851[484] François-Victor Hugo, est condamné à 9 mois de prison et 2 000 francs d'amende et Meurice à 9 mois d'emprisonnement et 3 000 francs d'amende. La suspension du journal est prononcée pour une durée de 1 mois[485].
Hugo se contenta de citer le substitut général Mongis au milieu de Delangle, Suin, Bellart, etc. « *De Mongis infusé dans Partarieu-Lafosse* »[486], « *Prétends-tu que Silène, ivre et fétide, cesse / De montrer son gros ventre, et Mongis sa bassesse* ? »[487], en omettant le président Perrot de Chezelles…

70
7°/ Mongis et l'affaire de *l'Avènement* de septembre 1851
(arrêt de la cour d'assises de la Seine du 24 septembre 1851. Président : *Poinsot*. Ministère public : *Mongis*)

Le 19 septembre 1851 le journal *l'Avènement*, remplaçant *l'Évènement*, interdit, publie une lettre de Victor Hugo du 18 septembre adressée à Auguste Vacquerie, gérant du nouveau journal. Ce dernier est aussitôt renvoyé devant la cour d'assises de la Seine pour avoir « *commis les délits d'attaque au respect dû aux lois et d'apologie de faits qualifiés crimes et délits par la loi pénale et de provocation à la guerre civile, en portant les citoyens à s'armer les uns contre les autres* ». À l'audience du 24 septembre 1851[488], le procureur général Mongis stigmatise l'absence de Victor Hugo protégé par son immunité parlementaire, et s'emporte contre l'article incriminé.
« *Cet article porte à chaque ligne le cachet de son auteur. À ces pensées, environnées d'éclairs et de nuages, à ces mots éclatants, à ces antithèses scintillantes, il est facile de reconnaître le chef de l'école romantique. Son âme est passée dans le corps de l'*Avènement *pour l'animer. C'est lui qui a voulu donner à ce journal le souffle de la vie* (…) *Messieurs, trois fois de*

---

[484] http://data.decalog.net/enap1/liens/Gazette/ENAP_GAZETTE_TRIBUNAUX_18510915.pdf
[485] Avocat de Hugo : Me Desmarets.
[486] Suite de *Châtiments*, Chantiers. 68.
[487] Suite de *Châtiments*, « Ah çà ! tu ne sais pas ce que c'est que les juges ! » Chantiers. 218.
[488] *Gazette des tribunaux* du 25 septembre 1851 : http://data.decalog.net/enap1/liens/Gazette/ENAP_GAZETTE_TRIBUNAUX_18510925.pdf

suite, nous avons vu, sur ce banc, le père de deux jeunes écrivains poursuivis ; c'était là une chose touchante, un patronage sacré, celui de l'amour paternel. Aujourd'hui que son œuvre est en cause, il devrait être ici. C'est un sentiment de générosité qui nous fait parler ainsi. Il est évident pour tous, Messieurs les jurés, avec l'attitude du ministère public que vous avez récompensé quelquefois en vous associant à ses poursuites, il est évident qu'en nous forçant à frapper un homme par derrière, on nous fait une situation douloureuse. Se présenter eût été de la part de cet homme un acte de bonne guerre vis-à-vis du ministère public. Messieurs, l'article nous paraît si coupable que nous ne nous pardonnerions pas d'avoir contribué à assurer une impunité malheureuse. Nous combattrons donc cet article comme si son auteur était dans cette enceinte ».

Maître Ernest Desmarets, avocat de Vacquerie, devient par la force des choses l'avocat de Victor Hugo : « *Sa gloire a des racines en dehors de ces temps de troubles et de discorde car il est des hommes qui traversent leur époque des rayons de génie sur le front (...) Vous êtes étonné que M. Victor Hugo ne soit pas là ? mais il n'a pas été appelé. Vouliez-vous donc que, par une complaisance extra-judiciaire, il vint, victime volontaire, s'exposer à des coups ? Quel rôle serait le sien ? Serait-il témoin, accusé, homme politique ? S'il était présent, lui donnerait-on la parole ? Quand le ministère public aurait attaqué ses opinions, son passé, son élection comme représentant, ses torts d'académicien, ses antithèses, lui aurait-il été donné de répondre ?* »

Après une demi-heure de délibéré le jury déclare l'accusé coupable et la cour le condamne à six mois de prison et 1 000 francs d'amende, ordonne la destruction des numéros saisis et fixe à une année la durée de la contrainte par corps.

Victor Hugo pouvait justement proclamer que « *Dans le temps ou nous sommes, il n'y a pas de mal à s'habituer à manger un peu de pain de prison* »[489], puis en novembre 1851[490] :

« *Mes fils, soyez contents ; l'honneur est où vous êtes.*
Et vous, mes deux amis, la gloire, ô fiers poètes,
Couronne votre nom par l'affront désigné ;
Offrez aux juges vils, groupe abject et stupide,
Toi, ta douceur intrépide,
Toi, ton sourire indigné. »[491]

---

[489] « Le procès de *l'Evènement* » *Actes et paroles* I tribunaux II, Bouquins, Politique, page 318.
[490] « À quatre prisonniers ».
[491] *Châtiments*, IV-XII Bouquins, Poésie 2, page 102.

71

8°/ Brunet, Aulois et l'affaire du *Rappel*

(jugement du tribunal correctionnel de la Seine du 10 décembre 1869. Président : *Brunet*. Ministère public : *Aulois*[492])

Le 4 décembre 1869 le journal *Le Rappel* dont Barbieux est le gérant publie un article de François Victor Hugo, intitulé « *les deux parias* ». Les deux intéressés sont poursuivis pour avoir commis une « *offense publique envers la personne de l'Empereur ; et provoqué les militaires des armées de terre dans le but de les détourner de leurs devoirs militaires et de l'obéissance qu'ils doivent à leurs chefs* ».

Le 10 décembre 1869[493] la 6ème chambre du tribunal correctionnel de Paris présidée par Brunet et sur les réquisitions de l'avocat impérial Aulois, condamne Charles Hugo à 4 mois de prison et 1 000 francs d'amende et Barbieux à 2 mois d'emprisonnement et 2 000 francs d'amende[494]. Le tribunal estime que « *l'article incriminé, rappelant la date du 2 décembre, et cherchant à flétrir, par des termes d'une extrême violence, un acte politique que la nation a ratifié par son vote le plus éclatant, en arrive à qualifier l'Empereur de malhonnête homme et de malfaiteur ; Attendu que de telles insultes constituent, au plus haut degré, l'offense prévue et punie par l'article 9 de la loi du 17 mai 1819…* »

L'avocat impérial, M. Aulois avait été le ministère public dans l'affaire du cimetière Montmartre plus connue sous le nom de la « souscription Baudin », qui sera examinée plus loin[495].

Hugo consacrera quelques vers à Aulois :

« *Quand on a ce patois qu'Aulois prend pour du style* »[496],

« *Suin copiant Severt, Aulois singeant Bergasse* »[497].

Brunet sera honoré d'un poème entier intitulé « *Un président* » :

« *Est-ce ma faute à moi s'il s'appelle Brunet ?*
(…)
Le Brunet d'à-présent est un juge. Il est noir.
Est-ce, le même ? Oui. Non. Pourquoi pas ? On peut voir
Des faits plus surprenants que ces métamorphoses ;

---

[492] Brunet Joseph Mathieu (1829-1891) VP Seine depuis le 10 décembre 1868. Aulois Louis Félix (1832-1908) S. Seine depuis le 19 janvier 1867.

[493] *Gazette des tribunaux* du 11 décembre 1869 : http://www.enap.justice.fr/ARCHIVE/18691211.pdf

[494] *Gazette des tribunaux* 12 décembre 1869 : http://www.enap.justice.fr/ARCHIVE/18681115.pdf

[495] V. *infra*, § 93.

[496] *Les Années funestes*, « Rosalie Doise » Poésie IV. 750 novembre 1869.

[497] *Les années funestes*, « Lesurques » Poésie IV. 771 (décembre 1868).

Pasquin et Partarrieu prennent les mêmes poses ;
Parfois dans Rhadamante on sent un galopin ;
Est-ce que Mascarille est fort loin de Dupin ?
(…)
Donc Brunet de farceur[498] *est passé président.*
Ce comique est tragique. Il décrète, il condamne.
Il règne. Il a toujours le même bonnet d'âne. »[499]

Le 18 décembre 1869[500] Hugo écrit à son fils : « *Mon fils, te voilà frappé pour la seconde fois. La première fois, il y a dix neuf ans, tu combattais l'échafaud ; on t'a condamné. La deuxième fois, aujourd'hui, en rappelant le soldat à la fraternité, tu combattais la guerre ; on t'a condamné. Je t'envie ces deux gloires.* »

---

498 Son homonyme Joseph Mira-Brunet (1766-1851) était un acteur comique qui avait joué aux Variétés, comme l'actrice Melle Flore « *Les chansons des rues et des bois Le poète bat aux champs* » Poésie II 850 :« *Flore y vivait avec Zéphyre, avant de vivre avec Brunet* ». Autre homonyme : le poète de langue d'Oc Jean Brunet (1822-1894), républicain et proche de Hugo ayant obtenu 93 000 voix aux élections du 8 février 1871 (Hugo en ayant obtenu 214 000).
499 *Les années funestes*, « Un président », Poésie IV 738.
500 de Hauteville-House, Politique. 633.

72

9°/ Brunet, Aulois et l'affaire du *Rappel 2*

(jugement du tribunal correctionnel de la Seine du 8 janvier 1870)[501]. Président : *Brunet* Ministère public : *Aulois.* Avocats : de *Hugo : Gambetta. de Barbieux : Arago*)

Le 2 janvier 1870 le *Rappel* publie deux articles, « Les soldats » de Félix Pyat et « Chronique révolutionnaire » de Charles Hugo dans laquelle est faite une référence à la guerre du Mexique (*Où vas-tu ? au Mexique*)[502]. Nouvelle poursuite de Pyat, Barbieux et François Victor Hugo pour avoir : « *provoqué les armées de terre et de mer, dans le but de les détourner de leurs devoirs militaires et de l'obéissance qu'ils doivent à leurs chefs...* » Le 8 janvier 1870, la même 6ème chambre, présidée par le même Brunet avec le même Aulois pour représenter le parquet, condamne Barbieux à 3 mois de prison et à 1 000 francs d'amende, et Pyat (par défaut) et François Victor Hugo[503] chacun à 4 mois de prison et 1 000 francs d'amende.

73

10°/ L'affaire Rosalie Doise[504]

(*Pinard*)[505]

Le 20 janvier 1861 Martin Doise est assassiné, près d'Hazebrouck, par plusieurs coups de pioche. Veuf et en mauvaise intelligence avec ses enfants et surtout avec sa fille Rosalie, il vivait seul. Son corps est découvert par sa fille Rosalie et par le mari de celle-ci Jean Gardin. Le 27 février 1861 Rosalie avoue l'assassinat de son père[506]. Le 13 avril 1861, elle se rétracte devant le jury de la cour d'assises de Douai, expliquant qu'étant enceinte, elle avait avoué pour obtenir une cellule plus saine. Elle est condamnée aux

---

501 *Gazette des tribunaux* des 8 et 12 janvier 1870.

502 « *Si c'était pour dorer, l'or rehaussant l'honneur / Palikao, Failly, Lebœuf (...) Si c'était pour aller au Mexique, à grand bruit / Tambour battant, avec une nuée altière / D'étendards déployés, fonder un cimetière* » « Lesurques » Poésie IV. 768

503 Le 16 mai 1870 François Victor Hugo et Barbieux furent encore condamnés pour délit d'excitation à la haine et au mépris du gouvernement par le même tribunal, mais par la 7ème chambre cette fois, à respectivement 1 mois et 1 000 francs d'amende et 15 jours d'emprisonnement et 500 francs d'amende. La chambre était présidée par Bazire (avocat impérial : Cazeaux).

504 La note 50 de la collection Bouquins, Poésie IV, page 1157, présente Bellart comme le magistrat qui fit condamner Rosalie Doise. Il ne peut s'agir que d'une erreur puisque Bellart est décédé en 1826.

505 Pinard Pierre Ernest (1822-1909) procureur général près la cour d'appel de Douai depuis le 3 octobre 1861.

506 « Les aveux de Rosalie Doise », Léon Trech, Historia septembre 1967 n° 250, page 114.

travaux forcés à perpétuité et ne forme pas de pourvoi. Un an plus tard, à la cour d'assises du Nord, le procureur général Pinard réclame les peines les plus fortes à l'encontre de deux belges ayant assassiné Martin Doise[507]. La Cour de cassation, saisie par Pinard, casse les deux arrêts inconciliables de 1861 et 1862 et renvoie l'affaire devant la cour d'assises d'Amiens[508]. Le 17 novembre 1862 celle-ci confirme l'arrêt de 1862 et acquitte Rosalie Doise[509].

Victor Hugo consacre un poème éponyme à cette affaire et la relate encore dans sa lettre du 29 novembre 1862[510] dans laquelle il répond à M. Bost républicain progressiste de Genève qui lui avait demandé son aide. « *Cette affaire Doise-Gardin* (...) *a tout à coup mis en lumière certaines éventualités épouvantables de la peine de mort et a rendu palpable l'urgence d'une grande révision pénale* ». Cette lettre sera déterminante dans la suppression de la peine de mort en Suisse.

« *Si c'était Pour offrir à Pinard des fêtes aux flambeaux* »[511] ... L'affaire Doise ne semble pas être à l'origine de l'attention que Hugo a porté à Pinard. Hugo vise, l'homme politique, le serviteur zélé de l'empereur qui le nommera ministre.

74

11°/ L'affaire *Lesurques*[512]

(arrêt de la Cour de cassation du 17 décembre 1868. Président : *Legagneur*[513]. rapporteur : *Faustin-Hélie*[514]. Assesseur : *Zangiacomi* (*fils*) ministère public : *Delangle*[515])

---

507 Le premier, Vanhalwyn est condamné à mort et sera exécuté le 20 décembre 1862 ; le second Verhamme, aux travaux forcés à perpétuité.

508 Président : Hecquet de Roquemont ; procureur général : Dufour de Montor qui dut reconnaître qu'aucune preuve n'existait contre Rosalie mais osa cependant soutenir qu' « *aux yeux de Dieu cette femme a été parricide* ».

509 Selon la table 1862 de la Gazette des tribunaux, la décision a, été publiée aux numéro des 18 au 20 novembre 1862 non disponibles sur le site précité.

510 *Les années Funestes*, « *Rosalie Doise* » Poésie IV. 750 ; Actes et paroles. II Politique, page 549 ; voir aussi pages 550 à 553.

511 *Les années funestes*, « *Lesurques* », Poésie IV. 768.

512 Magistrats ayant connu de l'affaire Lesurques : Gohier, Siméon, Treilhard, Crassous, Daubanton, Portalis, maine de Biran, Jacquinot-Pampelune, Allent, Delamalle, baron de Balanvilliers, de Blaise, Favart de Langlade.

513 Legagneur Hubert Michel Fortuné. Conseiller à la Cour de cassation depuis le 09 août 1847. Le 17 décembre 1868 il est conseiller doyen. Son portrait se trouve dans le salon doré de la cour d'appel de Toulouse dont il fut le premier président.

514 Hélie Faustin (1799-1884). Conseiller à la Cour de cassation depuis le 15 octobre 1849 ; sera président de chambre à la Cour de cassation le 5 mars 1872.

« *Deux arrêts ont été rendus ce mois-ci...* »[516] s'exclame Hugo *:*
« *Deux meurtres viennent d'être en moins d'un mois refaits* (...)
Les hommes préposés à cette forfaiture
Qu'on nomme en France loi, code et magistrature,
Prêts, devant qui les paie, à fléchir le genou,
Jetant aux cabanons quiconque vole un sou
Mais souriants devant un trône qu'on dérobe,
Ont trouvé le moyen de reteindre leur robe
Avec du rouge pris, au baquet des bourreaux,
Le sang d'un innocent et le sang d'un héros
(...)
Le peuple, en qui s'accroît la colère, à mesure
Que s'élargit sur eux la double éclaboussure,
Dit en les regardant avec son noir dédain :
D'un côté c'est Lesurque, et de l'autre Baudin »[517].

À Baudin, Hugo associe Lesurques.
Le 8 floréal an IV -27 avril 1796-, vers 17 heures, au 326 de la rue Saint-Martin, la malle de Lyon, chargée de dix caisses contenant 7 millions de livres en assignats et plusieurs autres milliers de livres en numéraires, avec un seul passager à bord, quitte Paris. Le lendemain matin, à une douzaine de kilomètres de Melun, on découvre la voiture pillée, les chevaux à l'abandon et deux cadavres, celui du courrier et celui du postillon. Le juge Daubenton de la section du Pont-Neuf est chargé de l'instruction. Plusieurs individus sont arrêtés dont Courriol et un certain Joseph Lesurques, né en 1763.
L'affaire vient rapidement devant le tribunal criminel de la Seine. Son président, M. Gohier « *n'était pas un de ces magistrats improvisés par la Révolution de 93 (...) esprit libéral, distingué, M. Gohier avait tenu le premier rang dans le barreau de Rennes (...) après 1789 (...) il reçut un poste éminent à la cour supérieure (...) successivement ministre de la justice, président du tribunal de cassation...* »[518]. Après 3 jours et 3 nuits d'audience, après l'audition de 138 témoins, Lesurques est, le 18 thermidor an IV, condamné à mort.

---

515 Delangle Claude Alphonse (1797-1869) procureur général près la cour de Paris le 22 mars 1847, révoqué le 24 février 1848 et réintégré comme Procureur général près la Cour de cassation le 30 janvier 1852, après avoir été garde des Sceaux (1859-1863) redevint procureur général près la Cour de cassation en 1865 où il remplaça Dupin, après avoir été ministre de l'intérieur et ministre de la justice.
516 *Les années funestes*, 22 décembre 1868, Poésie IV. 775.
517 Dans certaines éditions le dernier vers est :
— *Cette tache est Lesurque, et cette autre, Baudin !*
518 Réquisitoire de Delangle en 1868.

Le code criminel prescrit alors l'exécution immédiate des arrêts basés sur un verdict du jury.
Le lendemain Courriol déclare que Lesurques est innocent. Effrayé par le risque d'exécution d'un innocent, le Directoire saisit le Conseil des Cinq-cents. Celui-ci, transgressant le droit positif, décide de surseoir à l'exécution et de créer une commission chargée de faire toute la lumière sur cette affaire. Cette commission composée de Siméon, un des auteurs du code des délits et des peines qui avait supprimé la procédure de révision, de Treilhard et de Crassous, ne remet pas en cause la décision rendue et le 9 thermidor an V (3 octobre 1796). Lesurques est exécuté.
En juillet 1822, le Baron Joseph Zangiacomi, conseiller d'État, et par ailleurs également conseiller à la Cour de cassation, présente un « *rapport* (...) *aux Comités réunis de législation et du contentieux* (...) *sur la question de savoir s'il y a lieu de réviser le jugement du tribunal criminel de la Seine du 4 août 1796* ». Le 30 juillet 1822, le Garde des Sceaux de Peyronnet, suivant l'avis de ces Comités, estime que « *la demande de la femme et des enfants Lesurques ne peut-être accueillie.* »[519]

Une loi du 9 juin 1867 modifiant l'article 444 du code d'instruction criminelle, créé le droit de révision en précisant que ce « *droit exceptionnel n'est ouvert qu'autant que la cour reconnaît préalablement et déclare que la condamnation qui lui est déférée se trouve en contradiction non pas avec des dépositions de témoins des déclarations de coaccusés, ou d'autres documents du procès, mais essentiellement avec une autre condamnation portant sur le même fait et qui soit inconciliable avec elle* ».
Se fondant sur cette loi, la famille Lesurques, saisit la Cour de cassation. Par arrêt du 17 décembre 1868[520], après un long réquisitoire[521] du procureur général Delangle, et un rapport particulièrement détaillé du conseiller rapporteur, Faustin-Hélie[522], après 7 jours d'audience[523], la chambre

---

[519] Jurisprudence de la Cour de cassation de 1791 à 1813 de Jean Baptiste Sirey https ://books. google. fr/books?id=2T-erfPUjTMC&pg=RA1-PA353&lpg=RA1-PA353&dq=de++serres+lesurques+juge+d'instruction&source=bl&ots=J2G0ewRj9E&sig=0HFHeaBOChxSABTQv36k9LxBM40&hl=fr&sa=X&ved=0CC0Q6AEwAmoVChMI1sm6o6OSyQIVylUaCh22vAyi#v=onepage&q=de%20%20serres%20lesurques%20juge%20d'instruction&f=false
[520] *Gazette des tribunaux* du 17 décembre 1868 : http://www.enap.justice.fr/ARCHIVE/18681217.pdf
[521] http://gallica.bnf.fr/ark:/12148/bpt6k63550211.r=Cour+de+cassation+1868+Lesurques.langFR
[522] Convaincu de l'innocence de Lesurques : http://gallica.bnf.fr/ark:/12148/bpt6k6370719c/f11.image.r=Cour%20de%20cassation%201868%20Lesurques.langFR
[523] Voir *Gazette des tribunaux* des 4, 5, 6, 9, 10, 11 et 17 décembre 1868.

criminelle de la Cour de cassation, présidée par le conseiller doyen Legagneur déclare irrecevable la demande de révision, Le conseiller Prosper Marie Joseph Zangiacomi, participait au délibéré de cette affaire, dans laquelle avait statué son père, le baron Joseph Zangiacomi, 46 ans avant.
Peut-on affirmer, comme le fait Hugo, qu'il y eut erreur judiciaire ? Les juges ont-ils été « *des préposés à une forfaiture* » ? Aujourd'hui encore, comme hier, les historiens sont divisés. En 1955, Louis Garros[524] s'interrogeait : que faut-il penser de l'affaire Lesurques ? « *...il est impossible d'être absolument convaincu de la culpabilité de celui-ci... Mais il est également impossible d'être convaincu de son innocence... le doute si léger soit-il ne devait-il pas profiter à l'accusé ?* ».

75
E/ Les juges consulaires

Victor Hugo dut engager deux procédures à l'encontre de la comédie française. Il avait, pour les juges consulaires, une estime qui tranche avec la détestation qu'il manifestait envers les juges professionnels[525]. Hugo, est comme tous les républicains de l'époque opposé à « *la magistrature inamovible et nommée par le pouvoir exécutif, c'est-à-dire la justice sans racines dans le peuple* ».
Est-ce pour cette raison qu'il choisit le tribunal de commerce au lieu du tribunal civil de droit commun normalement compétent pour connaître d'un litige contractuel entre un commerçant et un non-commerçant ?[526]
Si les noms des présidents *Aubé* et *Pierrugues* apparaissent dans l'œuvre de Hugo c'est uniquement par ce que celui-ci a voulu « *joindre le procès au drame, la lutte à l'œuvre* ».

---

[524] « Le courrier de Lyon » par Louis Garros, *Miroir de l'Histoire* 1955, n° 61, page 212.
[525] V. *supra,* § 10.
[526] L'article 424 du CPC de 1806 demandait au juge consulaire de relever son incompétence d'office s'il était incompétent en raison de la matière ; en-dehors de ce cas, il fallait que l'adversaire soulevât l'incompétence avant toute autre défense. Selon le professeur Corinne Saint-Alary-Houin, « *le Code de commerce de 1807 ne connaissait pas une option de compétence pour la personne civile à l'égard d'un commerçant. Celle-ci est une création prétorienne. La jurisprudence considère que le non-commerçant a le choix de citer le commerçant devant le tribunal de commerce ou le tribunal civil (en ce sens Civ. 18 mai 1907, D. 1911, 1, 222). La doctrine du XIXème admet la solution (Thaller, n° 40) et seul Glasson, semble-t-il considérait que l'action contre un commerçant ne pouvait être portée que devant la juridiction civile.* »

Les deux autres juges consulaires cités par Hugo, le sont pour deux raisons différentes.

Cunin-Gridaine, ne le sera qu'en sa qualité de ministre, à moins que le président du tribunal de commerce de Sedan ne fût que la victime du goût prononcé de Hugo pour les calembours, « *la fiente de l'esprit qui vole* »[527].

« *Que sert d'être Cunin si l'on n'est pas Gridaine* ? »[528]

« *Talleyrand lisant au Moniteur le nom bourgeois d'un nouveau ministre, M. Cunin-Gridaine disait : je comprends Cunin, mais pourquoi Gridaine* ? »[529]

Ducos Théodore, juge au tribunal de commerce de Bordeaux, le sera pour avoir commis le *meurtre* de s'être rallié à l'empire en devenant ministre en 1851 : « *Ducos et Magne*[530] *au meurtre ajoutant leur paraphe* »[531].

76

1°/ Affaire *Victor Hugo contre le théâtre français* (*la comédie française*) *et le ministre des travaux publics* ou *Hugo plaideur*

(jugement du 2 janvier 1833 - M. Aubé président, Me Chaix-d'Est-Ange, avocat du ministre)

« *L'apparition de ce drame au théâtre a donné lieu à un acte ministériel inouï. Le lendemain de la première représentation, l'auteur reçut de monsieur Jouslin de la Salle, directeur de la scène au Théâtre-Français, le billet suivant, dont il conserve précieusement l'original : « Il est dix heures et demie, et je reçois à l'instant l'ordre de suspendre les représentations du Roi s'amuse. C'est M. Taylor qui me communique cet ordre de la part du ministre. » « Ce 23 novembre.* »[532]

Par arrêté du 10 décembre 1832[533] le ministre des travaux publics avait effectivement interdit les représentations du *Roi s'amuse* que donne le Théâtre Français au motif que cette pièce outrage les mœurs.

Victor Hugo assigne, alors la Comédie-Française devant le tribunal de commerce de Paris pour que le théâtre soit condamné, « *par voie de dommages-intérêts à payer à M. Victor Hugo une somme de 23, 000 francs, si elle se refuse à jouer le drame intitulé* Le Roi s'amuse, *et en cas de*

---

[527] *Les Misérables*, Roman. II. 108.

[528] Suite des *Châtiments*, « Merveilleux-Duvignaux », Chantiers, page 250. V. aussi *Choses vues*, Histoire. 969.

[529] « Faits et croyances », Océan. 164.

[530] Certainement Pierre Magne (1806-1879), avocat à Périgueux, puis député. Il se rallie à l'empire en 1851 et sera plusieurs fois ministre.

[531] *Châtiments,* Poésie II. 104.

[532] Théâtre I. 829.

[533] Théâtre. I. 961.

consentement de sa part à jouer ce drame, à ce qu'elle soit condamnée pour le dommage causé pour le passé à tels dommages-intérêts que le Tribunal arbitrera. »

À l'audience du 20 décembre 1832 le tribunal de commerce de Paris[534], présidé par M. Aubé, « *Tous les partisans du genre romantique* se sont *donné rendez-vous (...) Pendant toute la durée de l'audience, cette foule agitée s'est encore crue au parterre des Français le jour d'une première représentation de leur poète favori. C'étaient en effet mêmes rumeurs, mêmes vociférations (...) L'arrivée de M. Victor Hugo a été saluée par une salve d'applaudissements. Le poète a paru plus embarrassé que flatté de cette petite ovation (...) On remarque dans l'auditoire plusieurs députés et autres personnages de distinction. À l'appel de la cause, Me Chaix-d'Est-Ange,* le bâtonnier du barreau de Paris, le futur procureur général près la cour impériale de Paris, *annonce qu'il va prendre des conclusions sur une question préjudicielle. « La Comédie-Française, dit-il, a appelé en cause M. le ministre des travaux publics. Il s'agit donc en ce moment de juger la légalité ou l'illégalité d'un acte de l'administration.*

M. Odilon Barrot (...) conclut à ce qu'il s'agit de la question d'un contrat entre parties privées que le Tribunal juge du contrat et également juge de l'exception, doit ainsi retenir la cause. »

Après la plaidoirie de son avocat Me Odilon Barrot, Victor Hugo prend la parole « *Aujourd'hui on me fait prendre ma liberté de poète par un censeur, demain on me fera prendre ma liberté de citoyen par un gendarme ; aujourd'hui on me bannit du théâtre, demain on me bannira du pays ; aujourd'hui on me bâillonne, demain on me déportera ; aujourd'hui l'état de siège est dans la littérature, demain il sera dans la cité ...* »[535]

Le 2 janvier 1833 le tribunal présidé par M. Aubé se déclare incompétent[536]. Ambroise Aubé[537] (1773-1849), président du tribunal de commerce de Paris de 1831 à 1832 et de 1835 à 1836, juge non professionnel ne sera pas *épinglé* contrairement à Chaix-d'Est-Ange l'avocat de la partie adverse...

---

[534] *Gazette des tribunaux* 20 décembre 1832 : http://data.decalog.net/enap1/liens/Gazette/ENAP_GAZETTE_TRIBUNAUX_1832 1220.pdf

[535] Théâtre I, page 839.

[536] *Gazette des tribunaux* 3 janvier 1833 : http://data.decalog.net/enap1/liens/Gazette/ENAP_GAZETTE_TRIBUNAUX_1833 0103.pdf

[537] Un tableau du président Aubé, par Paul Delaroche se trouve dans la chambre du conseil du tribunal de commerce de Paris, et la salle des délibérés accueille un buste en bronze du même, par Emile Thomas. Pour de plus amples renseignements joindre le magistrat du tribunal de commerce de Paris chargé des « *archives historiques* »

« *Aux mandarins dormant sur les coussins des jonques…Dupins, Crispins, Scapins, Chaix d'Est Anges quelconques* »[538].

77
2°/ Affaire Hugo contre la comédie française : procès d'Angelo et d'Hernani
(jugement du tribunal de commerce de Paris du 6 novembre 1837, président M. Pierrugues, et de l'arrêt de la cour royale de Paris du 5 décembre 1837, premier président Séguier, Me Delangle avocat de la comédie française)

« *Comme* le Roi s'amuse, Hernani, Marion de Lorme *et* Angelo *ont eu leur procès. Au fond c'est toujours la même affaire. Contre* le Roi s'amuse, *c'était une persécution littéraire cachée sous une tracasserie politique ; contre* Hernani, Marion de Lorme *et* Angelo, *c'était une persécution littéraire cachée sous des chicanes de coulisse.* »[539]
À l'audience du tribunal de commerce du 6 novembre 1837 « *M. Victor Hugo demande que la Comédie-Française soit condamnée vis-à-vis de lui en des dommages-intérêts pour n'avoir pas représenté les ouvrages dont il est auteur : il demande, en outre, pour l'avenir, que vous ordonniez, sous une sanction pénale, la représentation de ces ouvrages.*
De son côté, la Comédie-Française vient lutter contre l'exécution des obligations qu'à trois reprises différentes elle a consenties, et que depuis cinq ans elle a constamment méconnues »[540].

« *Le tribunal arbitrant, d'après les circonstances de la cause, le tort souffert par Victor Hugo, et jugeant en dernier ressort* (sic)
Condamne Vedel, et par corps, à payer à Victor Hugo 6, 000 fr. à titre de dommages-intérêts ;
Ordonne que, dans le délai de deux mois, à compter de ce jour, Vedel, en sa qualité, de directeur de la comédie française sera tenu de représenter Hernani (...), Marion Delorme (...) *que, dans le délai de cinq mois, Vedel complétera les 15 représentations d'*Angelo » et ce sous astreinte[541].

Par arrêt du 12 décembre 1837[542], la cour royale de Paris présidée par le premier président Séguier, après 20 minutes de délibéré « *adoptant les motifs des premiers juges, confirmait purement et simplement le jugement du tribunal de commerce.* »

---

538 *Les Années funestes*, « Lesurques », Poésie IV. 766.
539 Théâtre. I. 1292.
540 *Gazette des tribunaux* 7 novembre 1837.
541 *Gazette des tribunaux* 20 et 21 novembre 1837 ; Théâtre. I. 1302.
542 *Gazette des tribunaux* des 6 et 13 décembre 1837 ; Théâtre I. 1303.

Le 20 décembre suivant, Hugo dira son admiration pour les juges consulaires : « *qu'il me soit permis de remercier ici, non pas en mon nom, mais au nom de la littérature toute entière, les juges consulaires dont l'admirable bon sens a si bien compris que dans une petite question il y en avait une grande, et que dans l'intérêt du poète, il y avait l'intérêt de tout le monde.* »[543]
Admiration sincère ou reconnaissance du plaideur qui a gagné sa cause ? Hugo poursuit en effet : « *Qu'il lui soit permis de remercier la cour souveraine, dont l'austère équité s'est si complètement associée à la probité intelligente des premiers juges…* ».

78
E / « *Mon Pinard fidèle* »[544]

Secrétaire de la conférence des avocats en 1847, Pinard est remarqué par le bâtonnier Baroche qui devenu procureur général lui propose un poste de substitut à Tonnerre en 1849. Il est nommé substitut au tribunal de la Seine le 29 octobre 1853.

79
1°/ Flaubert et Baudelaire[545]
(jugement du tribunal correctionnel de la Seine du 7 février 1857. Président : *Dubarle*)
(jugement du tribunal correctionnel de la Seine du 20 août 1857. Président : *Dupaty*. Assesseurs : *Delesvaux, Nacquart*)

Pierre Ernest Pinard s'est fait connaître lors des procès de Gustave Flaubert et de Charles Baudelaire. Substitut impérial près le tribunal de la Seine, Pinard poursuit l'auteur de *Madame Bovary*, devant la 6ème chambre correctionnelle du tribunal de la Seine, pour « *offense à la morale publique et religieuse et aux bonnes mœurs* ». Mais Flaubert est « *acquitté de la prévention* » le 7 février 1857.
Quelques mois plus tard, ce « *jeune homme brun*[546], de 34 ans, *à l'œil étonnement vif, à la peau mate et transparente sous l'ombrage de favoris taillés en buissons* obtient sa revanche. Il poursuit devant la même 6ème chambre, l'auteur des *Fleurs du Mal*. Le 20 août 1857, le « *petit Pinard* » ou encore « *la miniature virile* », comme l'ont surnommé ses ennemis, réclame d'une voix sonore et mordante, « *au timbre métallique,*

---

543 Théâtre. I. 1293. Voir § 77.
544 *Les Années funestes*, *Amnistie,* Poésie IV. 748.
545 « Ministère public contre Baudelaire » Marcel Foulon *Annales de la faculté de droit et science politique de Nice* 2015. L'Harmattan, 2016, page 69.
546 Emile Ollivier, cité dans *Le Censeur de Baudelaire*, précité, page 35.

scandant bien les mots »[547], la condamnation de Baudelaire pour avoir *« commis le délit d'outrage à la morale publique et aux bonnes mœurs, en publiant l'ouvrage intitulé : Les Fleurs du mal, lequel contient des passages ou expressions obscènes ou immorales ».*

Le soir même, le tribunal condamne Charles Baudelaire à *300 francs*[548] *d'amende et Poulet Malassis et de Broise, ses* éditeurs, *chacun à 100 francs d'amende, et ordonne la suppression de 6 poèmes :* « Les Bijoux », « A celle qui est trop gaie », « le Léthé », « Lesbos », « Les Femmes Damnées », « Les Métamorphoses du Vampire ».
Hugo ne parlera pas des juges qui ont condamné Baudelaire : le président Dupaty[549] et ses deux assesseurs Delesvaux[550] et Raymond Louis Nacquart[551], et ne retiendra que Pinard.

---

[547] Cité dans *Le Censeur de Baudelaire*, p. 49.

[548] Dans les années 1850, un ouvrier parisien, perçoit en moyenne 900 francs par an. Flaubert perçut 500 francs de son éditeur Michel Lévy pour l'exploitation de Madame Bovary pendant cinq ans ; on en vendit 15 000 exemplaires (« Le centenaire de Madame Bovary », Emile Henriot, *Historia*, 1957, n° 125, p. 378. En 1856, Victor Hugo perçoit 18 000 francs de son éditeur Hetzel pour la parution des *Contemplations*, somme qui lui permet de payer l'acompte exigé pour l'achat, le 16 mai, de sa maison d'exil qu'il baptisera *Hauteville House ;* il percevra 240 000 francs pour *Les Misérables* (voir Jean-Marc Hovasse, *Victor Hugo*, tome II, « Pendant l'exil 1851-1864 », Fayard, 2008, pp. 396, 398 et 670). André Maurois *(Olympio*, p. 427) d'une part, et P. J. Hetzel de A. Parménie et C. Bonnier de la Chapelle, d'autre part *(Histoire d'un éditeur et de ses auteurs* : éd. Albin Michel, 1953, p. 231) mentionnent 20 000 francs pour les *Contemplations* et 300 000 francs pour les *Misérables*.

[549] Et non pas « Picard » comme indiqué par erreur par Marcel Jullian dans son *Anthologie de la poésie française*, Robert Laffont, 2005, p. 213.
Ce Dupaty ne peut être que Jules Charles Emmanuel Mercier Dupaty (1806-1868), substitut à Reims en 1832, au tribunal de la Seine en 1841, nommé juge au dit tribunal le 11 mars 1852. Selon Marcel Rousselet (*Histoire de la magistrature française*, Plon, 1957, p. 140), il aurait été nommé à la cour impériale le 15 octobre 1866, pour avoir selon les chefs de cour « *montré du dévouement politique dans une circonstance que le Ministre n'avait pas oubliée* »). M. Jean-Claude Farcy, auteur de l'annuaire rétrospectif de la magistrature, « *doute que ce Dupaty (Mercier Dupaty donc) ait été promu à la cour impériale de Paris en 1866 comme l'écrit M. Rousselet,* puisqu'il n'en a *pas trouvé mention, ni lors de l'élaboration de l'annuaire (en partie réalisé à l'aide des fiches de carrière et registres de nomination), ni en consultant l'Almanach impérial de 1867 et 1868 (sur Gallica).* »
Il était le fils de Emmanuel Louis Félicité Charles Mercier Dupaty (1775-1852), auteur et chansonnier, élu à l'Académie Française en 1836 contre Victor Hugo, à qui il avait adressé ces vers : « *Avant vous je monte à l'autel, ... Mon âge seul peut y prétendre... Déjà vous êtes immortel... Et vous avez le temps d'attendre* » (*Olympio ou la vie de Victor Hugo*, André Maurois, Hachette, 1954, p. 261 ; *Une histoire des*

80

2°/Pinard et Eugène Sue

(jugement du tribunal correctionnel de la Seine du 25 septembre 1857. Président : *Labour*. Ministère public : *Pinard*)

Le 28 juin 1857, l'auteur de l'œuvre colossale Les *Mystères du peuple ou Histoire d'une famille de prolétaires à travers les âges* annonce la parution du dernier et huitième tome. Le 7 mai 1857 Pinard fait saisir 60 000 exemplaires réédités[552], et engage des poursuites pénales. L'affaire vient aux audiences des 24 et 25 septembre 1857 devant la chambre des vacations présidée par Alexandre Labour. Sue, étant décédé, l'action publique à son encontre est éteinte. Les foudres de Pinard se concentrent sur Claude Maurice de la Chastre, propriétaire de l'ouvrage, Chabot-Fontenay l'éditeur, et Mme Dondey-Dupré l'imprimeur. Adoptant les conclusions de Pinard, le tribunal considère qu'on trouve « *dans chaque volume, à chaque page, la négation ou le renversement de tous les principes sur lesquels reposent la religion, la morale et la société* ». Il ordonne en conséquence, l'entière suppression des *Mystères du peuple*, avec la destruction des clichés, et condamne de la Chastre à un an de prison et 6 000 francs d'amende, Chabot-Fontenay à 2 mois de prison et 2 000 francs d'amende, et Mme Dondey-Dupré à 1 mois de prison et 1 000 francs d'amende.

---

haines d'écrivains, Anne Boquel et Etienne Kern, Flammarion, 2009, p. 149) ; ce à quoi Hugo avait répondu : « *je croyais qu'on allait à l'Académie par le pont des Arts ; je me trompais, on y va, à ce qu'il paraît, par le pont Neuf* ». On appelait à l'époque « ponts-neufs » des chansons populaires. Voir *supra*, note 424.

550 Selon l'édition Bouquins il deviendra président de la 9ème chambre correctionnelle et sera trouvé mort à son domicile d'une balle dans la tête le 16 août 1871 (Œuvres *complètes de Baudelaire*, Bouquins, 1980, p. 943). Il semble que la date du décès soit une erreur puisque l'Annuaire rétrospectif de la magistrature XIXe-XXe siècles ne mentionne qu'un Delesvaux Jean-Louis Marie (1817-1870), nommé juge à Paris le 6 avril 1857 et vice-président le 2 mai 1866 puis conseiller le 27 décembre 1869, décédé le 19 septembre 1870. Ce Delesvaux est cité par Marcel Rousselet dans *Histoire de la magistrature*, pp. 138, 139 et 373.

551 Né en 1817, juge suppléant au tribunal de la Seine depuis le 14 décembre 1850 ; il deviendra conseiller Paris le 5 mars 1864. Baudelaire indiquera également « *de Ponton d'Amécourt* » qui ne semble pourtant pas avoir siégé (*Lettre à Sainte Beuve du 18 août 1857*). La minute du jugement et le dossier ont en effet été détruits en 1871 lors de l'incendie du greffe du Palais de Justice de Paris. La *Gazette des tribunaux* du 21 août 1857, pp. 828 et 829, relate ce jugement en ne mentionnant que le nom du président.

552 « *Chagriné* » Sue décédera le 3 août suivant.

81

3°/ Pinard et Rochefort « *un reste d'Espinasse est visible en Pinard* »[553]

La vie trépidante et aventureuse de Victor Henri, marquis de Rochefort-Luçay[554], dit Henri Rochefort est difficile à résumer.

Journaliste à la plume particulièrement incisive et souvent agressive, polémiste virulent, fondateur de *La Lanterne* journal pamphlétaire, il contribuera à l'écroulement de l'empire…« *Rochefort, l'archer fier, le puissant sagittaire / Dont la flèche est au flanc de l'empire abattu* »[555]…

Homme politique républicain et démocrate, qui soutenant la Commune, tout en la critiquant, rejoint le général Boulanger….

Incompétent dans le maniement de l'épée et du révolver, mais impénitent duelliste[556], il est souvent blessé…

Aventurier… ainsi lorsque le 20 mars 1874 il s'échappe de la Nouvelle-Calédonie, où il avait été déporté le 8 août 1873, malgré l'intervention de Victor Hugo[557], pour rejoindre avec Grousset[558] notamment, l'Australie, puis New York et enfin Londres. Rochefort fut évidemment condamné à de très nombreuses reprises[559].

C'est au lendemain de la nomination de Pinard au ministère de l'Intérieur, le 14 novembre 1867, que se croiseront les chemins des deux hommes. Sur intervention du ministre auprès de Villemessant, Rochefort est remercié du *Figaro*. L'autorisation préalable de création d'un journal ayant été supprimée par la loi du 11 mai 1867, Rochefort crée *La Lanterne* le 30 mai 1868, dont il est l'unique rédacteur. Le succès est immédiat et prodigieux. Tiré à 50 000 exemplaires, pour passer rapidement à 120 000 exemplaires le journal s'arrache, passe de mains en mains, franchit les frontières. Pinard interdit la vente sur la voie publique mais la vente ne faiblit pas. En désespoir de cause le ministre lâche contre Rochefort une bande de folliculaires soudoyés au casier judiciaire chargé, qui lancent de fausses

---

[553] *Les Années funestes*, Poésie IV. 789.

[554] 1831-1913. Alors qu'il était détenu à Saint Martin de Ré, il épousa la mère de ses enfants, atteinte d'une maladie mortelle, le 6 novembre 1862. L'un de ses témoins était François Victor Hugo.

[555] *L'année Terrible* Poésie III. 164.

[556] Pendant qu'il était journaliste au *Figaro*, avec un officier espagnol au sujet d'un article sur la reine d'Espagne, avec Paul Granier de Cassagnac, avec Ernest Baroche (le fils de Pierre, Jules) en 1868, avec M. Kœchlin le 3 juin 1880, avec M. Fournier en octobre 1884.

[557] Lettre au duc de Broglie du 8 août 1873. Politique. 863.

[558] V. *infra,* § 96.

[559] V. notamment *infra,* § 96 affaire Pierre Bonaparte et l'assassinat de Victor Noir, Jugement du 21 janvier 1870 ; octobre 1880, mars 1881, décembre 1881, 14 août 1889.

accusations reprises dans le journal *l'Inflexible,* et conduisent à la première condamnation du 5 août.

82

a/ Premier jugement du tribunal correctionnel de la Seine (6ème chambre) du 5 août 1868

(Président : Delesvaux. Ministère public : Blain des Cormiers)

À l'audience du 5 août 1868 se présente Rochefort poursuivi pour « *avoir, le 9 juillet 1868, à Paris, avec préméditions, porté des coups et fait des blessures au sieur Rochette, l'imprimeur de* l'Inflexible ».

Sur question du président le prévenu expose les faits :

« *Le 9 juillet, je suis arrivé dans les bureaux du* Figaro (...) *Dès mon arrivée, on mit sous mes yeux...* L'Inflexible. *Un article intitulé ; Henri Rochefort, contenait dans sa dernière partie une phrase qui disait clairement, que j'avais été condamné deux fois pour escroquerie. J'appris* (...) *que ces messieurs de* l'Inflexible (...) *avaient l'intention d'envoyer* [à ma fille] *la collection de* l'Inflexible *et de lui apprendre qu'elle était ma fille naturelle* (...) *Accompagné de deux amis, Émile Blavet et Victor Noir, je me rendis chez l'imprimeur de* l'Inflexible, *et* (...) *provoquais M. Rochette dans les termes d'une politesse qu'il doit, reconnaître.* » Rochefort reconnaît avoir souffleté Rochette et lui avoir donné un coup de canne.

Estimant que le prévenu avait agi avec préméditation le tribunal condamne Rochefort à 4 mois d'emprisonnement et 200 francs d'amende.

83

b/ Deuxième jugement du tribunal correctionnel de la Seine (6ème chambre) du 5 août 1868 (même composition)

À la même audience Rochefort est poursuivi pour n'avoir pas inséré « *dans le numéro de la* Lanterne *du 20 juillet 1868 un communiqué qui lui avait été adressé par l'autorité publique antérieurement à la publication* ». Pinard avait envoyé à la *Lanterne* un droit de réponse particulièrement long un jeudi soir, alors que le journal paraissait le vendredi... Sur réquisitions conformes du parquet, le tribunal condamne Rochefort à 50 francs d'amende.

84

c/ Troisième jugement du tribunal correctionnel de la Seine (6ème chambre) du 14 août 1868

(Président : Delesvaux. Ministère public : Angot des Rotours)

À l'audience du 14 août 1868 Rochefort ne se présente pas. La *Gazette des tribunaux*[560] précise : « *On sait que M. Rochefort a passé la frontière il y a déjà quelques jours et qu'il est allé en Belgique. Nous rappelons que* (...) *le prévenu est inculpé : 1° d'offenses envers la personne de l'Empereur ; 2° d'excitation à la haine et au mépris du gouvernement* (...) *le 6 août 1868, le numéro 11 du journal la* Lanterne (...) *déplaçant avec une intention criminelle évidente deux passages analysés du réquisitoire de M. l'avocat impérial dans la poursuite dirigée contre lui, Rochefort pour coups sur la personne de Rochette, il se sert de ce rapprochement pour adresser, par voie de comparaison, un outrage à la personne de l'Empereur* ».

Le tribunal condamne Rochefort à un an d'emprisonnement et 10 000 francs d'amende.

De Bruxelles, au 4 place des Barricades, Victor Hugo qui l'accueille, proclame : « *J'ai trois fils : Charles Hugo, François Hugo, Henri Rochefort : embrassez moi mon fils* ».

Rochefort s'organise pour « *faire la guerre à distance à ses juges et au gouvernement* » selon l'expression de Pinard. *La Lanterne* paraît toujours et franchit la frontière dans des caisses de cigares, enveloppée dans du papier en chocolat, dans la valise diplomatique grâce au concours d'un employé de l'ambassade et comble de l'effronterie à l'intérieur de bustes de Napoléon III.

85

d/ Quatrième jugement du tribunal correctionnel de la Seine (6ème chambre) du 28 août 1868

(Président : Delesvaux. Ministère public : Angot des Rotours)

Dans le n° 13 de La *Lanterne* Rochefort reprend les propos qui lui valurent la condamnation du 14 août. Il est poursuivi pour « *offenses envers la personne de l'Empereur, d'excitation à la haine et au mépris du gouvernement, et d'outrage à une religion légalement reconnue en France* ». Il est condamné à 13 mois d'emprisonnement sans confusion avec les peines précédentes et 10 000 francs d'amende.

Dans *Les Aventures de ma vie*, livre bien nommé, Rochefort eut le dernier mot dans la lutte qui l'opposa à Pinard : « *Le ministre de l'intérieur était*

---

[560] http://www.enap.justice.fr/ARCHIVE/18680815.pdf

alors un petit monsieur juché sur ses talons et vaniteux comme tous les nabots. Il s'appelait Pinard... À sa taille qui n'était pas haute, il joignait une intelligence qui ne l'était pas non plus ... ». Il eut également le dernier mot dans sa lutte contre l'empire en préfaçant la réédition des 74 numéros de la *Lanterne* en 1871 : « *L'empire n'a jamais été un gouvernement. La sieste odieuse que des ivrognes ont faite pendant 20 ans au 1er étage du palais des Tuileries, n'a jamais constitué un règne. « Non tu n'entreras pas dans l'histoire » a dit Victor Hugo. Il ne restera de ces toutes obscénités morales ou politiques qu'une espèce de puanteur imprégnée à nos habits, une sorte de précipité chimique, comme qui dirait un verminate d'infamie ou un crapulate de despotisme.* »[561]

86

4°/ Affaire O'Connell ou Rachel sur son lit de mort

(jugement du tribunal civil de la Seine du 16 juin 1858 ; président : M. Benoit-Champy ; avocat impérial : Pinard ; avocat du père de Rachel : Me Chaix d'Est d'Ange)

Le 15 janvier 1869 Victor Hugo répond à l'auteur du livre consacré à Marie Dorval[562] : « *J'ai lu votre livre excellent. Mme Dorval a été la plus grande actrice de ce temps ; Melle Rachel seule l'a égalée...* »

En 1870 il s'adresse à M. Raphaël Félix, le frère de Rachel : « *Monsieur, Je suis heureux d'être rentré à mon grand et beau théâtre, et d'y être rentré avec vous, digne membre de cette belle famille d'artistes qu'illumine la gloire de Rachel...* »[563].

La tragédienne Élisa Félix dite Rachel[564] eut un incroyable succès pendant sa courte vie, et le *Grand Dictionnaire Universel Larousse du XIXème siècle* lui consacre 12 colonnes. Rachel privilégia les tragédies classiques qu'elle joua presque toutes, à un rythme très soutenu. Ainsi elle tint 7 rôles entre le 12 juin et le 23 novembre 1838, dont Camille dans *Horace*, Émilie dans *Cinna*, Hermione dans *Andromaque,* et Roxane dans *Bajazet*[565]. Dans une

---

561 *Grand dictionnaire universel Larousse du XIXème siècle,* tome 10.

562 Marie Amélie Thomase Delaunay (1798-1849). A 14 ans elle épouse un, médiocre, acteur nomade, Allan qui se fait appeler Dorval. « *Elle devint la personnification vivante de l'école indomptée (*l'école romantique*) qui à grand bruit se jetait éperdument dans l'arène dramatique et y livrait bataille sur bataille* ». Elle fut notamment Dona Sol dans *Hernani* et Catarina dans *l'Angelo.*

563 Politique. 688 et Politique. 684.

564 1821-3 janvier 1858.

565 Dans une lettre du 10 septembre 1846, citée par Hugo, le commissaire du Roi près le Théâtre-Français se plaignait auprès du ministre de ce que la tragédienne ne respectait pas ses engagements contractuels. Histoire. 675.

délibération du 5 janvier 1839, le Théâtre- Français, voulant donner un « *gage de son estime et de son admiration pour ce jeune talent* », mettait « *à la disposition du directeur une somme* (*laissée en blanc*) *pour que celui-ci fasse exécuter en orfèvrerie un bandeau de reine sur lequel seront gravés ces mots à Melle Rachel. La comédie Française.* » L'année suivante la reine d'Angleterre lui offrit à Londres un bracelet avec ces mots en pierres précieuses « *Victoria, reine, à Rachel* ». Elle joua Catarina Bragadini de l'*Angelo* le 18 mars 1850 au Théâtre-Français et à New York en 1855. Au cours de ces années elle eut pour mentor Adolphe Crémieux[566] qui dit-on lui donna des leçons de diction. Le 5 janvier et le 11 janvier 1858, jour de ses obsèques, le Théâtre Français resta fermé.

À la mort de sa sœur, Sarah Félix fit faire par un certain M. Crette une photographie de Rachel sur son lit de mort, pour avoir une image qu'elle put garder pour elle-même. Comme il « *fallait (...) adoucir un peu les irréparables outrages de la mort,* elle *confia à M. Ghémar le soin de retoucher la photographie de M. Crette et d'enlever à la mort non pas ce qu'elle avait de triste, mais ce qu'elle avait d'horrible* ». M. Ghémar s'engageait « *sous aucun prétexte, à vendre ou donner aucune épreuve de ladite photographie* ». Quelque temps après, Sarah découvre dans la vitrine d'un certain M. Goupil un portrait de Rachel morte signé du nom de Madame 0'Connell[567], et qui était avec évidence la reproduction de la photographie.

À l'audience du 9 juin 1858[568] Me Chaix d'Est d'Ange, le futur procureur général près la cour impériale de Paris, avocat du père de Rachel, précise la demande de ses clients. Pinard l'avocat impérial intervient et expose clairement les faits : « *Rachel meurt. Melle Sarah fait faire deux photographies : la première par M. Crette, la seconde par Ghémar. La première est la mort avec ses horreurs, à la veille de la décomposition ; la seconde, copiée d'après la première, est la mort encore, mais la mort qui n'est plus affreuse et qui ne fait naître qu'un suprême sentiment de tristesse. (...) Qu'a fait Mme O'Connell ? Elle a vu les deux photographies par une indiscrétion de Ghémar, et elle a fait un troisième portrait exposé chez Goupil. Ce portrait a été tiré à plusieurs épreuves (...) et Mme O'Connell, au moment de la saisie de l'exemplaire actuel, a reconnu avoir vendu le portrait (...) Y a-t-il dans ce fait le principe d'une réparation pour Mlle Sarah Félix ? Oui, incontestablement,* et *l'œuvre de Mme O'Connell est une*

566 Voir *supra,* § 16.
567 Madame O'Connell avait peint deux portraits de Rachel du temps de sa splendeur.
568 *Gazette des tribunaux* du 10 juin 1858.

contrefaçon (...) Nous concluons à la validité de la saisie et à l'admission de la demande qui vous est soumise. »
Le 16 juin 1858[569] le tribunal sous la présidence de M. Benoit-Champy rend sa décision *:*
« *Attendu que nul ne peut, sans le consentement formel de la famille reproduire et livrer à la publicité, les traits d'une personne sur son lit de mort, quelle qu'ait été la célébrité de cette personne et le plus ou moins de publicité qui se soit attachée aux actes de sa vie ; Attendu que le droit de s'opposer à cette reproduction est absolu ; Déclare bonne et valable la saisie du dessin représentant Rachel sur son lit de mort, et la saisie des différentes épreuves photographiques de ce dessin pratiquée chez la dame O'Connell, chez Bertsch et Arnaud et au journal l'*illustration ».

87

5°/ La statue de Voltaire

En 1867 le grand journal républicain, *Le Siècle* ouvre une souscription pour élever une statue à Voltaire. Hugo écrit aussitôt à Havin son rédacteur en chef, par ailleurs député de Paris : « *Souscrire pour la statue de Voltaire est un devoir public* »[570].
En septembre 1868, le ministre de l'Intérieur Pinard voit arriver dans son cabinet, Havin, qui lui demande de désigner la place publique où sera érigée la statue. « *Voltaire ! L'impie Voltaire ? J'aurais aimé vous rendre service. Mais vous me demandez l'impossible* »[571].
La souscription ayant réunit 36. 000 francs, se clôt le 9 septembre 1868, et le 12 janvier 1869 *Le siècle*, annonçait l'érection prochaine du monument. Havin qui était décédé quelques temps auparavant ne verra pas l'aboutissement de son projet.

88

F/ Boucly, Hardoin, Grandet, Aulois, Glandaz *encore* ! et Baroche et Troplong

1°/ L'affaire Cabet

(arrêt d'assises du 15 avril 1832 ; président *M. Grandet* ; avocat général *Boucly*)

Etienne Cabet, ancien procureur général à Bastia, révoqué le 6 mai 1831, pour avoir professé des idées trop démocratiques en défendant de nombreux

---

[569] *Gazette des tribunaux* du 17 juin 1858.
[570] Politique. 589.
[571] *Le censeur de Baudelaire* Alexandre Najjar La Table Ronde 2011. 171.

accusés politiques, a été élu député de la Côte d'Or, en juillet de la même année.
Le 13 octobre 1832, M. Cabet publie un ouvrage ayant pour titre : *Révolution de 1830, expliquée et éclairée par les révolutions de 1789, 1792, 1799, 1804, et par la restauration.* Cet ouvrage fait aussitôt l'objet de poursuites. Après avoir été jugé et condamné par défaut à cinq années de prison et à l'interdiction des droits civiques, Cabet se présente à l'audience du 15 avril 1832 de la Cour d'assises de la Seine. Il doit y répondre des « *délits d'attaque contre la dignité royale, contre les droits que le Roi tient du vœu de la nation (...) contre les droits et l'autorité de la Chambre, d'offense envers la personne du Roi ; et d'excitation à la haine et au mépris du gouvernement* »... 15 avril 1832... L'on se souvient que ce jour-là, l'avoué Perrin a demandé au premier président Séguier le renvoi d'une affaire appelée devant la cour d'appel, au motif que l'avocat Marie plaidait devant la cour d'assises, ce qui provoquait l'incident relaté plus haut[572].
Le 15 avril 1832, donc, de nombreux députés assistent à l'audience de la cour d'assises de la Seine dont Lafayette, Dupont-de-l'Eure, Garnier-Pagès.
« *Tout le monde sent que la société doit être armée contre les excès auxquels peut être entraîné un écrivain sans mission et sans garantie, qui cherche à donner force et puissance à ses idées, et qui allume souvent les passions d'autrui au gré de celles qui l'agitent* » commence « *l'avocat général* »[573].
L'avocat général c'est le substitut général Félix Boucly, celui qui assistera Frank Carré dans l'affaire de Boulogne[574], le futur assesseur de la haute cour de justice qui jugera Pierre Bonaparte : « *C'est un ouvrage longtemps médité que l'auteur, député de la France, présente comme résultat de longues veilles* » commence-t-il. « *C'est un système longuement soutenu, appuyé sur des faits tous ployés au gré des prétentions coupables qui animent l'auteur, et qui peut se résumer en ces termes : « La royauté de juillet instituée par une charte illégitime et usurpatrice opprime et trahit la nation ; elle la condamne à la servitude l'entraîne à sa perte ; elle la livrerait peut-être aux puissances étrangères (...).*
La Charte, la royauté, le présent et l'avenir menacés, vous demandent Justice selon les lois. Vous la ferez, messieurs, car vous êtes fidèles à la devise de la France de 1830 : Ordre public et Liberté ! ».
En terminant sa plaidoirie Me Marie[575] osera s'écrier « *Les résistances aux révolutions passées ont produit l'anarchie, la résistance à la révolution de juillet, produirait les mêmes résultats. On veut l'ordre ; savez-vous ce que c'est que l'ordre ? C'est un fait qui naît d'autres faits. Vainement un*

---

[572] V. *supra,* § 53.
[573] Il ne sera avocat général Paris qu'en 1840. Officiellement il n'a été nommé substitut général Paris que le 19 février 1833.
[574] V. *supra,* § 51, 57.
[575] (1802-1870).

gouvernement proclame qu'il veut l'ordre, s'il méprise les intérêts intellectuels, industriels et moraux ; s'il méconnaît l'esprit public, sa volonté est impuissante, c'est au désordre qu'il marche ».
Après trois quarts d'heure de délibéré, le président Grandet, conseiller à la cour d'appel de Paris depuis le 28 septembre 1830, le futur membre de la haute cour de justice[576], prononce « *l'acquittement de M. Cabet.* »[577]

89

2°/ Baroche, Royer et la haute cour de justice de Bourges

(arrêt du 3 avril 1849 ; président : M. *Bérenger de la Drôme* ; assesseurs : *Rocher, Hardouin, de Boissieux, Hello* ; ministère public : *Baroche, de Royer*[578] avocat général près la cour de Paris et *Levesque* substitut général)

Pierre Jules Baroche[579], avocat dès 1823, bâtonnier en 1846 sera républicain jusqu'à l'élection de Louis Napoléon Bonaparte, dont il soutient alors indéfectiblement la politique. Le 20 décembre 1848, il est nommé procureur général près la cour d'appel de Paris pour être le ministère public des procès de Bourges et de Versailles. Les insurrectionnels du 15 mai 1848 ont été traduits devant la haute cour de justice siégeant à Bourges, c'est-à-dire loin de Paris...et c'est le procureur général Baroche, assisté de l'avocat général de Royer et du substitut général Levesque qui représentent le ministère public.
Par arrêt du 3 avril 1849 la haute cour de justice[580] condamne : « *Armand Barbès et Alexandre Martin dit Albert, à la peine de la déportation ; Louis-Auguste Blanqui à dix ans de détention ; Joseph-Marie Sobrier en sept années de la même peine ; Vincent-François Raspail en six années de la même peine ; Benjamin Flotte et Auguste-François Quentin, chacun en cinq années de la même peine* ». *Le grand dictionnaire universel du XIXème siècle Larousse* le décrit comme « *un des hommes politiques les plus considérables de notre pays et il joint un grand talent de parole et une connaissance*

---

576 V. *supra,* § 59.
577 *Gazette des tribunaux* 15, 16 avril 1833 :
http://data.decalog.net/enap1/liens/Gazette/ENAP_GAZETTE_TRIBUNAUX_1833 0415.pdf
578 Ce sont les mêmes Bérenger et de Royer qui respectivement présidèrent et soutinrent l'accusation devant la haute cour de justice de Versailles Audiences des 12 octobre 1849 et suivants 15 novembre 1849 ; Gazette des tribunaux des 13 octobre 1849 et suivants, 16 novembre 1849 :
http://data.decalog.net/enap1/liens/Gazette/ENAP_GAZETTE_TRIBUNAUX_1849 1013.pdf
579 1803-1870. Il sera procureur général près la cour de Paris jusqu'au 17 mars 1850, puis ministre de l'intérieur puis notamment garde des Sceaux.
580 *Gazette des tribunaux* du 4 avril 1849.

approfondie de toutes les affaires. »[581] Dans le premier supplément du même dictionnaire, édité 10 ans plus tard, le ton a changé. « *Un des apologistes attitrés du despotisme démoralisant que la France subit pendant 18 ans (...) Voulant que la magistrature fût le docile instrument du pouvoir, cet étrange représentant de la justice en France avait la prétention de dicter aux tribunaux leurs sentences et aux membres du parquet leurs conclusions* ». L'affaire du procureur impérial Séguier[582], sera l'exemple caractéristique de ce que pouvait faire cet ancien magistrat, qui s'était exclamé « *les concessions continuelles, le respect exagéré des scrupules de juristes, la tolérance systématique ont conduit deux gouvernements aux révolutions de 1830 et 1848. L'empire n'imitera pas de telles faiblesses* ». Baroche devient dès sa nomination un homme politique servile au régime. Il faut bien rentabiliser son ralliement. De 120 000 francs annuels[583] de revenus lorsqu'il était avocat, il doit se contenter de 25 000 francs, traitement du procureur général près la cour de Paris. Vice-président du Conseil d'État en 1852, ce traitement passera à 100 000 francs avec un hôtel...[584]

Hugo put donc tenir des propos très durs envers Baroche : « *Cet homme, ce hideux boucher du droit et de la justice, avait encore le tablier sur le ventre et les mains dans les entrailles fumantes de la Constitution et les pieds dans le sang de toutes les lois égorgées, quand vous, juges, quand vous, magistrats, hommes des lois, hommes du droit !... — mais je m'arrête ; je vous retrouverai plus tard, avec vos robes noires et avec vos robes rouges, avec vos robes couleur d'encre et vos robes couleur de sang, et je les retrouverai aussi, je les ai déjà châtiés et je les châtierai encore, ces autres, vos chefs, ces juristes souteneurs du guet-apens, ces prostitués, ce Baroche, ce Suin, ce Royer, ce Mongis, ce Rouher, ce Troplong, déserteurs des lois, tous ces noms qui n'expriment plus autre chose que la quantité de mépris possible à l'homme !* »[585]

Mais c'est surtout l'homme politique que visait Hugo. « *Baroche coudoie Teste* »[586] « *Baroche, dont le nom n'est plus qu'un vomitif* »[587], « *La pourriture avec Baroche pour voisin* »[588] « *Tu t'appelles Baroche (...)*

---

[581] Tome 2, édité du vivant de l'intéressé.

[582] V. *supra,* § 21, 46.

[583] Il convient de rappeler que dans les années 1850, un ouvrier parisien, perçoit en moyenne 900 francs par an (v. *supra,* § 22, 79, 89, 93).

[584] Il sera président en 1855 avec le titre d' « *Excellence* », ministre à plusieurs reprises dont ministre de la Justice le 23 juin 1863.

[585] *Napoléon le petit*, Histoire 80.

[586] *Napoléon le petit*, Histoire 439.

[587] *Châtiments*, « Splendeurs ». Poésie II. 72.

[588] *La légende des siècles*, dernière série Poésie III. 572.

Troplong (...) Sous la république tu t'appelais Hébert (...) Sous l'Empire tu t'appelles Trimalcion et tu lèches César »[589].
Juste retour de l'histoire, Baroche dût se démettre après l'affaire Séguier, le 17 juillet 1869, et lors de l'effondrement de l'empire il se réfugia à… Jersey, où il mourut un mois après, le 29 octobre 1870.
La veille, le 28 octobre 1870, au Bourget, un de ses, fils Ernest Baroche, chef du 12ème bataillon des Mobiles de la Seine, mourait en héros en résistant aux prussiens. Il ne lui restait plus que 60 hommes sur les 1500 qu'il commandait…Victor Hugo salua cette mort héroïque : « *La mort du fils a fait ce jour-là oublier la vie du père.* »[590]

90
Si l'homme politique est visé dans Baroche, c'est bien le magistrat Royer que stigmatise Hugo. « *Ce tas de gueux, Rouland, ... Royer...* »[591]. « Royer *fit des faux. Le voici procureur général* »[592].
Royer, un des premiers soutiens de Louis Napoléon figurera sur la liste de la commission consultative, et alternera les fonctions de procureur général près la cour de Paris d'une part (17 avril 1850, puis le 11 avril 1851) et près la Cour de cassation d'autre part (10 février 1853), avec celle de garde des Sceaux (24 janvier 1851, puis le 16 novembre 1857), avant de devenir sénateur en 1859.

91
3°/ Rouland, Zangiacomi et le complot de l'hippodrome et de l'opéra comique
(arrêt de la Cour d'assises de la Seine du 16 novembre 1853[593] Président : Marie Joseph Prosper Zangiacomi. Ministère public : Rouland, de Mongis. Avocat : notamment Jules Favre)

Hugo associe Rouland à ses cibles privilégiées : « *ce tas de gueux, Rouland, Sapey, Zangiacomi, Royer, / Sapey, Suin* », Delangle, Mongis et Partarieu-

---

[589] 22 décembre 1854, *Choses vues 1849-1885*, édition d'Hubert juin, Folio Classique, page 340 ; *Trimalcion* : personnage fictif du *Satyricon*, un roman attribué à l'auteur latin Pétrone.
[590] *GL XIX*, tome 16.
[591] Suite de *Châtiments,* Chantiers. 68
[592] *Châtiments,* Poésie II. 145 « éblouissements ».
[593] *Gazette des tribunaux* du 17 novembre 1853 : *ayant pour but d'attenter à la vie de S. M. L'Empereur et de changer la forme du gouvernement - 27 accusés présents-cinq contumaces* :
http://data.decalog.net/enap1/liens/Gazette/ENAP_GAZETTE_TRIBUNAUX_1853 1117.pdf

Lafosse[594], « *Allez donc demander à Delangle, à Rouland, / À Bellart, si on voit ses victimes en rêve.* »[595], « *Veux-tu pas que Rouland n'ait plus rien de sinistre, / Que Sapey ne soit plus le sot, et Suin le cuistre ?* »[596] « *O procureurs, (...) assassins (...) Vous êtes les Roulands, les Zangiacomis...* »[597].

Gustave Rouland avocat général près la Cour de cassation, depuis 1847, après avoir été procureur général près la cour de Douai en 1843, écrit au garde des Sceaux le 3 mars 1848 : « *Je comprends les nécessités politiques qui empêchent le gouvernement de me conserver mes fonctions, je n'entends rien faire qui soit voisin de l'amertume ou de l'hostilité. Je rentre dans les rangs et je dis un éternel adieu à la vie politique.* »[598] Il démissionne le 3 avril 1848, mais reprend ses fonctions le 10 juillet 1849, avant d'accéder au poste de procureur général près la cour de Paris, le 10 février 1853. C'est Rouland qui occupe personnellement les fonctions du ministère public à l'audience de la cour d'assises.

Celle-ci est présidée par le baron Prosper Marie Joseph Zangiacomi, qui a effectué toute sa carrière à Paris, de juge suppléant en 1829, à conseiller à la cour impériale de Paris en 1841. Dès cette date il personnifie le système judiciaire qui fait du président des assises l'adversaire des accusés au lieu d'en être le protecteur impartial.

L'affaire à juger est l' « *une des tentatives les plus sérieuses du parti républicain contre le triste héros du 2 décembre* »[599]. Quelques affiliés de trois sociétés secrètes avaient fait le projet soit d'enlever soit d'assassiner Napoléon III. Ils avaient décidé d'agir le 7 juin 1853, jour où l'empereur devait se rendre de Saint Cloud à l'hippodrome. Pensant avoir été repérés, les chefs reportaient l'action lors d'une visite de l'empereur à l'exposition d'horticulture, mais dans la nuit du 8 au 9 juin la police arrêtait deux des chefs Lux et Ruault. Le coup de main était reporté au 6 juillet devant l'opéra comique. La police prévenue procédait à une centaine d'arrestations.

À l'audience Rouland prononce un « *réquisitoire, aussi remarquable par l'élévation de la pensée que par l'éclat de la forme (...), suivi des marques de la plus vive approbation.* »

Sont déclarés non coupables : Thirez, Bratiano, Baudy, Ranc, Laflize et Martin. M. le président ordonne leur mise en liberté, s'ils ne sont retenus pour autre cause on sait que chacun de ces accusés reste sous le coup d'une

---

[594] Chantiers. 68. « *Suite de châtiments* ».

[595] Chantiers. 216.

[596] Chantiers. 219.

[597] Chantiers. 71.

[598] *Juges et notables au XIXème siècle,* Jean- Pierre Royer, Renée Martinage et Pierre Lecocq, PUF 1982, pages 58 et 326.

[599] *Grand Larousse universel du XIXème siècle,* tome 9, publié après la chute de l'empire.

détention par suite du renvoi en police correctionnelle prononcé à leur égard par la chambre d'accusation ; savoir : Bratiano, Thirez, Baudy, Ranc, Laflize et Martin, pour société secrète. Bratiano, en outre, pour détention d'imprimerie clandestine, et Martin pour soustraction frauduleuse.
L'arrêt condamne :
Ruault, Lux, Gérard, Copinot, de Méren, Mariet et Gainât, à la peine de la déportation.
Mouchiroud, à dix ans de détention.
Malz, Mazille et Turenne, à sept ans de détention.
Deney, Mailliet, Jaud, Commès et Joiron, à cinq ans de détention.
Folliet, Decroix et Alix, à huit ans de bannissement.
Laugardière, à cinq ans d'emprisonnement.
Follot, à trois ans d'emprisonnement.

92
4°/ Troplong Raymond, Theodore (1795-1869)

« *Cambyse, j'en conviens, eût ce cœur de roche,*
De faire asseoir Tropong sur la peau de Baroche »[600].

Après avoir été avocat, Troplong entre dans la magistrature en 1819 comme procureur à Sartène. Remarquable civiliste il est auteur de nombreux ouvrages de droit qui feront autorité, comme *Des privilèges et hypothèques*[601], *De la vente*, *Des prescriptions*, et surtout *Le droit civil expliqué suivant l'ordre des articles* en 27 volumes. Libéral, il se range dans le parti du césarisme après 1848. « *Il devient un des serviles adulateurs du despotisme naissant et voit son zèle récompensé par une place au Sénat en 1852* ». C'est lui qui, à cette assemblée, fait le rapport sur le rétablissement de l'empire, « *dans lequel il donne Louis Bonaparte comme le représentant de deux siècles et de deux esprits, comme l'incarnation de la démocratie organisée, invoque dévotement la théorie des hommes providentiels et remonte jusqu'à la loi salique pour démontrer que le pouvoir serait héréditaire dans la descendance mâle soit directe soit par adoption, de Louis Bonaparte* ». Il justifie, comme Baroche, toutes les mesures prises par Napoléon III. « *La France ne veut pas que l'on garrotte par les liens d'une suspicion mesquine un pouvoir posé par elle sur la puissante assise d'une confiance sans précédent. Ce ne serait pas la peine d'ériger des monarchies si c'était pour lier les mains du prince dans d'indignes liens* ». « *Constant adulateur d'un pouvoir qu'il ne sut jamais conseiller le président Troplong ne cessa de faire l'apologie de l'empire. La veuve de ce triste politique reçut*

600 *Châtiments,* Poésie. II. 116, « Les grands corps de l'Etat ».
601 1833.

une pension de 20. 000 francs qui fut maintenue par le président de la République, Thiers, en 1873. »[602]

On ne peut donc pas être surpris que Troplong ait été le magistrat le plus souvent cité par Hugo[603]. Les mots employés sont parmi les plus sévères. « *Devant Magnan le reitre et Troplong le grimaud* »[604], « *Troplong pourri* »[605], le « *violateur de Chartres* »[606], « *Troplong cette servante* »[607] ; « *Troplong, c'est le crime en bourgeois* »[608],« *Ils* [les soldats] *dansent en rond, noirs quadrilles, / Comme des gueux dans le ravin ...Troplong leur amène des filles* »[609] ; « *Lorsque Abd-el-Kader dans sa geôle / Vit entrer l'homme aux yeux étroits / Que l'histoire appelle — ce drôle, — / Et Troplong — Napoléon trois* »[610] ; « *Quant au peuple, il admire et vote ; on est suspect / D'en douter, et Paris écoute avec respect / Sibour et ses sermons, Troplong et ses troplongues* »[611] ; « *Qu'importe ! Allons, emplis ton coffre, emplis ta poche / Chantez, le verre en main, Troplong, Sibour, Baroche!* »[612] ; « *Qu'il soit cher à Troplong, que Sibour le vénère / Qu'il leur donne son pied tout sanglant à baiser, / Qu'il vive, ce césar ! Louvel ou Lacenaire / Seraient pour le tuer forcés de se baisser.* »[613] ; « *Les âmes de Baroche et de Troplong, ces gueuses !* »[614] ; « *Le bœuf Peuple rôtit tout entier devant l'âtre / La lèchefrite chante en recevant le sang ; / À côté sont assis, souriant et causant / Magnan qui l'a tué, Troplong qui le fait cuire.* »[615] ; « *Cambyse, j'en conviens, eût eu ce cœur de roche / De faire asseoir Troplong sur la peau de Baroche / Au bout d'un temps peu long, / Il eût crié : Cet autre est pire. Qu'on l'étrangle ! / Et, j'en conviens encore, eût fait asseoir Delangle / Sur la peau de Troplong. (...)* « *Qu'importe que, le soir, un passant solitaire, / Voyant un récureur d'égouts sortir de terre, /*

---

[602] *Grand dictionnaire universel du XIXème siècle Larousse.*

[603] Voir aussi Suite de *Châtiments*, « Conseil aux jeunes magistrats », Chantiers. 216 ; *Les années funestes*, « Lesurques », Poésie IV. 766 ; *La légende des siècles*, « nouvelle série », Poésie III. 493 ; *Histoire d'un crime,* Histoire. 396. Troplong fit partie de la « *commission consultative* ».

[604] « Aux femmes », Poésie II. 151.

[605] *Châtiments,* « Au peuple », Poésie II. 153.

[606] « La caravane », Poésie II. 184.

[607] *Châtiments,* « Nox », Poésie II. 11.

[608] Boite aux lettres Chantiers. 77.

[609] « *Et Sibour leur verse du vin* », *Châtiments,* « *À l'obéissance passive* », Poésie II. 55.

[610] *Châtiments,* « Orientale », Poésie II. 69.

[611] *Châtiments,* « Splendeurs », Poésie II. 74.

[612] *Châtiments,* « Joyeuse vie », Poésie II. 77.

[613] *Châtiments,* « Non », Poésie II. 86.

[614] *Châtiments,* « Aube », Poésie II. 101.

[615] *Châtiments,* « On loge à la nuit », Poésie II. 104.

Dise : Tiens ! C'est Troplong ! »[616] *; « Près de Troplong paillasse et Chaix-d'Est-Ange pitre / Devant cette baraque, abject et vil bazar / Où Mandrin mal lavé se déguise en César »*[617]*; « Cet être horrible, insulte à la figure humaine !/ Il s'étale effroyable, ayant tout un troupeau / De Suins et de Fortouls qui vivent sur sa peau, / Montrant ses nudités, cynique, infâme, indigne, / Sans mettre à son Baroche une feuille de vigne ! / Il rit de voir à terre et montre à Machiavel / Sa parole d'honneur qu'il a tuée en duel / Il sème l'or ; — venez ! — et sa largesse éclate / Magnan ouvre sa griffe et Troplong tend sa patte. »*[618] *; « Oui, ce peuple invincible, oui, ce peuple superbe / Tremble aujourd'hui, pâlit, frissonne comme l'herbe / Claque des dents, se cache et n'ose dire un mot / Devant Magnan, ce reître, et Troplong, ce grimaud ! »*[619] *; « Livrer ce pauvre peuple aux voraces Troplongs, »*[620] *; « Nous trouvons merveilleux que Troplong soit Scapin / Nous trouvons inouï que Dupin soit Dupin ! »*[621] *; « Soyez maudits, Troplong, Fould, Magnan, Faustin deux / De faire au penseur triste un cortège hideux, / De le suivre au désert, dans les champs, sous les ormes, / De mêler aux forêts vos figures difformes ! »*[622] *; « Plus bas ! baise Troplong ! plus bas ! lèche Baroche »*[623] *; « Devant Troplong le procureur »*[624] *; « Quoi, grand Dieu, pour Troplong la mort de Malesherbes ! »*[625] *; « Quand Troplong, le matin, ouvre un œil chassieux / Vénus, splendeur sereine éblouissant les cieux / Vénus, qui devrait fuir courroucée et hagarde / N'a pas l'air de savoir que Troplong la regarde ! »*[626]

---

616 *Châtiments,* « Les grands corps de l'Etat », Poésie II. 116, 117.
617 *Châtiments,* « L'expiation », Poésie II. 134.
618 *Châtiments,* « Eblouissements », Poésie II. 144.
619 *Châtiments,* « Aux femmes », Poésie II. 151.
620 *Châtiments,* « Au peuple », Poésie. 155.
621 *Châtiments,* « A Juvénal », Poésie II. 161.
622 *Châtiments,* « Floréal », Poésie II. 164.
623 *Châtiments,* « Applaudissement », Poésie II. 167.
624 *Châtiments,* « La reculade », Poésie II. 172.
625 *Châtiments,* « La caravane », Poésie II. 186.
626 *Châtiments,* « Force des choses », Poésie II. 192.

93

5°/ Aulois et l'affaire Baudin[627] ou *l'invention*[628] de Gambetta

(jugement du 13 novembre 1868 ; président : *Rémy Vivien* ; substitut impérial : *Louis Aulois*. Avocats : *Crémieux ; Arago ; Hubbard ; Gambetta*)

« *Quand on a ce patois qu'Aulois prend pour du style* »[629] « *Suin copiant Severt, Aulois singeant Bergasse* »[630].

Louis Aulois aura une courte vie professionnelle puisque nommé substitut au parquet de la Seine le 19 janvier 1867, il démissionnera le 5 septembre 1870, le jour même où l'empereur était emmené en captivité[631].

Aux audiences des 12 et 13 novembre 1868 du tribunal correctionnel de la Seine, le substitut impérial Aulois fait lui-même l'exposé d'une « *bien vieille histoire* »[632].

« *C'était le 3 décembre 1851 : Baudin*[633] *et d'autres représentants du peuple se rendirent au faubourg Saint-Antoine pour tenter un dernier effort sur la population ouvrière et la pousser à la résistance : une barricade fut ébauchée ; Baudin pressait quelques ouvriers de se joindre à eux, l'un d'eux lui répondit : « Croyez-vous que nous allons nous taire tuer pour vous conserver vos 25 francs?*[634] *À quoi Baudin répliqua : « Attendez! vous verrez comment on se fait tuer pour 25 francs!(...) Bientôt, en effet, des troupes avancèrent ; Schalcher* [comprendre Schœlcher] *et d'autres représentants se portèrent à leur rencontre ; on ouvrit les rangs devant eux ; bientôt de la barricade un coup de feu partit, un soldat tomba, ses camarades firent feu à leur tour et Baudin fut renversé par les balles. Tel est le héros que les démocrates choisirent pour lui porter plus spécialement au 2 novembre 1868 l'expression de leurs hommages et de leurs sympathies. C'est sur sa pierre funéraire que furent invités à se rassembler tous ceux qui, en partageant et en affirmant ses idées politiques, voulaient donner au gouvernement*

---

627 *Actes et paroles* I. « Le deux décembre 1851 », Politique. 330, *Actes et paroles* II. « Aux cinq rédacteurs-fondateurs du Rappel », Politique. 619 et note 101, page 1123 ; v. aussi 479, 618, 649, 686, 923, *Les années funestes*, Poésie IV. 736 et 762, *Châtiments*, « Nox », Poésie II. 7. Voyages. 1042 ; 1292 note 9, Histoire. 239, 269 ; « *Le cadavre de Baudin* ». 275 ; etc…

628 L'expression est d'Alexandre Najjar précité, page 189.

629 *Les Années funestes*, « Rosalie Doise », Poésie IV. 750, novembre 1869.

630 *Les années funestes*, « Lesurques », Poésie IV. 771.

631 V. *infra*, § 97.

632 Selon une expression prêtée à Napoléon III.

633 Baudin Jean Baptiste Alphonse Victor (1811- 3 décembre 1851) Médecin militaire, élu député le 13 mai 1849.

634 Montant de l'indemnité d'un député.
« *Vous allez voir comment on meurt pour vingt cinq francs !*
Disait Baudin ; les mots de la tombe sont grands » *Les années funestes,* Poésie IV. 736 ; voir *supra,* § 22, 79, 89.

impérial un témoignage de haine et exciter les passions publiques contre lui. »[635] Ces faits correspondent à ceux que décrits Hugo dans *Histoire d'un crime*[636]. Le jour même, le « *frère de Baudin, jeune homme de 24 ans, étudiant en médecine* » se présente à l'hospice Saint-Antoine. Il signe un procès verbal « *comme quoi sur la réquisition du commissaire de police de la rue Sainte-Marguerite-Saint-Antoine, on lui fait livraison du cadavre de son frère.* »[637] Le cadavre est emmené, en catimini dans un fiacre tous stores baissés.... Dix-sept ans après, la loi du 9 mai 1868 supprime l'autorisation préalable et le système des avertissements en matière de presse. Le lundi 31 mai 1868 des porteurs déposent dans les kiosques une petite brochure rouge, *La Lanterne* de Henri Rochefort. « *La France* écrit-il, *contient 36 millions de sujets sans compter les sujets de mécontentement...* ». Le ton est donné, et ce n'est qu'un début. Le journal tire à 120 000 exemplaires. À la même époque, Eugène Ténot publie « *Paris en décembre 1851, étude historique sur le coup d'état* ». Le 2 novembre 1868 les républicains se réunissent au cimetière Montmartre sur la tombe de Baudin et *L'Avenir National* et *Le Réveil* ouvrent une souscription pour l'érection d'un monument au martyr[638].

Edgar Quinet, Louis Blanc, Victor Hugo souscrivent. Pinard, alors ministre de l'Intérieur, demande et obtient des poursuites pénales, intentées sur le fondement de la loi de sûreté générale[639]. MM. Quentin, Delescluze, Peyrat, Gaillard, Cortes, dit Gaillard, Peyrouton, Challemel-Lacour, Duret, sont inculpés d'avoir, en 1868, à Paris, dans le but de troubler la paix publique et d'exciter à la haine et au mépris du gouvernement, pratiqué des manœuvres à l'intérieur. MM. Cortes, dit Gaillard, Peyrouton et Quentin, sont inculpés d'avoir, à la même époque et dans le même lieu par des discours prononcés publiquement, le 2 novembre, au cimetière Montmartre, *excité à la haine et au mépris du gouvernement.*

Après un début d'audience habituel, Gambetta avocat de Delescluze, « *se présente à la barre, redresse son large torse, fixe sur les juges son regard étrange. Ce n'est pas une plaidoirie, c'est un réquisitoire, c'est un combat. L'empire d'accusateur devient accusé. Et c'est Baudin qui accuse.* »[640]

L'avocat impérial Aulois, essaie de l'interrompre. Gambetta le fait taire et l'accable : « *Vous juges qui êtes chargés d'appliquer la loi, vous nous devez protection à nous, qui la défendons* ».

---

635 *Gazette des tribunaux* du 14 novembre 1848 : http://www.enap.justice.fr/ARCHIVE/18681114.pdf

636 Histoire. 267 ; v. aussi page 239.

637 *Histoire d'un crime* Histoire. 275 et s.

638 *Histoire de la France de 1852 à nos jours,* Georges Duby, Larousse 1987. 117.

639 *Histoire de la justice en France,* Jean-Pierre Royer, PUF 1995. 521. À noter une *coquille* : il faut lire Baudin et non pas Blandin.

640 *Gambetta,* Paul Deschanel, Hachette 1919, page 26.

« *Un pareil procès a-t-il jamais été agité à aucune époque parmi les hommes ? Non ! Jamais ! Remontez jusqu'au temps d'Athènes, jusqu'au temps de Rome, cherchez s'il n'y a jamais eu un procès comparable à celui dont vous êtes saisi ? Quant à moi, je le dis avec toute l'énergie des forces qui vibrent dans mon être, j'ai beau interroger mes souvenirs, consulter l'histoire, jamais, non, jamais je n'ai rencontré un pareil duel entre le droit et le despotisme, entre la loi et la force (...) Oui le 2 décembre, autour d'un prétendant, se sont groupés des hommes que la France ne connaissait pas jusque-là, qui n'avaient ni talent, ni honneur, ni rang, ni situation, de ces gens qui, à toutes les époques, sont les complices des coups de la force ... Un tas d'hommes perdus de dettes et de crimes, ...* »[641]. Brillante plaidoirie mais inefficace plaidoirie ou tout au moins insuffisante...

Le tribunal « *Condamne Delescluze à six mois d'emprisonnement, 2, 000 francs d'amende, le déclare interdit de l'exercice des droits civiques, de vote, d'électeur et d'éligibilité* ». La *Gazette des tribunaux* du 15 novembre relate en détail le contenu des premières plaidoiries, celles de Crémieux et d'Arago, et prudente, ajoute : « *Les défenseurs des autres prévenus ont été entendus (...) mais le défaut d'espace ne nous permet pas de reproduire ces plaidoiries, qui ont complété l'œuvre de la défense* »[642]. Si la plaidoirie de Gambetta ne franchit pas les portes de la salle d'audience, elle lui donne une réelle célébrité. Pinard avait *inventé Gambetta* selon l'heureuse expression d'Alexandre Najjar.
En février 1869, probablement le 4 ou le 5[643], la chambre criminelle de la Cour de cassation, présidée par Legagneur, rejette le pourvoi formé contre l'arrêt confirmatif de la cour de Paris.
Le 18 décembre 1869 Hugo écrit à son fils : « *En 1851, tu étais défendu par Crémieux, ce grand cœur éloquent, et par moi. En 1860, tu as été défendu par Gambetta*[644]*, le puissant évocateur du spectre de Baudin...* »
Le 19 mars 1870 le président Vivien sera nommé à la cour d'appel de Paris par Emile Ollivier, garde des Sceaux, qui lors de cette affaire Baudin avait apprécié « *la placidité du président, qui n'hésitait pas à montrer sa sympathie pour la défense* »[645].

---

641 *Grandes plaidoiries et grands procès*, Prat éditions 2004, page 523.
642 http://www.enap.justice.fr/ARCHIVE/18681115.pdf
643 *Gazette des tribunaux* du 5 février, mentionne par erreur audience du 29 février : http://www.enap.justice.fr/ARCHIVE/18690205.pdf
644 de Hauteville-House, Politique. 633.
645 Selon les termes de Emile Ollivier, cité par Rousselet. I. 429.

94
6°/ Aulois et les obsèques de Rossini
(jugement du 5 janvier 1869, président : *Rémy Vivien*[646] ; avocat impérial : *Louis Aulois*[647])

Le 21 novembre 1868, lors des funérailles de Rossini à Paris, le vicomte de Coëtlogon, 27 ans, rédacteur au Figaro, et un officier du service d'ordre, le lieutenant Charpentier, se heurtent. S'ensuivent des échanges de mots, un soufflet, et une provocation en duel ; duel à l'issue duquel l'officier est légèrement blessé. Malgré la réconciliation des deux protagonistes le parquet engage des poursuites contre le journaliste du Figaro, prévenu de « *prévention de manœuvres à l'intérieur dans le but de troubler la paix publique et d'exciter à la haine et au mépris du gouvernement par discours prononcés publiquement* ». À l'audience du 5 janvier 1869 l'avocat impérial Aulois reproche au prévenu d'avoir « *exercé des violences et voies de fait contre un agent de la force publique pour avoir traité celui-ci de « butor » et d'avoir volontairement fait des blessures au sieur Charpentier,* ». Au cours des débats le président Vivien demande au prévenu « *comment avez-vous eu l'audace de porter la main sur un officier ?* »... Autres temps, autres mœurs ! Le tribunal correctionnel après un court délibéré condamne Coëtlogon à 1 mois de prison et 200 francs d'amende[648]. Hugo cite un exemple semblable en 1869 : Coupure de journal : « *La 8ème chambre de police correctionnelle vient de condamner à 15 jours de prison le nommé Jean Guilbert prévenu d'avoir voulu monter sur la grille placée au pied de la colonne de la Bastille afin d'y poser un bouquet d'immortelles.* »[649]

95
7°/ Aulois et l'affaire Naquet
(jugement du 30 mars 1869. Président : *Rémy Vivien* ; substitut impérial : *Louis Aulois*)

1868. Alfred Naquet, le futur « *célèbre restaurateur du divorce en France* »[650], publie un ouvrage intitulé : « *Religion, famille, propriété* ». Il y déclare notamment que « *le mariage* est *une institution essentiellement tyrannique et attentatoire à la liberté de l'homme, la cause de la dégénérescence de l'espèce humaine, et que cette institution est génératrice de vice, de misère et de mal* et *qu'il lui préfère le concubinage ou l'union*

---

646 Vivien Rémy Arsène (1804-1874) vice président Seine depuis le 1er février 1867.
647 Aulois Louis Félix (1832-1908) Substitut de la Seine depuis le 19 janvier 1867.
648 *Gazette des tribunaux* du 6 janvier 1869 :
http://www.enap.justice.fr/ARCHIVE/18690106.pdf
649 Choses vues 1849-1885, édition d'Hubert Juin, 533.
650 *La société judiciaire depuis le XVIIIème siècle,* J.-P. Royer, 325.

libre, sans intervention de l'autorité civile sans consécration religieuse et légale ». Sous l'impulsion de l'avocat impérial Aulois il est poursuivi, pour « *outrage à la morale publique et religieuse* ». Le 30 mars 1869 la désormais fameuse sixième chambre du tribunal correctionnel de Paris, présidée par Rémy Vivien, le condamne à 4 mois d'emprisonnement et 500 francs d'amende[651].

96

8°/ L'affaire Pierre Bonaparte et l'assassinat de Victor Noir

(jugement du 21 janvier 1870. Président : *M. Brunet* ; avocat impérial : *Aulois* ; jugement du 22 janvier 1870 ; président : M. *Cressent* ; avocat impérial : *Aulois*)

(arrêt de la haute cour de justice du 27 mars 1870, siégeant à Tours. Président : *Glandaz*, assesseurs : *Zangiacomi, Poulliarde de Carnières, Boucly, Gastambide* ; ministère public : *Grandperret, Bergognié*)

Dans ces affaires réapparaissent :
- Brunet[652], vice-président au tribunal de la Seine depuis le 10 décembre 1868, Aulois substitut près ce tribunal
- Glandaz, Boucly, Zangiacomi *fils,* Grandperret

Le substitut général Glandaz de l'affaire *Boustrapa*[653], l'avocat général de l'affaire Teste-Cubières[654], devenu conseiller à la Cour de cassation le 10 juillet 1849, a été nommé président de la haute cour de justice.

Félix Boucly, le membre du parquet de la cour des pairs dans l'affaire *Boustrapa,* celui qui assurera la poursuite contre Cabet[655], est depuis le 7 août 1864, conseiller à la Cour de cassation et siège à la haute cour de justice.

Zangiacomi[656] est conseiller à la Cour de cassation depuis le 18 février 1858.

Grandperret[657] est depuis le 17 novembre 1867, procureur général près la cour de Paris et deviendra garde des Sceaux le 9 août 1870.

Fin 1869, un journal démocratique corse *La Revanche* attaque avec vigueur les actes de Napoléon Ier. Le prince Pierre Bonaparte (fils de Lucien frère de l'empereur Napoléon Ier) répond le lendemain dans *L'avenir de la Corse* en qualifiant les rédacteurs de *La Revanche* de « *lâches Judas, traitres à leur pays et que leur parents eussent autrefois jetés à la mer dans un sac* », et les

---

651 *Gazette des tribunaux* 31 mars 1869 ; audience des 16 et 30 mars 1869 : http://www.enap.justice.fr/ARCHIVE/18690331.pdf
652 V. *supra,* § 71, 72.
653 V. *supra,* § 51 et 57.
654 V. *supra,* § 66.
655 V. *supra,* § 88.
656 Affaire *Lesurques*, v. *supra,* § 74.
657 V. *supra,* § 21.

compare à des « *escargots rampants sur le bronze pour le rayer de leur bave* ». Au même moment le journal *La marseillaise* dirigé par Henri Rochefort attaque vivement Pierre Bonaparte. Le 9 janvier 1870 Pierre Bonaparte écrit à Henri Rochefort : « *Après avoir outragé... chacun des miens vous m'insultez par la plume d'un de vos manœuvres (...) J'ai peut-être un avantage sur la plupart de ceux qui portent mon nom, c'est d'être un simple particulier tout en étant Bonaparte. Je vais donc vous demander si votre encrier se trouve garanti par votre poitrine (...)* ». Cette lettre est remise le lendemain à son destinataire qui charge deux de ses amis d'être ses témoins. Le même jour Paschale Grousset, rédacteur de *La marseillaise* et fondateur de *La Revanche*, s'estimant offensé par la lettre du prince, prie M. Ulric de Fonvielle et Victor Noir de se rendre à Auteuil pour demander raison à Pierre Bonaparte et régler les conditions d'un duel. Quelques instants après s'être présenté chez le prince, Victor Noir sort en chancelant, mortellement blessé par un coup de révolver de Pierre Bonaparte. Vers 18 heures, le bruit se repend dans Paris que le prince Pierre Bonaparte, a tué d'un coup de révolver un des rédacteurs de La marseillaise, M. Yvan Salmon plus connu sous le nom de Victor Noir. Le soir même, le prince se constitue prisonnier. Il est mis en détention à la conciergerie dans l'appartement du directeur. Le traiteur *Potel et Chabot*, chargé du service de bouche, est très apprécié des nombreux visiteurs qui fréquentent le salon-geôle. Le 11 janvier *La marseillaise* sous la plume de Rochefort, publie dans un encadré de noir : « *J'ai eu la faiblesse de croire qu'un Bonaparte pouvait être autre chose qu'un assassin ! (...) Voilà 18 ans que la France est entre les mains de ces coupe-jarrets qui non content de mitrailler les républicains dans les rues, les attirent dans des pièges immondes pour les égorger à domicile. Peuple français ne trouves-tu pas qu'en voilà assez ?* ». Le journal est aussitôt saisi. Le même jour, le journal officiel publie un décret convoquant la haute cour de justice : « *Attendu que l'inculpé appartient à notre famille, et que, dès lors, l'instruction doit être faite par la Haute-Cour de justice (...) Art. 2. M. le conseiller d'Oms présidera la chambre d'accusation de la Haute-Cour. Les fonctions de procureur-général près la Haute-Cour seront remplies par M. Grandperret, procureur général, assisté de M. Bergognié, substitut du procureur général près la Cour impériale.* »[658]
Le même jour encore, à 2 heures du matin, un incident se produit au Corps Législatif entre son président et M. Rochefort.

M. Rochefort : *Le peuple demande justice...* (Vive agitation.) *pour son enfant.*

M. le président : *Nous sommes tous des enfants du peuple.* (Applaudissements.)

M. Rochefort : *Or, les juges sont dévoués à la dynastie.*

---

[658] *Gazette des tribunaux* 12 janvier 1870.

M. le président : *Je ne permets pas qu'on injurie la justice.*
M. Rochefort : *Et nous, nous demandons vraiment si nous vivons sous les Bonaparte ou sous les Borgia.* »

Deux sortes d'instances judiciaires naissent alors : des poursuites correctionnelles à l'encontre des journalistes et l'affaire de l'assassinat de Victor Noir.
Le 17 janvier 1870 le Corps Législatif autorise la poursuite pénale de son député Henri Rochefort.
Le 22 janvier 1870 la 6ème chambre correctionnelle du tribunal de Paris présidée par M. Cressent et sur les réquisitions de l'avocat impérial Aulois, condamne Henri Rochefort à 6 mois d'emprisonnement et à 3 000 francs d'amende et Paschale Grousset à 6 mois d'emprisonnement et 2 000 francs d'amende par une riche motivation (!) : « *Attendu que Dereure a publié dans le numéro 25 du journal* La marseillaise, *dont il est le gérant, portant la date du 12 janvier 1870, un article intitulé : Assassinat commis, finissant par ces mots : « Est-ce que, décidément, tu ne trouves pas qu'en voilà assez ? » signé Henri Rochefort ; Que cet article contient évidemment Une offense publique envers la personne de l'Empereur, et une provocation à commettre un ou plusieurs crimes* »[659].
La veille la même 6ème chambre[660] sous la présidence de Brunet et sur les réquisitions du même Aulois, avait condamné Malespine gérant de *La Réforme* et Vermorel et Clément, rédacteurs, à respectivement 3 mois d'emprisonnement et 1 000 francs d'amende pour le premier et 6 mois d'emprisonnement et 1 000 francs d'amende pour les deux autres pour des articles publiés sur la même affaire dans les numéros des 12 et 16 janvier 1869.
Henri Rochefort est arrêté le 6 février 1870 vers 8 heures du soir, à la sortie du Corps Législatif et écroué à Sainte Pélagie le domicile judiciaire des journalistes et des poètes[661]...
Le 19 février 1870 la chambre d'accusation renvoie Pierre Bonaparte devant la Haute Cour sous la double inculpation :
« *1° D'avoir, le 10 janvier dernier, à Auteuil- Paris, commis le crime d'homicide volontaire sur la personne d'Yvan Salmon, dit Victor Noir (...)*
« *2° D'avoir, le même jour, à la même heure et dans le même lieu, commis, sur la personne d'Ulric*

---

[659] *Gazette des tribunaux* du 23 janvier 1870.
[660] *Gazette des tribunaux* 22 janvier 1870. L'on apprend par ailleurs dans ce même numéro que « *le premier président de la cour impériale, recevra lundi 24 janvier et les lundis suivants rue du Cirque, n° 6* » et non pas au n° 8 !
[661] « *Dans Sainte Pélagie, Sous ce règne élargie, Où rêveur et pensif, Je vis captif,* ... » Gérard de Nerval Politique 1834. *Anthologie de la poésie française* Garnier 2009. 372.

de Fonvielle, une tentative d'homicide volontaire[662].

Le 21 mars 1870, la Haute Cour de justice se réunit à Tours. 89[663] jurés, membres des conseils généraux ont été convoqués parmi lesquels seront tirés au sort les *hauts jurés* du procès. À côté du président Glandaz, les juges titulaires : Zangiacomi, Poulliaude de Carnières, Boucly, Gastambide et M. Savary juge suppléant.

Dans ses réquisitions le procureur général Grandperret, assisté de l'avocat général Bergognié, rejette la légitime défense invoquée par le prince : « *Messieurs, j'exprime la ferme conviction que c'est le soufflet porté par la victime qui a déterminé le coup de feu du prince. Le prince a tiré sur Victor Noir pour venger l'outrage qu'il venait de recevoir, et non pour défendre sa vie. C'est l'indignation, la colère qui l'ont entraîné, et non la crainte ! il l'a dit lui-même : J'ai tiré sur celui qui m'avait outragé. Donc, ce n'était point là un cas de légitime défense, c'était un châtiment, une vengeance ! (...) vous ne voudrez pas accorder à l'accusé une justification que la loi lui refuse! Vous ne voudrez pas l'affranchir arbitrairement de la responsabilité qui pèse sur lui ! Cette responsabilité, c'est son œuvre ; un homme est mort sur le seuil de sa demeure et il n'aurait pas perdu la vie, si le prince plus calme, plus digne, n'eût point cédé à un emportement funeste, et se fût élevé au-dessus d'une vengeance sans merci ! Jugez le donc, non d'après les clameurs des uns ou les sympathies des autres, mais selon l'inspiration du devoir, et uniquement parce que vos esprits et vos cœurs seront restés jusqu'au bout inclinés vers la justice ! Prononcez selon votre conscience au nom du pays que vous représentez, et je peux ajouter, sans exagération, en face de l'histoire !* ».

Me Leroux, l'avocat du prince est évidemment d'un avis strictement opposé : « *Autrefois c'étaient les peuples qui demandaient aux princes l'égalité pour tous devant la loi, aujourd'hui ce sont les princes qui la demandent aux peuples. Aujourd'hui nous vous demandons justice et justice c'est l'acquittement.* »

Le président explique alors que les hauts-jurés devront répondre, notamment aux deux questions suivantes :

1° Le prince Pierre-Napoléon Bonaparte est-il coupable d'avoir, le 10 janvier dernier, à Auteuil-Paris, commis un homicide volontaire sur la personne d'Yvan Salmon, dit Victor Noir ?

(...)

4° Le prince Pierre-Napoléon Bonaparte est-il coupable d'avoir, le 10 janvier dernier, à Auteuil-Paris, commis une tentative d'homicide

---

662 *Gazette des tribunaux* du 20 février 1870.

663 Un par département.

volontaire sur la personne d'Ulric de Fonvielle, laquelle tentative, manifestée par un commencement d'exécution, n'a manqué son effet que par des circonstances indépendantes de la volonté de son auteur ?
Le 27 mars 1870, à 2heures ¾, après 1 heure 15 de délibéré, le chef du haut-jury, debout et la main droite sur son cœur déclare : « *Sur mon honneur et ma conscience, devant Dieu et devant les hommes, la déclaration du jury est : Sur la première question, non ; sur la quatrième question, non* »[664].
Une ordonnance de mise en liberté est aussitôt rendue par le président : « *Vu la déclaration du jury, de laquelle il résulte que le prince Pierre Napoléon Bonaparte n'est pas coupable des faits à lui imputés, le déclarons acquitté de l'accusation portée contre lui ; en conséquence, ordonnons qu'il soit mis en liberté immédiatement s'il n'est détenu pour autre cause.* »
La haute cour condamne cependant Pierre Bonaparte à payer 25 000 francs de dommages et intérêts aux parents de Victor Noir et aux dépens.

Le prince Pierre Bonaparte, mis en liberté pendant la suspension de l'audience, n'a pas cru bon, d'attendre cette décision et s'est rendu à l'hôtel de l'Univers… brasserie bien connue, encore aujourd'hui, des tourangeaux située tout près du palais de justice.

97
9°/ Affaire Pierre Bonaparte et Victor Noir : suite
(arrêts de la haute cour des 8 et 9 août 1870, siégeant à Blois. Président : *Zangiacomi*. Ministère public : *Dupré-Lasale, Bergognié*)

« *À la suite de l'arrestation de M. Rochefort, le 6 février 1870, des troubles se produisirent les 7 et 8 février, et l'autorité ne dut plus se borner à surveiller. Des mesures énergiques étaient devenues nécessaires, et, le 10 février, des mandats d'amener et de perquisition furent décernés contre les individus dont la présence aux réunions clandestines et sur le théâtre des troubles, avait été signalée.* »
Pour juger de ces faits *attentat contre la sûreté de l'état, attentat contre la vie de l'empereur, tentative d'homicide, pillage de bande à force ouverte, provocation à commettre un crime,* la haute cour de justice se réunit à Blois le 18 juillet 1870[665] sous la présidence du baron Zangiacomi, qui comme à son habitude[666], *change l'interrogatoire des accusés en acte d'accusation, achevant les phrases commencées par ceux-ci, déposant pour ainsi dire à leur place*. Il ose défendre à un avocat, Floquet, de dire *Monsieur* à son client, ce qui lui vaut cette réponse : « *Pardon, j'ai dit et j'entends continuer*

---

664 *Gazette des tribunaux* 28 mars 1870.
665 *Gazette des tribunaux* 18-19 juillet 1870.
666 V. *supra,* § 91.

à dire Monsieur Mégy. Depuis quand un accusé présumé innocent n'a-t-il pas le droit au respect qu'on se témoigne entre honnêtes gens. »[667]
Les 8 et 9 août 1870, la Haute cour rend deux arrêts, publiés dans la Gazette du 10 août 1870.
Le second déclare coupable : « - *De complot contre la sûreté de l'État et contre la vie de l'Empereur : Asnon, Basmaison, Beron, Bocquet, Fayolie, Flourens, Gois, Jaclard, Roussel, Ruault, Schastené, Soret, Tibaldi, Tridon ;*
- D'attentat contre la sûreté de l'État, Bologne, Debeaumont et Flourens.
- De tentative de pillage, Flourens. - De provocation à l'assassinat de l'Empereur, Félix Pyat, et *en conséquence condamne à la déportation, dans une enceinte fortifiée, à raison de l'existence d'actes commis pour l'exécution du complot, Flourens, Bologne et Debeaumont ; à la déportation simple, tous les autres accusés contumaces, à l'exception de Félix Pyat, qui est condamné à cinq ans d'emprisonnement et 6. 000 francs d'amende.* »

Au même moment Emile Ollivier déclare à propos de la guerre : *nous avons subi de graves échecs mais la situation n'est pas désespérée*, et la *Gazette* relate « *Quelques scènes tumultueuses, mais sans grande importance toutefois,* se sont *produites sur la place de la Concorde (...) Quelques cris de Vive la république ! se sont fait entendre* ». Un mois plus tard, le 2 septembre 1870, Napoléon III était fait prisonnier à Sedan...

Vingt-six jours plus tard, le 5 septembre 1870, la 6ème chambre du Tribunal correctionnel, doit « *statuer sur un nombre considérable de poursuites exercées contre des inculpés* des mêmes *cris séditieux* », mais ces affaires sont « *écartées du rôle* », comme le note *La Gazette des Tribunaux des 5 et 6 septembre 1870*. Curieuse expression, bien peu juridique, qui trouve son explication dans le *Journal officiel* du même jour :

« *FRANÇAIS !*

Le peuple a devancé la Chambre, qui hésitait. Pour sauver la patrie en danger, il a demandé la République. Il a mis ses représentants non au pouvoir, mais au péril...

La République a vaincu l'invasion en 1792 ; la République est proclamée.

La Révolution est faite au nom du droit, du salut public.

---

[667] *Grand dictionnaire universel du XIXème siècle Larousse* tome 15 ; Mégy est acquitté.

Citoyens, veillez sur la cité qui vous est confiée ; demain, vous serez avec l'armée les vengeurs de la patrie :

EMMANUEL ARAGO, GARNIER-PAGÈS, CRÉMIEUX, MAGNIN, DORIAN, ORDINAIRE, JULES FAVRE, A. TACHARD, JULES FERRY, E. PELLETAN, GUYOT-MONTPAYROUX, ERNEST PICARD, LÉON GAMBETTA, JULES SIMON.

Cinq septembre 1870 ! Date charnière. Un exil en chasse un autre.
« *Napoléon et sa suite, composée d'environ cent personnes, avec chevaux et équipages, sont arrivés hier après midi à Bouillon, se rendant par Liège en Allemagne sous l'escorte d'un général prussien.*
Le roi de Prusse et Napoléon ont d'un commun accord demandé au gouvernement belge le passage par la Belgique. »
« *L'ex-impératrice a quitté la France hier soir, 4 septembre, par Maubeuge. Son fils était déjà passé avec sa suite à cinq heures du soir.* »[668]

« *Dix ans d'exil valent vingt ans de vie* » s'exclame le Comte Jean dans *Les Jumeaux*[669]. Il n'est pas certain que les 27 mois d'exil de l'empereur souffrant horriblement des hémorroïdes et surtout de la maladie de la pierre[670], aient eu une quelconque équivalence de vie. Mais peut-on comparer ces deux exils ?
L'empereur meurt le 9 janvier 1873 à *Chisleshurst* (comté de Kent à une heure de Londres) oublié de tous. Tous, pas tout à fait puisqu'il a reçu la visite du fidèle Pinard en août 1871.

Cinq septembre 1870 ! Hugo note : « *A 6 heures du matin on m'apporte un télégramme signé Barbieux me demandant l'heure de mon arrivée à Paris* »[671].
Aulois démissionne le même jour ; il a 38 ans. *Merveilleux Duvignaux* fera de même 22 jours plus tard.
Baroche s'enfuit à Jersey où il meurt le 21 décembre suivant.
La plupart des magistrats tant honnis par Hugo ne souffriront pas de ce changement de régime.

---

668 *Gazette des tribunaux* des 5 et 6 septembre 1870 ; La même Gazette annonce également « *que M. Leblond, avocat, est nommé procureur général à la Cour d'appel de Paris en remplacement de M. Charrins. M. Charrins reprendrait son siège d'avocat général à la Cour de cassation* ».
669 Théâtre II. 637.
670 Ainsi que de violentes migraines. Sur Montaigne et la gravelle (M. Foulon, « Les médecins dans la littérature française », Annales de la faculté de droit et science politique de Nice 2014, page 95).
671 *Carnets de la guerre et de la Commune* Voyages. 1040.

Beaucoup sont décédés : *Barthe* (*1863*) ; *Bellart* (*1826*) ; *Frank Carré* (*1862*) ; *Cauchy* (*1857*) ; *de Bröe* (*1840*) ; *Delangle* (*1869*) ; *Delapalme* (*1868*) ; *Dombidau de Crouzeilles* (*1861*) ; *Dupin* (*1865*) ; *Freslon* (*1867*) ; *Grandet* (*1858*) ; *Marchangy* (*1826*) ; *Partarieu Lafosses* (*1862*) ; *Pataille* (*1857*) ; *Persil* (*10 juillet 1870*) *Sapey* (*1863*) ; *Séguier* (*1848*) ; *Troplong* (*1869*) ; *Delesvaux* (*19 septembre 1870*) ; *Hardoin* (*21 décembre 1870*).
D'autres ont déjà pris leur retraite : *Chaix d'Est Ange* (retraité en 1862, meurt en 1876) ; *Moreau* (retraité en 1867 meurt en 1876) ; *Quesnault* (retraité en 1870, meurt en 1878) ; *Renouard* (retraité en 1869, meurt en 1878) ; *Rouland* (retraité en 1856 meurt en 1878) ; *Suin* (retraité en 1852 meurt en 1877).
D'autres encore vont continuer sans encombre leur carrière : *Boucly,* jusqu'en 1873 (meurt en 1881) ; *Brunet, jusqu'en 1873* (*devient ministre de l'instruction publique en 1877 et meurt en 1891*) ; *Cellerier,* démissionne en 1873 (et meurt en 1880) ; *Devienne* jusqu'au 10 mars 1877 (meurt en 1883) ; *Glandaz,* jusqu'en 1875 (meurt en 1881) ; *Grandperret,* Garde des Sceaux du 9 août 1870 au 4 septembre 1870 (meurt en 1890) ; *Legagneur* jusqu'en 1872 (meurt en 1876) ; *Mongis*, jusqu'en 1872 (meurt en 1879) ; *Nachet,* jusqu'en 1877 date de sa mort ; *de Royer,* jusqu'en 1859 (meurt en 1877) ; *Zangiacomi*, jusqu'en 1876 (meurt en 1877).

98

Du fond de son exil, Napoléon III, le « *petit poucet aux bottes de sept lieues* » a-t-il lu, a-t-il voulu lire, ce message de paix publié dans « *toute la presse libre de l'Europe* » ?
« *Non, je n'ôterai, moi, la patrie à personne ;*
Un reste d'ouragan dans mes cheveux frissonne,
On comprendra qu'ancien banni, je ne veux pas
Faire en dehors du juste et de l'honnête un pas ;
J'ai payé de vingt ans d'exil ce droit austère
D'opposer aux fureurs un refus solitaire
Et de fermer mon âme aux aveugles courroux ;
Si je vois les cachots sinistres, les verrous,
Les chaînes menacer mon ennemi, je l'aime,
Et je donne un asile à mon proscripteur même ; /
Jamais, ô Liberté, devant ce que je brise,
On ne te verra faire un signe de surprise.
Peuple, pour te servir, en ce siècle fatal,
Je veux bien renoncer à tout, au sol natal,
À ma maison d'enfance, à mon nid, à mes tombes,
À ce bleu ciel de France où volent des colombes, /
Mais j'entends rester pur, sans tache et sans puissance.

Je n'abdiquerai pas mon droit à l'innocence. »[672]

De Paris, *son champ sublime*, Hugo, vainqueur, pensait-il encore à ses vers prophétiques écrits à Jersey en 1853 :

« *Puisque la conscience en deuil est sans refuge*
Puisque le prêtre assis dans la chaire, et le juge
D'hermine revêtu,
Adorent le succès, seul vrai, seul légitime,
Et disent qu'il vaut mieux réussir par le crime,
Que choir par la vertu !
Ô Dieu vivant, mon Dieu ! prêtez-moi votre force,
Et, moi qui ne suis rien, j'entrerai chez ce corse
Et chez cet inhumain ;
Secouant mon vers sombre et plein de votre flamme,
J'entrerai là, Seigneur, la justice dans l'âme
Et le fouet à la main,
Et, retroussant ma manche ainsi qu'un belluaire,
Seul, terrible, des morts agitant le suaire
Dans ma sainte fureur,
Pareil aux noirs vengeurs devant qui l'on se sauve,
J'écraserai du pied l'antre et la bête fauve,
L'empire et l'empereur ! »[673]

Napoléon III, le « *nain immonde* »[674], a disparu. Hugo ne parlera plus des magistrats. Pourquoi s'intéresser à ceux qui l'ont soutenu ?
Dans ses Carnets[675], Hugo passe sous silence la loi du 15 avril 1871 qui replace la presse sous le régime de celle du 27 juillet 1849[676]. Cela se comprend aisément. Il a mieux à faire. Il faut, de Bruxelles, lutter contre la guerre civile en faisant publier « *Un cri* »[677].

*
* *

---

672 *L'année terrible.* « Pas de représailles », Poésie III. 103.
673 « À l'obéissance passive », *Châtiments*, Poésie II. 59.
674 *Châtiments*, « Napoléon III », Poésie II. 139. « *Laid, hideux, moustachu comme un poussah de Chine* », Chantiers. 70
675 Voyages. 1125 et 1126.
676 La liberté en cette matière ne reviendra qu'avec la loi du 29 juillet 1881.
677 Poésie III. 100. publié dans *Le Rappel* en avril 1871 : « *Ah ! la guerre civile / Triste après Austerlitz, après Sedan est vile !* ».

99

« *Les français excellent à déboulonner leurs idoles* »[678]. Charles Danzig, grand spécialiste en dénigrement en tout genre, reconnaît cependant qu'Hugo « *avait de l'encre à la place du sang* »[679], et quelle encre !

« *C'est toujours le déferlement de la parole, le jaillissement d'une poésie ininterrompue, comme une mer montante du langage à laquelle il s'abandonnerait* »[680]. Hugo reconnaît que les vers lui venaient naturellement, instinctivement, à tout moment. Le 2 avril 1847 : « *On causait nègres, colonies, etc. ... Emile Deschamps faisait des calembours et disait qu'Alexandre Dumas ressemblait à un nègre. J'ai dit : moi aussi, je ressemble à un nègre. Là-dessus, on éclate de rire. J'ai riposté par ceci : « Quoique les noirs ne soient pas blonds, / Eux et moi nous nous ressemblons, / Et sous le sens la chose tombe :/ Ils ont pour maître des colons, / J'ai pour maîtresse une colombe* »[681] ou encore, en 1870, au cours de repas :

- le 30 décembre 1870 : « *Hier j'ai mangé du rat, et j'ai eu pour hoquet ce quatrain : O Mesdames les hétaïres, / Dans vos greniers je me nourris ; / Moi qui mourais de vos sourires, /Je vais vivre de vos souris* »
- le 1er janvier 1871 Hugo se venge de la viande de cheval qu'il est contraint de manger par ce distique : « *mon dîner m'inquiète et me harcèle, / J'ai mangé du cheval et je songe à la selle* »[682], ou le 2 février suivant : « *De ces bons animaux la viande me fait mal, / J'aime tant les chevaux que je hais le cheval* »[683].

Mais ce n'est pas cette facilité de versification qui le conduisit à attaquer les magistrats par la voie poétique. C'est l'idée qu'il se fait du rôle du poète.

« *Le poète, en des jours impies / Vient préparer des jours meilleurs.*
Il est l'homme des utopies / Les pieds ici, les yeux ailleurs.
C'est lui qui sur toutes les têtes, / En tout temps, pareil aux prophètes,
Dans sa main, où tout peut tenir, / Doit, qu'on l'insulte ou qu'on le loue,
Comme une torche qu'il secoue, / Faire flamboyer l'avenir ! »[684].

---

678 *Une anthologie vivante de la littérature d'aujourd'hui* Pierre de Boisdeffre Perrin 1966, page 12.
679 *Dictionnaire égoïste de la littérature française,* Grasset 2005, page 376.
680 *Anthologie de la poésie française,* Suzanne Julliard de Fallois 2002, page 519.
681 *Choses vues,* 1847-1848, édition d'Hubert juin, Gallimard 1972, page 62.
682 *Choses vues,* 1849-1885, édition d'Hubert juin, Gallimard 1972, page 599.
683 *Idem,* page 609.
684 *Les Rayons et les ombres,* « Fonction du poète », Poésie I 923.

Et sa puissance d'invective fait mouche. Les magistrats demandant la peine de mort sont stigmatisés tout comme ceux qui font une application trop sévère de la loi pénale. Les pamphlets les plus ardents sont contre ceux qui ont permis ou utilisé le second empire, ceux qui ont violé la constitution et participé à un régime illégal, ceux qui ambitionnent le métier de magistrat uniquement pour obtenir un statut social financièrement intéressant ou parvenir à des fonctions politiques, ceux qui vendent leur âme pour plaire au souverain, pour rendre un service. Ces magistrats sont devenus célèbres, grâce au poète Hugo qui les a fait entrer dans l'Histoire et leur évitant de tomber dans l'oubli. Ils n'ont subi aucune sanction, alors qu'ils relevaient de l'ancienne peine de l'exauctoration. Dans l'ancien régime, cette peine frappait les magistrats qui avaient failli gravement à leurs devoirs. C'était une sanction-exclusion, une sorte de dégradation, et « *comme l'inverse du formalisme qui accueillait le juge à son entrée dans la magistrature* », une cérémonie publique au cours de laquelle le magistrat se présentait à genoux devant ses pairs avant qu'un huissier ne « *le dépouille de sa robe rouge, de son chaperon de sa ceinture et même de ses souliers* »[685].

De nombreux tableaux représentant en majesté ces magistrats sont encore accrochés dans nos palais de justice. Rouges, blancs herminés, encadrés d'or, ils en décorent les murs, mais désormais en peine de flétrissure.
Le *mot* c'est vraiment *Dieu*[686] puisque la poésie a exécuté la plus sévère des exauctorations…celle de l'Histoire.

---

[685] Ce mot ne figure dans aucun dictionnaire français, hormis le *GLXIX*, tome 16 : « *licenciement des soldats chez les romains, soit après leur temps de service soit comme punition* ». C'est un terme juridique de l'ancien droit. Voir les explications de Rousselet, précité tome 2, page 179.
En anglais : *To exauctorate : to deprive of authority.*

[686] « *…le mot c'est le Verbe, et le Verbe c'est Dieu.* » *Les Contemplations* Poésie II. 271.

Index[687]

---

[687] Les numéros indiqués après les double-points renvoient aux paragraphes de l'ouvrage.

Barthe Félix (1795-1863) : 63
Histoire d'un crime Histoire. 393. Figure sur la liste de la commission consultative
PR. Seine le 2 août 1830 ; P C. Paris le 28 septembre 1830 ; garde des Sceaux le 12 mars 1831, puis le 15 avril 1837
Bastard d'Estang Dominique, François, Marie (1783-1844) : 23
(Bastard d'Estang, une des grandes familles judiciaires)
C auditeur. Paris : 1808 ; C. Paris : 1810 ; PC. Paris : 1815 ; PP. Lyon : 1815 ; PC. Cass : 10 juin 1829 à 1844 ; vice-président de la chambre des pairs : 2 avril 1835.
Son frère Henry Bruno (1797- ?) PG Riom en 1829, révoqué en 1830, puis C. Paris de 1833 à 1867, publia en 1857 un ouvrage sur *Les Parlements de France*, dans lequel il loua ses ancêtres Toulousains, parmi lesquels François et Simon de Bastard.
En 1762, le premier président du Parlement de Toulouse, François de Bastard se présente devant le Roi pour être admis au serment. Il porte son mortier orné d'un seul galon comme l'exige l'usage de son Parlement. Le roi surpris, de le voir avec des ornements différents de ceux des autres premiers présidents, l'invita à faire ajouter un second galon doré.
Mais lorsqu'il se présenta au Parlement de Toulouse avec son mortier orné du double galon, ce fut l'indignation et une assemblée générale se tint le 17 février 1763, devant laquelle le premier président dut venir s'expliquer ; il souleva l'incompétence de l'assemblée générale puisque le roi avait tranché la question. Quand le premier président revint, après le délibéré, il s'entendit lire la décision suivant laquelle « *le premier président et les présidents de la cour seraient tenus de se conformer aux usages propres à la compagnie et constamment observés en icelle* ». Le premier président s'inclina et son portrait accroché aux murs de la cour d'appel de Toulouse le représente sans mortier. Mais celui qu'il confia à ses enfants et qui se trouve dans le château familial, le montre avec un mortier à double galons.
Simon, son frère, avocat plaidant devant le Parlement quelques années auparavant, et croyant s'apercevoir qu'on ne l'écoutait pas avec assez d'attention, avait interrompu sa plaidoirie en s'exclamant « *la Cour dort* ». Le premier président de Maniban sanctionnait immédiatement l'impertinent : « *la Cour, à son réveil vous interdit pour 6 mois* ».
Piqué au vif, Simon de Bastard en jetant sa robe sur un banc, répondait : « *Et moi plus puissant que la Cour, je m'interdis pour toujours* ».
Baudelaire : 60, 79
Bavoux François, Nicolas (1774-1848) :17
« *Aussi, gaiement je siffle, affrontant leur colère, / Royer à la tribune et Bavoux dans sa chaire* » ; « Le télégraphe » Poésie I. 9
J. Seine : 1er janvier 1810 jusqu'en 1830, et professeur de droit.
Bazire ? Peut-être Louis Achille Bertin **Bazire** (1811-1891) : 1

« *Océan vers* » Poésie IV. 1019
JS. Nogent-sur-Seine : 1837 ; S. Bar sur Aube : 1842 ; J i : Bar sur Aube : 1844 ; J i Fontainebleau : 1851 ; P. Épernay : 1854 ; J. Seine : 1859 ; J i. Seine : 1861 ; VP. Seine : 1869 ; C. Paris : 1872

Beaumont : voir Élie de Beaumont

Beaupadin procureur général ?
Histoire. 1334
Aucun procureur général ou avocat général à ce nom dans l'annuaire rétrospectif de la magistrature
Je n'ai pas trouvé un procureur général belge à ce nom.

Beccaria : 7, 41,

Bellanger Marguerite : 54, 55

Bellart Nicolas François (1761-1826) : 9, 18, 21, 26, 42, **45**, 46
Ne figure pas dans l'annuaire rétrospectif de la magistrature XIXème et XXème siècle, car (selon M. J. C. Farcy) cet annuaire ne commence seulement qu'au début de 1827, date à laquelle on dispose d'une liste complète de magistrats de la métropole dans le premier matricule complet de la magistrature.

Belleyme de Louis-Marie (1787-1862) : 22, 48, 53
S. Corbeil : 1814 ; PR. Pontoise : 1816 ; PR. Versailles : 1819 ; Ji. Seine : 1821 ; VP. Seine : 1824 ; PR. Seine : 1826 ; préfet de police Paris : 6 janvier 1828 ; P. Seine : 13 août 1829 ; C. Cass : 29 décembre 1856
Connu, comme préfet de police (« inventeur » des sergents de ville) et surtout comme président du tribunal de la Seine, le « *père* » des référés modernes (*Ordonnances sur requêtes et sur référés selon la jurisprudence du Tribunal en première instance du département de la Seine. Recueil de formules, suivies d'observations pratiques. Chez Joubert à Paris*).

Benoit-Champy Adrien, Théodore (1805-1872) : 66, 86
Avocat. Refusera le poste d'AG en mars 1848 ; P Seine : 29 décembre 1856 jusqu'en 1872

Béranger : 46, 47

Berenger Alphonse Marie Marcellin Thomas dit Bérenger de la Drôme (1785-1866) : 89
C. auditeur Grenoble : 1808 ; AG. Grenoble : 1811 ; C. Cass : 14 mai 1831 ; PC. Cass : 04 juillet 1849 jusqu'en 1860.

Bergasse : 4, 45, 94
« *Suin copiant Severt, Aulois singeant Bergasse* » Les années funestes, *Lesurques*, Poésie IV. 771
« *Es-tu si peu sagace ... que de vouloir trouver un esprit dans Bergasse* » « *Suite de châtiments* » *Ah çà ! tu ne sais pas ce que c'est que les juges ?* Chantiers. 218
« *Ne jamais gaspiller tant on se sent capable,*
Son temps à distinguer l'innocent du coupable,

Ecraser l'accusé que Bergasse étouffait, » Rosalie Doise
Il ne s'agit surement pas de :
Bergasse-Larizoule, Georges (1836-1899) qui n'était que juge de paix à Vicdessos en1868, mais peut-être de : **Bergasse** Antoine, Alphonse (1792-1853) : 94
S. Valence : 1819 ; AG. Rouen : 1822 ; 1er AG. Rouen : 1825 ; PG. Montpellier : 5 novembre 1826 ; fin d'activité : 16 août 1830
Bergasse Nicolas (1750-1832) : 4, 45
Célèbre avocat royaliste, connu surtout par ses débats avec Beaumarchais dans le procès de Kornmann qui poursuivait sa femme pour adultère. Député, homme politique ayant eu un rôle important pendant la Révolution.
Bergognié Barthélémy, Camille (1822-1882) : 96, 97
J S. Meaux : 1851 ; S. Nogent-le-Rotrou : 1854 ; PR. Arcis-sur-Aube : 1857 ; PR. Joigny : 1859 ; PR. Fontainebleau : 1862 ; PR. Troyes : 1863 ; PR. Versailles :1864 ; SG. Paris : 4 décembre 1867 jusqu'en 1870
Berny de Étienne Charles Gabriel (1768- ?) : 48
C. Paris : 6 janvier 1811 jusqu'en 1840
Berryer : 9, 46, 48, 62
Bigorie de Lachamps (1815-1885) : 16
JS Saint-Yriex : 1846 ; PR Bellac : 1850 ; PR Draguignan : 1851 ; AG Rennes : 1852 ; 1er AG Angers : 1855 ; PR Rouen : 1858 ; PG Bastia : 1860 ; PG Colmar : 26 décembre 1861 ; PP Colmar : 23 janvier 1865 ; exclu le 28 janvier 1871 et réintégré le 25 mars 1871 mais « *non pourvu d'un nouveau poste* ».
Billot Jean-François Léger (1789) : 55, 61 (Victor Hugo écrit Billault)
J. Aix : 20 mars 1816 ; C. Metz : 15 juillet 1820 ; S. Seine : 1er août 1821 ; PG. Bastia : 12 juin 1823 ; PR. Seine : 6 avril 1828 l'annuaire rétrospectif de la magistrature mentionne : « *fin d'activité 02 août 1830, remplacé* »
Blain des Cormiers Eugène Vincent (1827- ?) : 82, 83
J S. : 1854 ; J S Melun : 1854 ; J S Versailles : 1855 ; S. Chateaudun : 1858 ; S. Chartres : 1860 ; S. Reims : 16 août 1863 ; S Seine : 9 novembre 1865 ; J i : 1869 ; VP Seine : 1875 ; C. Paris : 1878 jusqu'en 1883.
Bodin Jean : 25, 35
Boissieux de Isaï, David, Antoine (1794-1872) : 89
S. Lyon : 1823 ; AG. Grenoble : 18/29 ; PG. Riom : 1837 ; AG. Cass : 5 février 1844 ; C. Cass : 19 décembre 1847
Bonjean Louis Bernard (1804-1871) : 22, 55
Histoire d'un crime Histoire. 393. AG. Cass : 30 juillet 1851 ; conseiller d'état 1852 ; PP. Riom 1863 ; PC. Cass : 1865. Figure sur la liste de la commission consultative
Boucly Félix (1797-1880) : 51, 57, 88, 96
S. Le Havre : 20 novembre 1822 ; PR Le Havre : 1825 ; SG Rouen : 1826 ; AG Rouen : 1830 ; SG Paris : 1833 ; AG Paris : 1830 ; PR. Seine : 7 août

J. auditeur Melun : 1824 ; S. Fontainebleau : 1825 ; S. Troyes : 1830 ; PR Dreux : 1830 ; PR Pontoise : 1831 ; SG Paris : 1832 ; AG. Paris : 1er septembre 1834 ; AG. Cass : 13 décembre 1835 ; PG. Paris : 19 septembre 1836 ; PP. Rouen : 12 octobre 1841 ; retraite : 1861
La cour d'appel de Rouen ne possède pas de portrait de Franck-Carré. Celui-ci est disponible sur le site de l'Académie des sciences, belles lettres et art, de Rouen : https://rouenhistoire.com/Academie/Acad_Fich.php?id=1255

Cauchy Alexandre (1792-1857) : 12, **59**, 63,
Histoire d'un crime. Histoire. 198, *Napoléon le petit,* Histoire. 120
C. auditeur Paris : 5 novembre 1815 ; C. Paris : 6 août 1824 ; PC. Paris : 28 mars 1844 ; C. Cass : 6 janvier 1849 jusqu'à son décès
Membre de la Haute Cour de Justice
Cazeaux ou probablement **Cazaux** Dominique (1835-1870) ? : 1
Océan vers Poésie IV. 1019
S. Oloron : 1860 ; S. Mont-de-Marsan : 1863 ; S. Bordeaux : 1866 ; S. Seine : 1er septembre 1868 jusqu'au 6 septembre 1870 date de sa révocation.
Cellerier Charles (1808-1880) : 15, 54, 60
Ji. Lesparre : 16 novembre 1839 ; l'annuaire de la magistrature indique « démissionnaire le 27 avril 1853 ; PG. Bordeaux 10 septembre 1870 ; PP. Bordeaux le 31 janvier 1871 ; PG. Bordeaux le 30 mars 1871 (loi du 25 mars 1871) démissionne le 20 août 1873.
La cour d'appel de Bordeaux ne possède pas de portrait de Cellerier.
Chaix d'Est Ange Gustave Louis Adolphe Victor Aristide Charles (1800-1876) : 18, 19, 48, 53, 56, 76, 86
Bâtonnier du barreau de Paris ; J. Suppléant Seine le 23 avril 1841 ; démissionnaire le 19 mars 1851 ; PG. Paris : 23 novembre 1857 ; fin d'activité le 13 août 1862 ; Père de l'avocat de Baudelaire. Figure sur la liste de la commission consultative
Chantelauze de Jean Claude Balthazar Victor (1787-1859)
S. Montbrison : 1811 ; AG Lyon : 1815 ; PG Douai : 23 juillet 1826 ; PG Riom : 5 novembre 1826 ; PP Grenoble : 26 août 1829 ; garde des Sceaux : 19-05-1830
Chanteloup de Sylvestre : 47
Nommé conseiller à la cour royale de Paris par ordonnance du roi du 20 septembre 1815 (Ordonnance du 20 septembre 1815) :
https://books.google.fr/books?id=BpNCAQAAMAAJ&pg=PA93&lpg=PA93&dq=de+chanteloup+magistrat&source=bl&ots=S8dzX68DCp&sig=MLs8B2HZddQ7f3DAfMhcH27joJM&hl=fr&sa=X&ved=0ahUKEwios57t6NbJAhXMuxQKHSmJD6gQ6AEIRDAH#v=onepage&q=de%20chanteloup%20magistrat&f=false
Chapuys ou **Chapuis ou Chappuis** Pierre-Jean : 28
Chassan Joseph Pierre (1800- ?) : 14

Daguesseau Raymond Joseph Paul de Ségur D'Aguesseau (1803-1889) : 22, 29
S. Rambouillet 15 octobre 1829 ; SG. Amiens 25 mars 1830 ; S. Seine 03 août 1830 ; fin d'activité : 17 septembre 1830
Figure sur la liste de la commission consultative
d'Arlincourt Charles Victor Prévost d'Arlincourt (1788-1856)
auteur dramatique dont la popularité rivalisa avec celle de Victor Hugo au début des années 1820. Il avait l'ambition de devenir l'égal de Châteaubriand.
Darnaud Jean-Firmin (1796-1886) : 20
PR. Foix : 30 août 1830 ; C. Toulouse : 02 février 1835 ; P. Toulouse : 05 juin 1849 ; PC. Toulouse : 31 octobre 1885 jusqu'en 1866.
Degrand Georges Jacques (1808-1874) : 16,
S. Carcassonne : 1834 ; J. Carcassonne : 1843 ; démissionnaire : 1848 ; PR. Prades : 1849 ; PR. Lodève : 1850 ; PR. Perpignan : 1851 ; C. Montpellier : 1859 ; P. Montpellier : 1860 ; P. Toulouse : 23 décembre 1868 ; déchu et exclu le 3 févr. 1871 ; réintégré P. Toulouse le 25 mars 1871
Dehaussy de Robécourt Jean Baptiste Furi (1784-1863) : 49
C. Paris : 1817 ; PC. Paris : 1826 ; C. Cass : 1833
Delancre ou Pierre **de Rosteguy de Lancre** (1553-1631) : 25, 27, 36
Océan. 254
Delangle Claude Alphonse (1797-1869) : 9, 18, 22, 23, 48, 55, 56, 66, 67, 74, 77
Delangle fit partie de la « *commission consultative* ».
Châtiments « A Juvénal » Poésie II. 159 ; « Les grands corps de l'Etat » Poésie II. 116 « L'autorité est sacrée » Poésie II 116 ; « Ce serait une erreur » Poésie II. 187. *Histoire d'un crime* Histoire. 393
Juges et notables au XIXème siècle Jean- Pierre Royer, Renée Martinage et Pierre Lecocq, PUF 1982, page 272 ;
Né à Varzy (Nièvre) comme Dupin.
Élu bâtonnier du barreau de Paris en 1836 ; AG. Cass : 5 août 1840 ; PG. Paris le 22 mars 1847 ; révoqué le 24 février 1848 ; réintégré comme PG. Cass le 30 janvier 1852. ; PP Paris 30 décembre 1853 ; ministre de l'Intérieur : 14 juin 1858 ; garde des Sceaux : 5 avril 1859 ; PG Cass. 14 novembre 1865 jusqu'à son décès le 25 décembre 1869. Figure sur la liste de la commission consultative
Delapalme Emile (1793-1868, date de sa fin d'activité) : 12, 59
Histoire d'un crime. Histoire. 198 ; *Napoléon le petit*, Histoire. 120
S. Chartres 1815, S. Versailles 1815 ; PR. Corbeil 1819 ; S. Seine 1821 ; SG. Paris 28 novembre 1827 ; AG. Paris 14 mai 1832 ; AG. Cass 15 mars 1841 ; C. Cass 23 mai 1847. Membre de la Haute Cour de Justice.

Semble avoir été ministère public dans l'affaire Claude Gueux : Gazette des tribunaux 19 mars 1832 : http://data.decalog.net/enap1/liens/Gazette/ENAP_GAZETTE_TRIBUNAUX_18320319.pdf

Delesvaux Jean-Louis Marie (1817-1870) : 1, 79, 82, 83, 85

« *à M... (j'ouvre une parenthèse : ne vous gênez pas pour remplacer ma prose par des lignes de points partout où bon vous semblera)...* » *Actes et paroles* II. 1869. Politique. 621. ; Poésie IV. 1019

à la note 104, page 1123, Jean Claude Fizaine indique « *M. Delesvaux, nom censuré du président du tribunal correctionnel chargé de juger les délits de presse. Il était célèbre pour sa servilité.* »

PR. Riom : 4 mars 1848 ; PR. Moulins : 1er septembre 1848 ; J. Seine : 6 avril 1857 ; VP. Seine : 2 mai 1866 ; C. Paris : 27 décembre 1869, décédé le 19 septembre 1870

Il fut le premier assesseur (Président : Dupaty ; 2ème assesseur : Nacquart) dans le procès de Baudelaire. Selon l'édition Bouquins il deviendra président de la 9ème chambre correctionnelle et sera trouvé mort à son domicile d'une balle dans la tête le 16 août 1871 (*Œuvres complètes de Baudelaire*, Bouquins, 1980, p. 943). Il semble que la date du décès soit une erreur puisque l'Annuaire rétrospectif de la magistrature XIXe-XXe siècles ne mentionne qu'un seul Delesvaux. Ce Delesvaux est cité par Marcel Rousselet dans l'histoire de la magistrature, pp. 138, 139 et 373.

Devienne, ou **de Vienne** Adrien, Marie (1802-1883) : 15, 16, 22, 51, 54, **55**, **60**

J auditeur. Lyon : 1825 ; J auditeur. Saint Étienne : 1827 ; S. Trévoux : 1827 ; S. Montbrison : 1828 ; C. auditeur Lyon : 1830 ; P. Lyon : 1837 ; démission le 22 mai 1848 ; PG. Bordeaux : 11 février 1850 ; PG. Lyon : 30 décembre 1852 ; PP. Paris : 23 juin 1858 ; PP. Cass : 8 mars 1869 ; déchu et exclu de la magistrature le 28 janvier 1871 ; réintégré le 25 mars 1871 ; retraite : 10 mars 1877

Dombidau de Crouseilhes Marie Jean Pierre Pie (1792-1861) : 22, 63, 46

Châtiments éblouissements poésie II. 147 ; *Châtiments* « A Juvénal » Poésie II. 160 ; Suite des *Châtiments* « Merveilleux- Duvigneaux » Chantiers. 250 ; *Histoire d'un crime* Histoire. 393 ; de Crouseilhes Figure sur la liste de la commission consultative

AG. Pau 1816 ; secrétaire général du ministère de la Justice : 6 août 1824 ; conseiller d'État : 1er novembre 1826 ; C. Cass : 6 décembre 1827 ; fin d'activité 15 octobre 1849

d'Oppède baron d'Oppède : voir Maynier

Drouet Juliette : 54

Dubarle Pierre-Eugène (1805-1870) : 79

S. Meaux : 1831 ; S. Melun : 1832 ; PR Epernay : 1836 ; PR Reims : 1837 ; PR Versailles : 1841 ; S. Seine : 1841 ; J Seine : 1843 ; Ji Seine : 1844 ; VP. Seine : 12 janvier 1856 ; C. Paris le 6 avril 1857 jusqu'en 1870.
Ducos Théodore (1801-1855) : 75
Châtiments « On loge à la nuit » Poésie II. 103
Juge au tribunal de commerce de Bordeaux. Se rallie à l'empire et devient ministre en 1851
Dufour Louis Charles François (1812- 1883) Dufour de Montor : 73
S. Cusset : 1837; S. Moulins : 1840; SG. Montpellier : 1847 ; remplacé : 1848 ; SG Montpellier : 1848 ; AG. Montpellier : 1849 ; 1er AG. Bordeaux : 1853 ; PG. Amiens : 16 novembre 1856 ; C. Paris 7 avril 1863 jusqu'en 1882.
Dulery de Peyramont André Adolphe (1804-1880) : 24
Choses vues « Le temps présent VI. -1876-1878- » Histoire. 1336 ; Victor Hugo mentionne M. de Peyramont - aujourd'hui procureur général - 24 avril 1844 (*Choses vues,* Histoire. 947, ce qui est manifestement une erreur puisque ce magistrat n'a été nommé à cette fonction qu'en 1846.
S. Limoges : 1830 ; SG Limoges : 1831 ; AG. Limoges : 30 juin 1842 ; PG. Angers : 25 mars 1846 ; révoqué le 2 mars 1848 ; PG Limoges : 1851 ; démissionnaire le 8 décembre 1851 ; C. Paris 18 février 1858 ; AG. Cass en 1859 ; C. Cass : 23 novembre 1862 jusqu'en 1877.
Dupaty ou Jules Charles Emmanuel **Mercier Dupaty** : 60, 79
Victor Hugo cite Dupaty. (*Choses vues* Histoire. 674, 688). Ce Dupaty est Emmanuel Louis Félicité Charles Mercier Dupaty (1775-1852), auteur et chansonnier, élu à l'Académie Française en 1836 contre Victor Hugo, à qui il avait adressé ces vers : « *Avant vous je monte à l'autel, / Mon âge seul peut y prétendre / Déjà vous êtes immortel / Et vous avez le temps d'attendre* » (*Olympio ou la vie de Victor Hugo*, André Maurois, Hachette, 1954, page 261 ; *Une histoire des haines d'écrivains*, Anne Boquel et Étienne Kern, Flammarion, 2009, page 149) ce à quoi Hugo avait répondu : « *je croyais qu'on allait à l'Académie par le pont des Arts ; je me trompais, on y va, à ce qu'il paraît, par le pont Neuf* » (on appelait à l'époque « *ponts-neufs* » des chansons populaires).
Son fils, **Jules Charles Emmanuel Mercier Dupaty (1804-1868)** : 79
cité dans La Servilité de la magistrature impériale, « *III – De l'autorité de la magistrature en matières civiles* » dont nous avons dit qu'elle n'était pas l'œuvre d'Hugo, présida la 6ème chambre du tribunal correctionnel de la Seine qui le 20 août 1858 condamna Charles Baudelaire. *Histoire de la magistrature française*, Marcel Rousselet, Plon, 1957, page 140 ; « Affaire ministère public contre Charles Baudelaire », Marcel Foulon, *Annales de la faculté de droit et science politique de Nice*, 2015, page 69.
Dupin André Marie Jean Jacques, dit « Dupin aîné » (1783-1865) : 12, 18, 45, 46, 53, **58**

d'un condamné Roman I. 415 ; « Ah çà ! tu ne sais pas ce que c'est que les juges ? » Suite de *Châtiments* Chantiers. 218 ; « *Vous êtes les... Noirs Laubardemonts...les Farinace...* » Suite de *Châtiments* « O procureurs » Chantiers. 71 ;

Avocat et juge italien. Contemporain de *Bodin* (§ 35), de *de Lancre* (§ 36), de *Laffemas* (§ 37), de *Laubardemont* (§ 38). Auteur, notamment, d'un traité sur la théorie et la pratique du droit criminel, considéré comme la première synthèse sur la notion de *doute raisonnable* qui doit profiter à l'accusé. Condamné pour sodomie après avoir lui-même persécuté de nombreux homosexuels il fut gracié par le pape Clément VIII.

Faustin Hélie : voir Hélie

Ferey Salomon, Isidore (1800-1867) : 57

C. auditeur Paris : 1824 ; C. Paris : 1834 ; PC. Paris : 1849 ; C. Cass : 1856

Flaubert : 79

Forey Elie Fréderic (1804-1872)

Châtiments « On loge à la nuit » Poésie II. 104

Général, dirige le corps expéditionnaire au Mexique, avant d'être élevé au maréchalat.

Fortoul : *Châtiments* « On loge à la nuit » Poésie II. 104 ; : 28, 77

Fortoul Jean Baptiste Fortuné (1812-1849) :

JS. 1843 ; 1er AG. Bourges 1852 ; 1er AG. Lyon 1859 ; PP. Poitiers 29 août 1864

Ou plutôt **Fortoul** Hippolyte (1811-1856)

Professeur de littérature française à la faculté de Toulouse en 1840. Homme de lettre qui se rallia à Napoléon III, et devint ministre

Fouché : 46

Fould Achille (1800-1867) : 44, 51, 92

Châtiments « éblouissement » poésie II. 147 ; « La caravane » Poésie II. 186 ;

Banquier, député, ministre des Finances sous l'empire, sénateur ; en 1857, il envisagea de faire supprimer le suffrage universel

Fourchy Henri (1829- ?) : 1

Océan vers Poésie IV. 1019

S. Arcis sur Aube : 1855 ; S. Chalons sur Marne : 1858 ; S. Melun : 1860 ; S. Versailles : 1862 ; S. Seine : 1864 ; démission : 1870 ; S. Seine : 1872 ; SG Paris : 1873 ; AG Paris : 1877 jusqu'en 1880

Franck-Carré : voir Carré

Frasans (de) Jean Claude Joseph Hippolyte Louis (1768- ?) : 48

C. Paris 18 septembre 1830 jusqu'en 1830 démission pour refus de serment

Freslon Alexandre Pierre (1808-1867) : 59,

S. Angers : 1830 ; J S. Angers : 10 septembre 1839 ; PG. Angers : 2 mars 1848 ; ministre de l'Instruction publique : 18 octobre 1848 ; AG. Cassation : 25 août 1849 ; démission le 11 février 1852 à la suite du coup d'État

Conseiller d'État dévoué à Richelieu Laubardemont servit à perdre Cinq mars.

La Reynie Gabriel Nicolas de (1625-1709) : 37

Préface du *Dernier jour d'un condamné* » Roman I. 412

Premier lieutenant général de la police, considéré comme le père de la police française

Ledru-Rollin : 14

Legagneur Hubert Michel Fortuné (1797-1876) : 51, 54, 55, 57, 63, 74, 93, 97

PG. Grenoble : 14 octobre 1836 ; PG. Douai : 19 septembre 1839 ; PP. Grenoble : 07 juillet 1840 ; PP. Toulouse : 07 août 1843 ; C. Cass : 09 août 1847 ; PC. Cass : 23 décembre 1868 ; retraite : 1872

Loisel Isaac ? : 27

Préface du *Dernier jour d'un condamné* Roman I, page 415

Serait-ce Antoine Loisel (1536-1617) jurisconsulte et magistrat ? À l'époque de Victor Hugo, on écrit « *Loisel* » et non pas *Loysel* (*Dialogue des advocats du Parlement de Paris*, par M. Dupin, procureur général à la Cour de cassation 1844)

Levert Charles Alphonse (1825-1899) : 6

Conseiller de préfecture, se rallie à l'empire et devient sous-préfet en 1851. Il se serait alors montré impitoyable envers les républicains. Il sera un des rares administrateurs de l'empire à ébaucher une vague résistance le 4 septembre 1870, avant de s'enfuir à Bruxelles

Louvel : 45, 59

Machault probablement **Machault d'Arnouville** Jean-Baptiste (1701-1794) : 27, **33**

« *Oui, l'horrible Thémis dentue et vorace de Farinace et de Vouglans, de Delancre et d'Isaac Loisel, de d'Oppède et de Machault* » *Le dernier jour d'un condamné* Roman I. 415

Contrôleur général des finances en 1745 et depuis 1750 Garde des Sceaux de Louis XV de 1750 à 1757 (Rousselet. I. 75). Arrêté comme suspect pendant la terreur en 1793 il mourut à la prison des Madelonnettes.

Magnan Bernard Pierre (1791-1865) : 9

Les années funestes, « Lesurques » Poésie IV. 766. *La légende des siècles nouvelle série* Poésie III. 493. *Châtiments* « Nox » Poésie II. 10 ; « *oh ! je sais ce qu'ils feront de mensonges…* » Poésie II. 35. *Napoléon le petit*, Histoire. 55. « *Devant Magnan le reitre et Troplong le grimaud* » « *Aux femmes* » Poésie II. 151

Maréchal de France, sénateur. A activement participé au coup d'État du 2 décembre 1851

Magne Pierre (1806-1879)

« *Ducos et **Magne** au meurtre ajoutant leur paraphe,* » *Châtiments* « On loge à la nuit » Poésie II. 103
Avocat périgourdin. Se rallie à l'empire et fut de nombreuses fois ministre de Napoléon III puis de la République
Maillard Gilles (?- ?) : 27, 34
« *Dieu* » Poésie IV. 679
Contemporain de François Ier (1494-1547)
Mangin Jean Henri Claude (1786-1835) : 21
PR Metz : 1816 ; démissionnaire : 1818 ; ministère de la Justice : 1819 ; PG Poitiers : 1821 ; C. Cass : 1826 ; préfet de police : 1829
Marchangy Louis, Antoine, François ; se faisait appeler : **de Marchangy** (1782-1826) : 1, 18, 45, 47, 48,
Voir Rousselet, tome II, pp. 265, 267, 398 ;
S. Seine : 1814 ; SG. 1818 ; AG. Paris : 1822 (AG Cass, selon *Le dictionnaire bibliographique des savants…* Joseph Marie Quérard -1883)
Marie : 53
Marot Clément : 34
Massot Joseph, François, Jean (1804-1883) : 16
Secrétaire du garde des Sceaux : 15 mars 1831 ; PR. Perpignan : 1832 ; AG. Montpellier : 1841 ; remplacé : 8 mars 1848 ; PR. Lyon : 29 janvier 1849 ; PG. Grenoble : 8 septembre 1849 ; PG. Toulouse : 23 octobre 1852 ; PG. Rouen : 1854 ; PP. Rouen : 27 mai 1861 ; Révoqué : 28 janvier 1871 ; réintégré : 25 mars 1871
Maupas Charlemagne (1818-1888) : 59
Châtiments, « éblouissements », Poésie II. 147 ; *Napoléon le petit*, Histoire. 55. Organisateur des forces de police et militaires lors du coup d'État du 2 décembre 1851
Mater Claude Denis (1780-1862) : 1
« *C'est vrai. Il est toujours ivre. Et il ne juge jamais mieux que lorsqu'il est saoul* »
Choses vues éd. Hubert juin 1847-1848, page 237 :
Premier président Bourges le 10 septembre 1830, conseiller à la Cour de cassation le 24 juin 1852
Député de 1839 à 1848. A publié des poèmes sous le voile de l'anonymat.
Maynier Jean baron **d'Oppède** (1495-1558) : 27
« *Oui, l'horrible Thémis dentue et vorace de Farinace et de Vouglans, de Delancre et d'Isaac Loisel, de d'Oppède et de Machault, dépérit. Elle maigrit. Elle se meurt.* » *Le dernier jour d'un condamné* préface Roman I. 415
Premier président du Parlement de Provence, a dirigé l'expédition de 1545 au cours de laquelle furent massacrés près de 3 000 Vaudois du Lubéron.
Mercier Georges Louis (1808-1893) : 54

C. Cass Turin : 28 décembre 1855 ; C. Cass France : 4 juin 1860, depuis l'annexion de la Savoie ; PC. Cass 8 décembre 1874 ; PP. Cass : 10 mars 1877 jusqu'en 1883

Merveilleux-Duvignaux : 1, 44, 49, 50
Suite des *Châtiments* « Merveilleux-Duvigneaux » chantiers. 251
Est-ce : Pierre Émile (1825- ?)
S. 1851 ; S. Seine 30 octobre 1858 ; SG. Paris 14 juillet 1863 ; AG. Paris 4 décembre 1867 ; PP. Poitiers 28 novembre 1873 ; retraite 1883
Ou plutôt : François-Charles (1828-1914) frère aîné du précédent, député et auquel le Grand dictionnaire universel Larousse du XIXème siècle consacre un long article, ce qui démontre qu'il était plus connu que son frère.
S. Saintes 29 octobre 1853 ; PR Fontenay 10 novembre 1862 ; AG Angers 24 septembre 1865 ; 1er AG Angers 18 juillet 1868 ; démission 27/09/1870

Mesnard Jacques, André (1792-1858) : 22
Histoire d'un crime Histoire. 395. Mesnard figure sur la liste de la commission consultative
1er AG Grenoble : 1832 ; PG Grenoble : 1832 ; PG Rouen : 1836 ; C. Cass : 12 octobre 1841 ; PC. Cass : 14 décembre 1850 ; retraite : 1856

Mongis Jean Antoine (1802-1879) : 1, 18, 29, 69, 70, 89, 91
« *De Mongis infusé dans Partarieu-Lafosse* » *Suite de Châtiments* Chantiers. 68. « *Châtiments On loge à la nuit* » Poésie II. 104. Suite de *Châtiments* « Ah çà ! tu ne sais pas ce que c'est que les juges ? » Chantiers. 218
J. auditeur Dreux : 1827 ; J. auditeur Sens : 1828 ; S. Nogent-sur-Seine : 1830 ; S. Troyes : 1831 ;
PR. Arcis-sur-Aube : 19 novembre 1834 ; PR Dreux : 12 août 1836 annulée) ; PR Arcis-sur-Aube : 23 août 1836 (maintenu) ; PR. Troyes : 1837 ; S. Seine 1841 ; SG. Paris : 4 février 1849 ; AG. Paris : 28 janvier 1852 ; PG. Grenoble : 31 octobre 1855 ; PG. Dijon : 7 novembre 1855 ; C. Paris : 13 octobre 1859 ; retraite : 1872
A traduit la divine comédie de Dante
Mongis alors procureur du roi à Arcis-sur-Aube, soutint l'accusation dans l'affaire Albin Legrand, le « *petit-Gueux* » jugée par la cour d'assises de l'Aube le 24 décembre 1832 (Gazette des tribunaux des 24 et 25 décembre 1832 :
http://data.decalog.net/enap1/liens/Gazette/ENAP_GAZETTE_TRIBUNAUX_1832 1224.pdf
Voir notice d'Arnaud Laster dans *Claude Gueux* folio classique 2015, page 91

Monmergué Louis Nicolas (1780- ?) : 48
J. auditeur Paris : 1809 ; C. auditeur Paris : 1810 ; C. Paris 5 novembre 1813

Moreau Auguste Jean (1815-1876) : 12, 59
Histoire d'un crime. Histoire. 198. *Napoléon le petit*, Histoire. 120

C auditeur : 1815. S. Seine : 1818, SG. Paris : 1823. C. Paris : 1829. PC. Paris : 1842. C. Cass : 27 décembre 1848. Membre de la Haute Cour de Justice

Mourre : 73

Les années funestes, « Rosalie Doise » Poésie IV. 753

Est-ce Marie-Vincent **Mourre** (1796-1865) J. Seine : 1824, VP. Seine : 1837 et C. Paris : 9 décembre 1842 ? Ou plutôt :

Joseph Henri Louis Grégoire **Mourre** (1762-1832) PG. Cass : 19 février 1815, remplacé par Merlin pendant les 100 jours ?

Moutier Louis, Antoine, Guillaume (1796-1861) : 51

C auditeur. Colmar : 1819 ; PR. Colmar : 1824 ; J. Strasbourg : 9 août 1826 à 1861

Muraire Honoré (1750-1837) : 11

C au tribunal de cassation : 1er avril 1800 ; Président du tribunal de cassation : 1801 ; PP. Cass : 19 avril 1804

Muglart de Vouglans : voir Vouglans

Nachet Louis Isidore (1802-1877) : 1

Pour « *les juges...être juste est un vice... et c'est un grand déchet, qu'être Aristide alors qu'il faut être Nachet* » Suite *de Châtiments* Chantiers. 54

1er AG. Cass : 6 mars 1848 ; C. Cass : 25 août 1849

A publié un mémoire sur *L'abolition de la traite des noirs* en 1823 et des *Mélanges littéraires et scientifiques* en 1828.

Nacquart Raymond Louis (1817- ?) : 79

JS. Seine 14 décembre 1850 ; J. Seine : 1er mai 1858 ; C. Paris : 5 mars 1864

Il était le fils du docteur Jean Baptiste Nacquart, médecin de Balzac et de François Baudelaire, père de Charles

Nélaton Auguste (1807-1873) chirurgien personnel de l'empereur

Ney : 46

Nisard peut-être Jean, Marie, Napoléon **Nisard** (1806-1888)

Châtiments « On loge à la nuit » Poésie II. 104 ; Poésie III. 572

Journaliste critique littéraire, ayant fustigé les drames Hugoliens

Nouguier Pierre, Charles (1807-1868) : 51, 57,

Secrétaire du G S : 1830 ; S. Paris : 1831 ; SG Paris : 22 octobre 1834 ; AG. Paris : 15 mars 1841 ; AG. Cass : 1847 ; C Cass : 1851

d'Oms Nicolas, Marie, Joseph (1800-1885) : 96

J auditeur. Bordeaux : 1824 ; Conseiller auditeur. Bordeaux : 1824 ; S. Bordeaux : 1827 ; AG. Bordeaux : 1830 ; PG. Amiens : 1844 ; PG. Toulouse : 11 juillet 1846 ; révoqué : 10 septembre 1848 ; PG. Rouen : 10 juillet 1849 ; PP. Douai : 11 février 1850 ; C. Cass : 23-10-1852

d'Oppède : voir Maynier d'Oppède

magistrats ne suffirait pas seul, pour parvenir à extirper l'arriéré. Des obstacles matériels au premier rang duquel je dois placer l'insuffisance trop réelle du nombre de magistrats s'opposent à une prompte distribution de la justice. »

Peyronnet de Pierre, Denis (1778-1854) : 53

P. Bordeaux : 26 octobre 1815 ; PG. Bourges : 1er juillet 1818 ; PG. Rouen : 22 février 1821 ; Garde des Sceaux : 14 décembre 1821, jusqu'au 4 décembre 1828, date de sa nomination à la dignité de pair de France.

Pierrugues François Baptiste né en 1796 : 77

Banquier. Change de nom en 1823 et devient Pierrugues Beaujour

Juge consulaire devient titulaire le 8 août 1836

Piétri peut-être **Pierre Marie Piétri** (1809-1864) : 28

Avocat, homme politique, puis préfet après son ralliement à l'Empire

Pinard Pierre Ernest (1822-1909) : 73, 78, 79, 80, 81, 83, 84, 85, 86, 87, 93

« *Si c'était Pour offrir à Pinard des fêtes aux flambeaux* » *Les années funestes. Lesurques* Poésie IV. 768. « *un reste d'Espinasse est visible en Pinard* » *Les Années funestes.* Poésie IV. 789. « *il est temps que je dise à mon Pinard fidèle* » *Les Années funestes.* « Amnistie », Poésie IV. 748

S. Tonnerre : 2 mai 1849 ; S. Seine : 29 octobre 1853 ; SG. Paris : 16 avril 1859 ; PG. Douai : 3 octobre 1861.

« Ministère public contre Baudelaire », Marcel Foulon, *Annales de la faculté de droit et de science politique* de Nice 2016, note 197, page 89

Poinsot Victor (1800-1860) : 70

PR. Troyes : 1830 ; S. Seine : 1833 ; SG Paris : 1839 ; AG. Paris : 1847 ; remplacé 1848 ; C. Paris : 1848 : PC. Paris : 1857

Portalis Joseph, Marie (1778-1858) : 18, 22, 63

Actes et paroles I. Politique. 344. *Histoire d'un crime* Histoire. 396 ; *Choses vues* éd. Hubert juin 1847-1848, page 194 ; a dîné avec VH en janvier 1849 *Choses vues* éd Hubert juin 1849-1885, page 171

Ne pas confondre avec son père **Jean Étienne Portalis** (1745-1807) rédacteur du Code civil

PP. Paris en décembre 1813, C. Cass en 1815, P C chambre criminelle de cette cour en 1824, Pair de France en 1819, ministre de la Justice en 1829, PP Cass : 8 août 1829. Figure sur la liste de la commission consultative

Poulliaude de Carnières (1806-1881) : 96

S. Avesnes : 1832 ; S. Boulogne-sur-Mer : 1833 ; S. Saint Omer : 1836 ; P. Avesnes : 1840 ; SG. Douai : 1841 ; AG. Douai : 1843 ; révoqué : 1848 ; PR. Lille : 1849 ; PR. Lyon : 1851 ; PG. Colmar : 1852 ; directeur des affaires criminelles : 1853 ; C. Cass : 1er mars 1862 ; PC. Cass : 11 juin 1874, jusqu'à sa mort

Pyat Félix (1810-1889) : 72, 97

Avocat. Auteur dramatique. Journaliste au Figaro, au Charivari, etc.Se bat en duel avec Proudhon en 1849. La même année part en exil, revient en France en 1869 et appelle à l'insurrection en 1870. Il repart en exil et sera condamné par contumace par la haute cour de justice. À la proclamation de la République le 04 septembre 1870, il revient en France et participe à la Commune. Il rejoint Londres avant la semaine sanglante.

J. auditeur : 1828 ; AG. Rouen : 1838 ; PG. Douai : 1843 ; AG. Cass : 1847 ; démission le 3 avril 1848 ; AG. Cass : 10 juillet 1849 ; PG. Paris : 10 février 1853 ; fin d'activité 16 août 1856.
Député de Dieppe en 1847. Ministre de l'Instruction publique et des Cultes le 13 août 1856.
Rousselin Pierre Marcel (1788-1863) : 63
Choses vues Histoire. 735
C auditeur. Caen : 1812. AG. Caen : 6 décembre 1818. 1er AG. Caen : 28 décembre 1818. PG. Caen : 16 août 1830. PP. Caen : 20 octobre 1835. Retraite : 1849
Royer de Ernest, Paul, Henri (1808-1877) : 1, 22, 44, 68, 89, **90**
« *ce tas de gueux, Rouland, ...Royer...* » Suite de *Châtiments* Chantiers. 68. Suite de *Châtiments* « Ah çà ! tu ne sais pas ce que c'est que les juges ? » Chantiers. 218. *Histoire d'un crime* Histoire. 396. *Châtiments* poésie II. 145 « éblouissements » Royer « *fit des faux. Le voici procureur général* »
S. Dié : 1832 ; S. Ste Menehould : 1833. S. Châlons-sur-Marne : 1834. S. Reims : 1835. S. Seine : 1841. SG. Paris 22 décembre 1846 ; AG. Paris 3 août 1848 ; PG. Paris 17 avril 1850 ; garde des Sceaux : 24 janvier 1851. PG. Paris : 11 avril 1851. PG. Cassation 10 février 1853 ; Garde des Sceaux : 16 novembre 1857. Sénateur : 1859. Figure sur la liste de la commission consultative.
Alors qu'il est garde des Sceaux, il réduit à 50 francs l'amende à laquelle Baudelaire a été condamné : 79

Salmon Charles, Auguste (1805-1892) : 1
Choses vues « Le temps présent VI. -1876-1878- » Histoire. 1336
S. Vic : 1830 ; S.Epinal : 1834 ; PR Toul : 1838 ; PR Saint Mihiel : 1843 ; démission : 1849 (élu député) ; PR : Charleville-Mézières 1853 ; AG Metz : 1855 ; C. Metz : 1858 ; PC Metz : 1870 ; PP Douai : 1871 ; C Cass : 1874 jusqu'en 1880
Et non pas Melchior Jules Salmon (1814-1880) qui ne fut pas conseiller à la Cour de cassation.
Sand George : 16
Sapey Charles Alexandre (1817-1863): 1, 22, 44
Suite de *Châtiments* « Ah çà ! tu ne sais pas ce que c'est que les juges ? » Chantiers. 218. « *ce tas de gueux, Rouland... Sapey...* » Suite de *Châtiments* Chantiers. 68. *Histoire d'un crime* Histoire. 396
JS Versailles : 1846 ; chef de cabinet du GS : 1847 ; S. Versailles : 1850 ; S. Seine 1852 ; SG. Paris : 1855 ; AG Paris 1862 jusqu'en 1863
Figure sur la liste de la commission consultative
Savary Oscar, Aimé, Félix, Alexandre (1839- ?) : 96
J S. Boulogne-sur-Mer : 31 mars 1869 ; S. Saint-Pol : 8 mai 1871 ; S. Douai : 8 décembre 1871 ; P. Saint- Pol : 1877

Tronchet François Denis (1726-1806)
Les années funestes, « Rosalie Doise » Poésie IV. 753
Président du tribunal de cassation, fut membre de la commission chargée de rédiger le Code civil
Tropamer Jean Henry (1815- ?)
« *il y avait lundi dans le Moniteur, la nomination d'un avocat général appelé Tropamer* » *Choses vues* éd. Hubert juin 1847-1848, page 54
S. Cahors : 1842 ; SG. Agen : 28 février 1847 ; C. Agen : 1852 ; PC Agen : 1869 jusqu'en 1883.
Troplong Raymond, Theodore (1795-1869) :9, 22, 60, 88, 92
PR Sartène : 04 mars 1819 ; PR. Corte : 1er septembre 1819 ; SG Bastia : 1820 ; S. Alençon : 1822 ; AG Bastia : 1823 ; AG Nancy : 1825 ; PC Nancy : 1825 ; PC Nancy : 1832 ; C. Cass : 11 novembre 1835 ; PP. Paris 22 décembre 1848 ; PP. Cass 18 décembre 1852 jusqu'en 1869 date de son décès
Figure sur la liste de la commission consultative
Auteur du *Droit civil expliqué suivant l'ordre des articles du code* en 27 volumes

Valentini Jean Thomas (1789-1859) : 9
S J Paix. Porta : 8 février 1821 ; Ji. Ajaccio: 14 mai 1831 ; J. Bastia : 1843; Ji. Bastia : 1843 ; C. Bastia : 1852
Vivien Alexandre François Vivien (1799-1854) : 93
Actes et paroles « I avant l'exil » note IV Politique. 344 ; 357 ; 365 ; *Choses vues* Histoire. 754, note 91, page 1443
PG. Amiens : 10 août 1830, conseiller d'état en 1831 puis Garde des Sceaux de mars à octobre 1840
Vivien Rémy Arsène (1804-1874) : 93, 94, 95
JS : 1833 ; J. Seine : 23 août 1858 ; VP. Seine : 1er février 1867 ; C. Paris le 19 mars 1870
Voltaire : 1, 6, 7, 33, 41, 43, 87
Vouglans Muyart de Pierre-François (1713-1791) : 25, 27, **41**

Zangiacomi Prosper Marie Joseph (1802-1877) : 56, 74, 91, 96, 97
« *ce tas de gueux, Rouland, Zangiacomi, Royer...* », Suite de *Châtiments* Chantiers. 68, 71. « *Vous êtes les Roulands, les Zangiacomis...* » Suite de *Châtiments* « O procureurs » Chantiers. 71
Avocat, JS. Seine : 1829 ; Ji. Suppléant Seine : 1830 ; Ji. Seine : 1832 ; J. Seine : 1834 ; Ji. Seine : 1835 ; C. Paris : 1841 ; PC. Paris : 31 octobre 1854. C. Cass : 18 février 1858 jusqu'en 1876
Zangiacomi Joseph (1766-1846) : 74, 91

Père du précédent. S. syndic Nancy : 1791, PR syndic : 1792. S. Cass : 1799. J. Cass : 1800. Entre au Conseil d'état. PC. Cass : 1831, jusqu'en 1846 ; Pair de France : 1832

TABLE DES MATIÈRES

Les chiffres renvoient au numéro de la page

Rmq. : pour les notes de bas de pages, les références, sont sauf indications contraires, celles de la collection *Bouquins*, Robert Laffont.

L'HARMATTAN ITALIA
Via Degli Artisti 15; 10124 Torino

L'HARMATTAN HONGRIE
Könyvesbolt ; Kossuth L. u. 14-16
1053 Budapest

L'HARMATTAN KINSHASA
185, avenue Nyangwe
Commune de Lingwala
Kinshasa, R.D. Congo
(00243) 998697603 ou (00243) 999229662

L'HARMATTAN CONGO
67, av. E. P. Lumumba
Bât. – Congo Pharmacie (Bib. Nat.)
BP2874 Brazzaville
harmattan.congo@yahoo.fr

L'HARMATTAN GUINÉE
Almamya Rue KA 028, en face
du restaurant Le Cèdre
OKB agency BP 3470 Conakry
(00224) 657 20 85 08 / 664 28 91 96
harmattanguinee@yahoo.fr

L'HARMATTAN MALI
Rue 73, Porte 536, Niamakoro,
Cité Unicef, Bamako
Tél. 00 (223) 20205724 / +(223) 76378082
poudiougopaul@yahoo.fr
pp.harmattan@gmail.com

L'HARMATTAN CAMEROUN
BP 11486
Face à la SNI, immeuble Don Bosco
Yaoundé
(00237) 99 76 61 66
harmattancam@yahoo.fr

L'HARMATTAN CÔTE D'IVOIRE
Résidence Karl / cité des arts
Abidjan-Cocody 03 BP 1588 Abidjan 03
(00225) 05 77 87 31
etien_nda@yahoo.fr

L'HARMATTAN BURKINA
Penou Achille Some
Ouagadougou
(+226) 70 26 88 27

L'HARMATTAN SÉNÉGAL
10 VDN en face Mermoz, après le pont de Fann
BP 45034 Dakar Fann
33 825 98 58 / 33 860 9858
senharmattan@gmail.com / senlibraire@gmail.com
www.harmattansenegal.com

L'HARMATTAN BÉNIN
ISOR-BENIN
01 BP 359 COTONOU-RP
Quartier Gbèdjromèdé,
Rue Agbélenco, Lot 1247 I
Tél : 00 229 21 32 53 79
christian_dablaka123@yahoo.fr

Achevé d'imprimer par Corlet Numérique - 14110 Condé-sur-Noireau
N° d'Imprimeur : 132848 - Dépôt légal : octobre 2016 - *Imprimé en France*

www.ingramcontent.com/pod-product-compliance
Lightning Source LLC
LaVergne TN
LVHW010939061026
849535LV00007B/2476
* 9 7 8 2 3 4 3 1 0 4 1 3 3 *